세상의 속도를
따라잡고 싶다면

# Do it!

## JSCODE의
# AWS 입문

**클라우드 기초부터 웹 서비스 배포까지 한 권으로 완성!**

JSCODE 박재성 지음

저자와 함께하는
1:1 오픈 채팅방

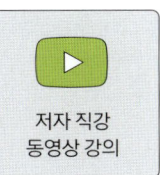
저자 직강
동영상 강의

이지스 퍼블리싱

세상의 속도를 따라잡고 싶다면 **Do it!**
변화의 속도를 즐기게 됩니다.

## Do it! JSCODE의 AWS 입문
Do it! AWS for Beginner by JSCODE

**초판 발행** • 2025년 5월 15일

**지은이** • 박재성
**펴낸이** • 이지연
**펴낸곳** • 이지스퍼블리싱(주)
**출판사 등록번호** • 제313-2010-123호
**주소** • 서울특별시 마포구 잔다리로 109 이지스빌딩 3층 (우편번호 04003)
**대표전화** • 02-325-1722 | **팩스** • 02-326-1723
**홈페이지** • www.easyspub.co.kr | **Do it! 스터디룸 카페** • cafe.naver.com/doitstudyroom
**인스타그램** • instagram.com/easyspub_it | **엑스(구 트위터)** • x.com/easys_IT
**페이스북** • facebook.com/easyspub

**총괄** • 최윤미 | **기획** • 이소연 | **책임편집** • 박재연 | **기획편집 2팀** • 신지윤, 박재연, 이소연
**교정교열** • 박명희 | **표지 디자인** • 김근혜 | **본문 디자인** • 트인글터, 김근혜 | **인쇄** • 미래피앤피
**마케팅** • 권정하 | **독자지원** • 박애림, 이세진, 김수경 | **영업 및 교재 문의** • 이주동, 김요한(support@easyspub.co.kr)

- '세상의 속도를 따라잡고 싶다면 Do it!'은 출원 중인 상표명입니다.
- 잘못된 책은 구입한 서점에서 바꿔 드립니다.
- 이 책에 실린 모든 내용, 디자인, 이미지, 편집 구성의 저작권은 이지스퍼블리싱(주)와 지은이에게 있습니다.

 이 책을 저작권자의 허락 없이 무단 복제 및 전재(복사, 스캔, PDF 파일 공유)하면 저작권법 제136조에 따라 **5년 이하의 징역 또는 5천만 원** 이하의 벌금을 부과할 수 있습니다. 무단 게재나 불법 스캔본 등을 발견하면 출판사나 한국저작권보호원에 신고해 주십시오(불법 복제 신고 https://www.copy112.or.kr).

ISBN 979-11-6303-711-8 13000
가격 20,000원

## 머리말

# AWS를 더 빠르게 배우는 노하우를 소개합니다!

AWS, 클라우드, EC2, S3 등 처음에는 이름만 들어도 막막하고 어렵게 느낄 수 있습니다. 저 역시 처음 공부할 때 "무엇부터 시작해야 하지?", "지금 설정이 맞는 걸까?" 이런 고민을 수없이 반복했습니다. 그래서 AWS를 처음 접하는 분들도 무리 없이 따라올 수 있도록, 막막함과 두려움을 덜어 주는 가장 친절한 길잡이가 되길 바라는 마음으로 이 책을 만들었습니다.

이번 기회에 1,500명이 넘는 수강생들과 함께하면서 발견한 'AWS를 더 빠르게 배우는 법' 4가지를 소개하려고 합니다. 비전공자인 수강생도 이 팁을 활용해 AWS 개념을 빠르게 익히고 실습을 통해 실제 서비스를 배포할 수 있었습니다. 이제 그 노하우를 여러분께 전해 드리겠습니다.

### 👆 파레토의 법칙에 따라 핵심 개념만 쏙쏙!

학창 시절 암기 과목 시험에서 좋은 점수를 받으려면 지엽적인 내용까지 달달 외워야 했습니다. 하지만 개발 분야에서는 공부할 내용이 많아서 모든 내용을 외울 수는 없습니다. 그렇다면 우리는 어떻게 공부해야 할까요? 파레토(Pareto)의 법칙에 따라 공부하면 됩니다. 개발 분야를 공부할 때 파레토 법칙이란 **현업에서 자주 사용하는 개념 20%만 익혀도 80%의 효율을 낼 수 있다**는 뜻입니다. 아무리 많은 이론을 알아도 실무에서 사용할 수 없다면 무용지물입니다. 그러므로 실무에서 자주 사용하는 20%의 지식을 확실하게 익히는 것에 집중해야 합니다. 나머지 80%는 필요할 때마다 찾아서 공부하면 됩니다.

이 책은 파레토의 법칙에 따라 실무에서 자주 사용하는 중요한 개념만 뽑아서 다룹니다. 이 책에서 설명하는 핵심 개념만 완벽히 익힌다면 실무에서 AWS를 바로 사용할 수 있습니다.

### ✅ 퍼스트 워드 법칙에 따라 낯선 용어도 쉽게!

새로운 분야의 지식을 배울 때는 무슨 뜻인지 직관적으로 이해하기 힘든 낯선 용어와 마주칩니다. 이런 용어가 많을수록 그 분야를 어렵다고 느끼고 쉽게 포기하게 됩니다. 그럼 난해한 용어가 많은 분야는 어떻게 공부해야 할까요? 어렵고 낯선 용어를 먼저 정리하는 퍼스트 워드(First Word) 법칙에 따라 공부하면 보다 빠르게 이해할 수 있습니다.

AWS를 공부할 때도 리전, 보안 그룹, 인스턴스와 같이 직관적으로 이해하기 어려운 용어가 많이 나옵니다. 이러한 **용어의 의미만 잘 정리해도 훨씬 쉽게 이해할 수 있습니다.** 이 책에서는 낯선 용어를 이해하기 쉽게 풀어서 설명합니다. 만약 처음 들었거나 나중에 잊어버릴 것 같은 용어라면 반드시 자신이 직관적으로 의미를 이해할 수 있도록 쉽게 정리해서 나만의 용어 사전을 만들어 보세요. 그래야 AWS의 개념을 확실하게 알 수 있습니다.

## 📄 나만의 설명서를 만들어 AWS 실력 레벨 업!

책으로 공부할 때는 모두 이해했다고 생각할 수 있지만 정작 프로젝트에 적용하려고 하면 기억도 잘 나지 않고 난관에 부딪히는 경우가 많습니다. **나만의 설명서를 만들면 책으로 공부한 내용도 실전에서 바로 사용할 수 있습니다.** '나만의 설명서'란 배운 내용을 쉽게 알아볼 수 있게 기록한 것을 말합니다. 나만의 설명서를 만들 때는 2가지 주의할 점이 있습니다. 먼저, 내가 만든 설명서로 6개월 뒤에도 스스로 기능을 구현할 수 있어야 합니다. 두 번째로, 내가 이해하기 쉬운 말로 바꿔서 정리해야 합니다. 이렇게 나만의 설명서를 만든다면 개발 분야를 학습할 때 큰 도움이 됩니다. 이 책을 읽으면서 AWS를 사용하는 나만의 설명서를 만들어 보는 것을 추천합니다.

## 🌟 실전에 바로 적용할 수 있게!

축구 선수가 이론만 빠삭하게 안다고 해서 프로 선수가 될 수는 없듯이, 개발 분야에서도 이론만 알고 아무 것도 구현할 수 없다면 경쟁력을 갖추기 어렵습니다. 따라서 AWS를 배울 때도 직접 구축하는 경험을 해보는 것이 정말 중요합니다. 더 나아가 AWS를 활용해 혼자서 처음부터 끝까지 구축할 수 있어야만 AWS를 제대로 공부했다고 말할 수 있습니다.

이 책은 여러분의 학습을 돕기 위해 **AWS의 핵심 서비스를 직접 따라 할 수 있는 실습으로 구성**했습니다. 모든 실습은 실제 콘솔 화면을 기반으로 안내해서 처음 배우더라도 무리 없이 따라 할 수 있습니다. EC2에 백엔드 서버를 배포하고, Route 53과 ELB로 사용자 친화적인 백엔드 서버를 만듭니다. 그리고 RDS와 S3를 연동해 데이터를 관리하고, 마지막으로 S3와 CloudFront를 사용해 웹 사이트를 전 세계에 배포하는 실습까지 경험할 수 있습니다. **실무와 유사한 실습 환경에서 배포를 경험**한다면, 실전에 바로 적용할 수 있는 지식을 얻을 것입니다.

많은 분들이 AWS를 배우고 싶어도 어디서부터 시작해야 할지 몰라 주저합니다. 이 책이 AWS를 시작할 수 있도록 도와주는 친절한 친구가 되었으면 합니다. 한 페이지씩 따라가다 보면 어느새 AWS의 구조를 이해하고, 나만의 서비스를 배포하는 여러분을 만날 수 있을 거예요. 지금부터 저와 함께 AWS의 세계로 출발해 봅시다!

박재성 드림

**추천사**

# 실무에서 먼저 경험한 개발자가 추천합니다!

## ⭐ 믿음직한 멘토가 되어 줄 친절한 안내서 ⭐

AWS라는 세 글자만 보아도 막막했을 분들께 이 책은 든든한 안내자가 되어 줍니다. 일상 속 친숙한 비유와 이야기로 AWS의 세계를 자연스럽게 펼쳐 내기 때문이죠. 초보자들이 가장 두려워하는 '비용 폭탄'을 피하는 방법부터 '서버 이름 작명 방법'과 같이 현장에서만 얻을 수 있는 팁까지 명쾌하고 친절하게 설명합니다. 마치 믿음직한 사수가 자신의 시행착오를 되풀이하지 않도록 옆에서 다정하게 조언해 주는 듯한 느낌입니다.

무엇보다 이 책의 가장 큰 장점은 실습을 통해 실제 업무와 유사한 경험을 하고 성취감을 얻을 수 있다는 것입니다. 현업에서 자주 쓰는 핵심 서비스를 따라 실습하다 보면 어느새 AWS 환경을 자신 있게 다룰 수 있을 것입니다. 특히 마지막 최종 프로젝트는 배운 내용을 실제 업무 환경에 가깝게 적용해 보도록 설계해서 AWS를 온전히 이해했다는 자신감을 얻을 것입니다.

AWS를 시작하며 막연함과 두려움을 느끼는 분, 그리고 그런 분들을 지도하는 모든 분께 이 책을 강력히 추천합니다. AWS의 첫걸음을 아직 내딛지 못했다면 이 책과 함께 시작해 보세요.

⭐ 전) 네이버 검색 SRE 팀 리더, 현) 옥토버 아카데미 대표 멘토 유호균

## ⭐ 개발자에게 꼭 필요한 클라우드 입문서 ⭐

대부분의 기업에서 클라우드 환경을 활용하는 요즘, 애플리케이션을 구동하는 클라우드 인프라를 이해하는 것은 이제 선택이 아닌 필수 역량이 되었습니다. 이 책은 클라우드 인프라를 배우려고 첫걸음을 시작하는 개발자에게 더없이 좋은 출발점이 되어 줍니다. 실무에서 자주 쓰는 AWS 핵심 서비스를 다루며 여러 개념을 차근차근 설명하는 것은 물론, 실제 콘솔 화면을 보면서 그대로 따라 해볼 수 있게 구성한 점이 매우 인상 깊었습니다. 그 덕분에 클라우드에 익숙하지 않은 초보자도 시행착오 없이 인프라를 구성하는 흐름을 익힐 수 있습니다.

이 책은 IT 비전공자나 커리어 전환을 고민하는 분께 클라우드가 결코 멀고 어려운 영역이 아님을 친절하게 증명합니다. AWS가 무엇인지 전혀 몰라도 화면과 설명을 따라가다 보면 어느새 인프라를 구성하고 운영하는 경험을 자연스럽게 차곡차곡 쌓을 수 있고, 복잡하게 느꼈던 개념도 실제 실습을 통해 유기적으로 이해해서 단단한 기초로 이어집니다.

이 책은 단순한 기술서가 아닙니다. 처음 인프라를 배우는 독자의 입장에서 고민하고 설계한 '저자와 함께 시작할 수 있도록 해주는 책'입니다. AWS가 어렵게만 여겨졌던 모든 분께 자신 있게 추천합니다.

⭐ 카카오 엔터프라이즈 백엔드 엔지니어 박범근

## 이 책 미리 보기

# 눈으로 이해하고, 손으로 따라하면서
# AWS를 쉽게 시작하세요!

### 어려운 용어나 개념은 그림과 함께 이해하기

텍스트만으로 이해하기 어려운 개념은 그림과 함께 설명해서 훨씬 쉽게 알 수 있어요.

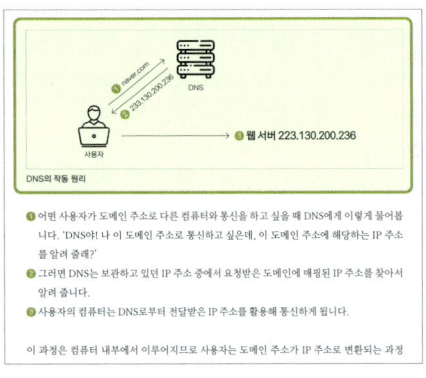

### 문제를 풀면서 배운 내용 복습하기

각 장이 끝날 때마다 〈되새김 문제〉에서 배운 내용을 다시 정리해 확실히 기억할 수 있어요.

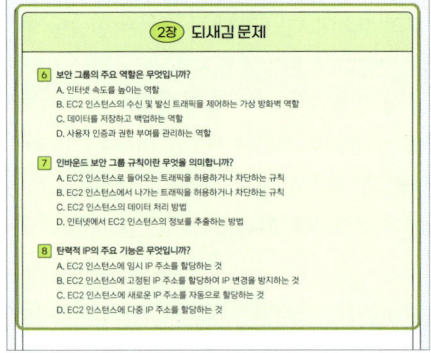

### 단계별 실습으로 바로 써보는 클라우드 환경

〈Do it! 실습〉을 하나씩 따라 하기만 해도 AWS의 주요 서비스 사용법을 자연스럽게 익힐 수 있어요.

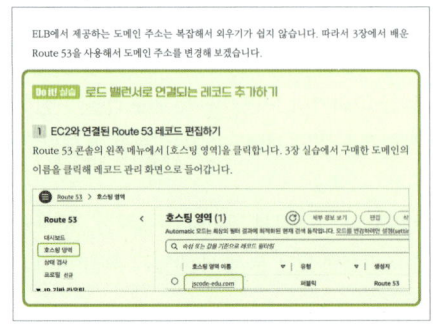

### 공부하면서 생긴 궁금증은 선생님의 답변으로 해결하기

개념을 공부하거나 실습을 하면서 생기는 질문은 〈선생님, 질문 있어요!〉 코너에서 바로바로 확인할 수 있어요.

### 학습 안내

## 비용부터 실습 파일까지,
## AWS를 공부하기 전에 꼭 확인하세요!

### 💰 비용 안내

이 책에서는 최소한의 비용으로 AWS를 시작할 수 있도록 실습을 구성했습니다. 비용이 발생하는 경우에는 본문에서 안내했으니, 이 점을 참고해서 실습해 봅시다. **실습이 끝난 후에는 사용한 자원을 꼭 삭제해 주세요.** 삭제하지 않으면 의도치 않은 비용이 발생할 수 있습니다.

### 실습 파일

이 책은 스프링 부트 또는 익스프레스 중 하나를 선택해서 백엔드 서버를 구성하고, 프런트엔드까지 직접 배포해 보는 실습으로 구성했습니다. 이 책에서 사용한 프로젝트 파일은 이지스퍼블리싱 홈페이지와 저자 깃허브에서 내려받을 수 있습니다.

▶ 이지스퍼블리싱 홈페이지: www.easyspub.co.kr → [자료실] → 도서명으로 검색
▶ 저자 깃허브: github.com/JSCODE-BOOK

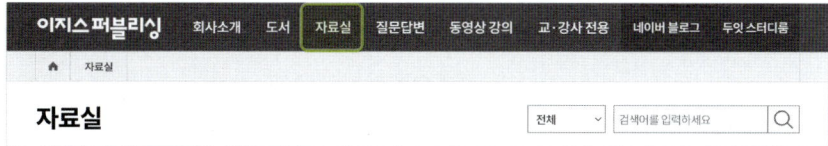

### 저자 채널

이 책과 함께 저자 유튜브에 공개된 무료 강의를 시청해 보세요. AWS를 더욱 쉽게 시작할 수 있습니다. 더 깊이 있는 설명이 필요하다면, 저자가 진행하는 인프런 강의를 들으며 공부해 보세요. 그리고 이 책으로 공부하면서 궁금한 점이 생기면, 저자가 직접 답변하는 1:1 오픈 채팅방에서 질문할 수 있습니다.

▶ 유튜브:
youtube.com/@jscode-official

▶ 인프런:
inflearn.com/users/@jscode

▶ 1:1 오픈 채팅방:
open.kakao.com/o/sXGKkQsh

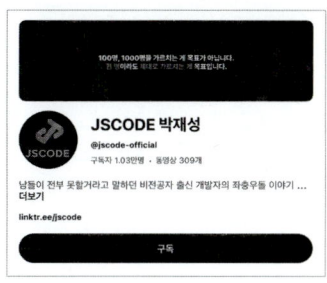

## 학습 계획표

### ⭐ AWS를 처음 배운다면 | 15차시 계획표 ⭐

AWS를 처음 공부하더라도 걱정하지 마세요. 15차시 계획표에 따라 차근차근 학습하다 보면 어느새 AWS의 핵심 서비스를 직접 다룰 수 있는 개발자가 되어 있을 거예요.

| 차시 | 장 | 학습 목표 | 차시 | 장 | 학습 목표 |
|---|---|---|---|---|---|
| 1차시 ( / ) | 1장 | 클라우드와 AWS의 개념 이해 | 9차시 ( / ) | 6장 | S3 기본 개념과 버킷 생성 |
| 2차시 ( / ) | 2장 | EC2 개념과 인스턴스 생성 | 10차시 ( / ) | | 버킷 정책과 IAM 이해 |
| 3차시 ( / ) | | 탄력적 IP 이해와 백엔드 배포 | 11차시 ( / ) | | 백엔드에서 S3 활용 |
| 4차시 ( / ) | 3장 | 도메인 개념과 연결 실습 | 12차시 ( / ) | 7장 | S3를 활용한 웹 사이트 호스팅 |
| 5차시 ( / ) | 4장 | ELB 개념과 로드 밸런서 구성 | 13차시 ( / ) | | CloudFront와 웹 사이트 배포 |
| 6차시 ( / ) | | ELB 보안 기능 이해 및 적용 | 14차시 ( / ) | 8장 | 자원 삭제 및 비용 관리 |
| 7차시 ( / ) | 5장 | RDS의 개념과 생성 실습 | 15차시 ( / ) | | 최종 프로젝트로 이 책의 전체 내용 복습 - 게시판 웹 서비스 배포하기 |
| 8차시 ( / ) | | 파라미터 그룹 설정과 연결 | | | |

### ⭐ AWS를 빠르게 익히고 싶다면 | 5차시 계획표 ⭐

클라우드를 시작할 수 있는 배경지식을 이미 갖추었다면 AWS를 더욱 빠르게 익힐 수 있는 5차시 계획표를 활용해 보세요.

| 1차시 ( / ) | 2차시 ( / ) | 3차시 ( / ) | 4차시 ( / ) | 5차시 ( / ) |
|---|---|---|---|---|
| 1장 ~ 2장 | 3장 ~ 4장 | 5장 ~ 6장 | 7장 ~ 8장 | 최종 프로젝트 |
| AWS 이해하고 EC2로 백엔드 서버 배포 | Route 53과 ELB로 백엔드 서버 보완 | RDS와 S3로 저장소 생성 및 활용 | S3와 CloudFront로 웹 사이트 배포하고 실습 마무리 | 이 책의 전체 내용 복습 |

### 독자 지원

## 이지스 플랫폼을 연결하면
## 더 큰 가치를 만들 수 있어요!

---

### 이지스 유튜브 구독하면 IT 강의도 무료 수강!

youtube.com/easyspub

**이지스퍼블리싱**
@easyspub 구독자 2.77만명 동영상 1.3천개
'사람을 구체적으로 도와주는 책'을 만드는
easyspub.co.kr 외 링크 3개

[구독]

---

### 'Do it! 스터디룸' 카페에서 친구들과 함께 공부!

cafe.naver.com/doitstudyroom

■ **Do it! 공부단** ■ — 공부단을 완주하면 책 선물을 드려요!

- Do it! 공부단 공지 N
- 베스트 스터디 노트
- 공부단 신청 N
- 공부단 스터디 노트 N
- 공부단 완독 인증

■ **Do it! 시리즈** ■ — 궁금한 내용은 도서별 게시판에 질문해 보세요!

Do it! 점프 투 시리즈 ▼

---

### 인스타그램 팔로우하면 이벤트 소식 확인!

instagram.com/easyspub_it

**easyspub_it**

810 게시물  6,248 팔로워  36 팔로잉

**이지스퍼블리싱**
도서
사람을 구체적으로 도와주는 책!
이지스퍼블리싱 출판사 IT실용서입니다 😊
Do it! 시리즈 l 된다! } 시리즈
⬇ 이지스퍼블리싱 ⬇
마포구 잔다리로 109 이지스빌딩 3층, Seoul, Korea
🔗 linktr.ee/easyspub_it

---

### 독자 설문 참여하면 6가지 혜택!

의견도 보내고 선물도 받고!

① 추첨을 통해 소정의 선물 증정
② 이 책의 업데이트 정보 및 개정 안내
③ 저자가 보내는 새로운 소식
④ 출간될 도서의 베타테스트 참여 기회
⑤ 출판사 이벤트 소식
⑥ 이지스 소식지 구독 기회

# 차례

## 1장 AWS 시작하기

### 1-1 AWS란 무엇일까? — 16
클라우드 컴퓨팅 — 16
AWS — 16
AWS를 배워야 하는 이유 3가지 — 17
AWS 리전 — 17
이 책에서 공부할 AWS 서비스 6가지 — 20

### 1-2 AWS 프리 티어 계정 생성하기 — 22
**Do it! 실습** AWS 계정 만들기 — 22

### 1-3 AWS 콘솔 살펴보기 — 29
탐색 모음 — 29
서비스 콘솔로 이동하기 — 30

## 2장 EC2로 백엔드 서버 배포하기

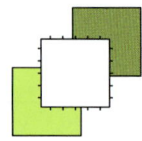

### 2-1 필수 개념과 함께 EC2 이해하기 — 32
배포 — 32
IP 주소 — 33
포트 — 33
EC2 — 35
EC2 인스턴스 — 35
EC2를 사용하는 이유 — 36

### 2-2 보안 그룹 이해하기 — 37
보안 그룹 — 37
보안 그룹 규칙 – 인바운드와 아웃바운드 — 38

### 2-3 EC2 인스턴스 시작하기 — 41
**Do it! 실습** EC2 인스턴스 시작하기 — 41
**Do it! 실습** EC2 인스턴스 확인하기 — 46

### 2-4 탄력적 IP 연결하기 — 51
탄력적 IP — 51
**Do it! 실습** EC2 인스턴스에 탄력적 IP 연결하기 — 52

| | | |
|---|---|---|
| 2-5 | EC2에 백엔드 서버 배포하기 | 55 |
| | Do it! 실습 스프링 부트 서버 배포하기 | 55 |
| | Do it! 실습 익스프레스 서버 배포하기 | 60 |
| 한 걸음 더 | EC2 인스턴스 유형 변경하기 | 66 |
| 2장 | 되새김 문제 | 68 |

## 3장 Route 53으로 도메인 주소 연결하기

| | | |
|---|---|---|
| 3-1 | 필수 개념과 함께 Route 53 이해하기 | 71 |
| | 도메인 | 71 |
| | 웹 서비스에 도메인을 적용하는 이유 | 72 |
| | DNS | 72 |
| | Route 53 | 74 |
| 3-2 | Route 53에서 도메인 구입하기 | 75 |
| | Do it! 실습 도메인 구입하기 | 75 |
| 3-3 | EC2 인스턴스에 도메인 연결하기 | 80 |
| | Do it! 실습 레코드 생성하기 | 80 |
| 3-4 | 무료 도메인으로 백엔드 서버 접속하기 | 83 |
| | Do it! 실습 무료 도메인 발급받기 | 83 |
| 3장 | 되새김 문제 | 87 |

## 4장 ELB로 안전한 백엔드 서버 만들기

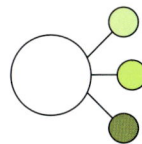

| | | |
|---|---|---|
| 4-1 | 필수 개념과 함께 ELB 이해하기 | 89 |
| | HTTP와 HTTPS | 89 |
| | HTTPS를 적용하는 이유 | 90 |
| | ELB | 91 |
| | ELB의 구성 요소 | 92 |
| | ELB를 활용한 아키텍처 구성 | 93 |

| | | |
|---|---|---|
| 4-2 | ELB로 로드 밸런서 구성하기 | 94 |
| | Do it! 실습 대상 그룹 만들기 | 94 |
| | Do it! 실습 ELB에서 로드 밸런서 생성하기 | 98 |
| 4-3 | 상태 검사 API 추가하기 | 105 |
| | Do it! 실습 상태 검사용 스프링 부트 서버 배포하기 | 105 |
| | Do it! 실습 상태 검사용 익스프레스 서버 배포하기 | 106 |
| | Do it! 실습 상태 검사 API 동작 확인하기 | 108 |
| 4-4 | 로드 밸런서에 도메인 연결하기 | 110 |
| | Do it! 실습 로드 밸런서로 연결되는 레코드 추가하기 | 110 |
| 4-5 | HTTPS 적용하기 | 112 |
| | ELB에 HTTPS 적용하는 방법 | 112 |
| | Do it! 실습 1단계: SSL/TLS 인증서 발급받기 | 112 |
| | Do it! 실습 2단계: 로드 밸런서에 HTTPS용 리스너 추가하기 | 117 |
| | Do it! 실습 3단계: HTTP에서 HTTPS로 리디렉션 설정하기 | 120 |
| 4장 | 되새김 문제 | 123 |

## 5장 RDS로 데이터베이스 손쉽게 만들기

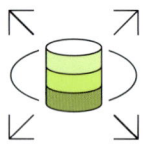

| | | |
|---|---|---|
| 5-1 | 필수 개념과 함께 RDS 이해하기 | 125 |
| | RDS | 125 |
| | RDS 인스턴스 | 125 |
| | RDS를 사용하는 이유 | 126 |
| | RDS를 활용한 아키텍처 구성 | 126 |
| 5-2 | RDS 인스턴스 생성하기 | 127 |
| | Do it! 실습 RDS 인스턴스 생성하기 | 127 |
| | Do it! 실습 RDS 보안 그룹 수정하기 | 133 |
| | Do it! 실습 RDS 인스턴스 접속하기 | 135 |
| 5-3 | 파라미터 그룹 설정하기 | 139 |
| | Do it! 실습 파라미터 그룹 생성 및 설정하기 | 139 |
| 5-4 | 백엔드 서버에 RDS 연결하기 | 148 |
| | Do it! 실습 RDS를 활용하는 스프링 부트 서버 배포하기 | 148 |
| | Do it! 실습 RDS를 활용하는 익스프레스 서버 배포하기 | 150 |
| 5장 | 되새김 문제 | 153 |

## 6장 S3로 이미지 저장소 만들기

- 6-1 필수 개념과 함께 S3 이해하기 ... 155
  - S3 ... 155
  - S3를 사용하는 이유 ... 155
  - 이미지 파일 업로드 과정 ... 156
  - 이미지 파일 다운로드 과정 ... 156
- 6-2 이미지 저장용 S3 버킷 생성하기 ... 158
  - Do it! 실습 S3 버킷 만들기 ... 158
- 6-3 버킷 사용을 위한 정책 설정하기 ... 162
  - Do it! 실습 버킷 정책 추가하기 ... 162
- 6-4 IAM으로 S3 사용 권한 준비하기 ... 169
  - IAM ... 169
  - Do it! 실습 IAM에서 액세스 키 발급받기 ... 170
- 6-5 백엔드 서버에서 S3 활용하기 ... 176
  - Do it! 실습 S3를 활용하는 스프링 부트 서버 배포하기 ... 176
  - Do it! 실습 S3를 활용하는 익스프레스 서버 배포하기 ... 179
  - Do it! 실습 S3를 활용하는 백엔드 프로젝트 테스트하기 ... 181
- 6장 되새김 문제 ... 186

## 7장 S3와 CloudFront로 웹 사이트 배포하기

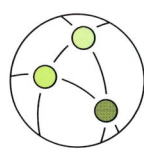

- 7-1 필수 개념과 함께 CloudFront 이해하기 ... 188
  - 정적 웹 사이트의 동작 원리 ... 188
  - S3의 정적 웹 사이트 호스팅 기능 ... 188
  - CloudFront ... 189
  - S3와 CloudFront를 활용한 아키텍처 구성 ... 190
- 7-2 웹 사이트용 S3 버킷 준비하기 ... 191
  - Do it! 실습 정적 웹 사이트 호스팅용 S3 버킷 준비하기 ... 191
- 7-3 S3로 정적 웹 사이트 호스팅하기 ... 193
  - Do it! 실습 S3로 웹 사이트 배포하기 ... 193
- 7-4 CloudFront 구성하기 ... 199
  - Do it! 실습 CloudFront 생성하기 ... 199
  - Do it! 실습 새로운 도메인과 HTTPS 적용하기 ... 203
- 7장 되새김 문제 ... 208

## 8장 AWS 자원 깔끔하게 삭제하기

**8-1 비용 발생하지 않게 자원 삭제하기** 210
- Do it! 실습 백엔드 프로젝트용 자원 삭제하기 210
- Do it! 실습 프런트엔드 프로젝트용 자원 삭제하기 217
- Do it! 실습 ACM 인증서 삭제하기 219

**8-2 내 계정에서 발생한 비용 관리하기** 221
- Do it! 실습 계정 청구서 확인하기 221

## 최종 프로젝트 게시판 웹 서비스 배포하기

**1단계 게시판 웹 서비스 미리 보기** 225
- 게시판 웹 서비스 225
- 프런트엔드 프로젝트 살펴보기 226
- 백엔드 프로젝트 살펴보기 227
- AWS 아키텍처 살펴보기 229

**2단계 백엔드 프로젝트 배포하기** 230
- Do it! 실습 백엔드 서버 실행을 위한 자원 생성하기 230
- Do it! 실습 백엔드 프로젝트 배포하기 232
- Do it! 실습 도메인과 HTTPS 설정하기 233

**3단계 프런트엔드 프로젝트 배포하기** 235
- Do it! 실습 정적 웹 사이트 호스팅용 버킷 준비하기 235
- Do it! 실습 프런트엔드 프로젝트 배포하기 236
- Do it! 실습 웹 사이트 보완하기 238

찾아보기 239

1장

# AWS 시작하기

이 장에서는 AWS의 개념과 핵심 서비스를 이해하고, AWS를 사용하는 데 필요한 기본 환경을 설정합니다. 또한 AWS의 다양한 서비스 가운데 이 책에서 다룰 주요 서비스를 소개하고 앞으로 배울 내용을 미리 살펴보겠습니다. 이 장을 통해 여러분의 프로젝트에 AWS를 어떻게 활용할 수 있는지 알아봅시다.

1-1 AWS란 무엇일까?
1-2 AWS 프리 티어 계정 생성하기
1-3 AWS 콘솔 살펴보기

## 1-1 AWS란 무엇일까?

클라우드 컴퓨팅이 현대 비즈니스에서 필수 기술로 자리 잡으면서, 클라우드 플랫폼인 AWS 또한 개발자가 반드시 익혀야 할 핵심 기술로 떠올랐습니다. 이번 절에서는 AWS란 무엇인지 이해하고 어떤 특징이 있는지 살펴보겠습니다. 또한 앞으로 이 책에서 다룰 AWS의 주요 서비스 6가지를 소개하면서 각각 어떤 역할을 하는지 파악해 봅니다.

### 클라우드 컴퓨팅

데스크톱 컴퓨터를 사용하려면 본체 전원이 켜져 있어야 하죠? 만약 대규모 웹 서비스를 운영하는 회사라면 서비스를 실행하고 있는 수많은 컴퓨터의 본체를 관리해야 할 것입니다. 혹시나 회사에서 관리하는 컴퓨터 본체가 하나라도 꺼진다면 사용자가 웹 사이트에 접속하지 못할 수 있습니다.

이러한 문제를 해결하기 위해 등장한 개념이 클라우드 컴퓨팅 cloud computing 입니다. 클라우드 컴퓨팅이란 서버나 스토리지, 데이터베이스 등 **컴퓨터 자원을 필요한 만큼만 원격으로 빌려서 사용할 수 있도록 하는 기술**을 말합니다. PC방에서 컴퓨터를 필요한 시간만큼 빌려서 이용하는 것처럼, 사용자가 인터넷을 통해 컴퓨터 자원을 빌려 쓸 수 있게 하는 것입니다. 이렇게 하면 컴퓨터를 구매·관리하는 데 들어가는 비용을 절약할 수 있고, 컴퓨터 본체가 정전 등으로 갑자기 종료되는 일도 없을 테니 정말 효율적이겠죠?

여러 글로벌 IT 기업에서는 이러한 기술을 기반으로 자원을 대여하는 클라우드 컴퓨팅 플랫폼을 제공합니다. 대표적으로 아마존 AWS, 마이크로소프트 애저 Microsoft Azure, 구글 클라우드 플랫폼 Google Cloud Platform 을 들 수 있는데, 이 책에서는 가장 널리 사용하는 AWS를 알아보겠습니다.

### AWS

AWS는 아마존 웹 서비스 Amazon Web Services 의 줄임말로, 2006년부터 아마존에서 서비스하기 시작한 클라우드 컴퓨팅 플랫폼입니다. AWS는 간단한 웹 사이트 호스팅으로 시작했지만, 지금은 데이터베이스, 스토리지, 인공지능 등 다양한 서비스를 제공하고 있습니다.

AWS 로고

현재 수많은 기업에서는 AWS로 자사 데이터를 관리하고 웹 사이트를 운영하는데요. 기업은 AWS에서 컴퓨터 자원을 빌려서 사용하고, 사용량에 따라 비용을 지불하기 때문에 운영 비용을 효과적으로 절감할 수 있습니다. 또한 AWS가 지속적으로 새로운 기술을 선보이며 발전하고 있다는 것도 큰 장점으로 작용합니다. 이러한 확장성과 경제성 덕분에 AWS를 활용한 혁신은 앞으로도 다양한 산업에서 지속될 것으로 보입니다.

## AWS를 배워야 하는 이유 3가지

여러 클라우드 컴퓨팅 플랫폼 중에서도 AWS를 배워야 하는 까닭은 무엇일까요? AWS의 주요 특징 3가지와 함께 그 이유를 알아보겠습니다.

### 높은 시장 점유율

2024년 과학기술정보통신부 조사에 따르면 클라우드 서비스를 이용하는 국내 기업의 60%가 AWS를 활용하여 IT 자원을 운영하고 있습니다. 이런 이유로 AWS를 배우면, AWS를 사용하는 다양한 회사에서 일할 기회를 얻을 수 있습니다. 다시 말해 AWS를 배워 두면 취업 시장에서 중요한 스펙이 됩니다.

### 다양한 서비스와 통합 옵션

AWS는 컴퓨팅, 스토리지, 데이터베이스, 인공지능, 머신러닝 등 다양한 서비스를 제공합니다. 그뿐만 아니라 이 서비스들은 서로 쉽게 연동할 수 있어서 복잡한 프로젝트도 효율적으로 구축하고 운영할 수 있습니다.

### 글로벌 인프라

AWS는 전 세계에 분포한 수많은 리전region에서 데이터 센터를 운영해서 어떤 위치에서도 데이터 처리와 액세스를 빠르고 효율적으로 할 수 있습니다. 이 책에서는 AWS의 글로벌 인프라를 활용하는 방법을 배우며, 이는 웹 사이트나 애플리케이션을 전 세계 어디서나 안정적으로 배포할 수 있게 해줍니다.

## AWS 리전

앞에서 글로벌 인프라를 제공하는 AWS의 특징을 설명할 때 '리전'이라는 낯선 용어가 등장했는데요. 영어 region은 지역을 뜻하지만 AWS에서는 리전을 다른 의미로 사용합니다. AWS 공식 문서에서는 리전을 어떻게 정의했는지 볼까요?

> AWS가 전 세계에서 데이터 센터를 클러스터링하는 물리적 위치를 리전이라고 합니다.

무슨 뜻인지 이해하기 어렵죠? 쉽게 바꿔서 설명해 보겠습니다.

> 리전이란 AWS가 컴퓨터들을 설치해 놓은 위치를 뜻합니다.

이번엔 설명이 직관적이어서 훨씬 이해하기 쉽죠? 그러면 리전이 무엇인지 좀 더 자세히 알아봅시다.

앞에서 AWS와 같은 클라우드 컴퓨팅 서비스에서 사용자가 컴퓨터를 빌려서 사용할 수 있다고 설명했는데요. 이렇게 AWS에서 빌려준 컴퓨터는 직접 만져 볼 수는 없지만 물리적으로 어딘가에 설치되어 있습니다. 이 컴퓨터는 한 곳에만 설치되지 않고 전 세계 여러 곳에 퍼져 있는데, 이를 '리전'이라고 합니다. 다음 세계 지도에서 표시된 점들이 실제로 AWS에서 컴퓨터를 설치한 위치인 리전을 나타냅니다.

☁ AWS의 리전은 https://aws.amazon.com/ko/about-aws/global-infrastructure에서 확인할 수 있습니다.

전 세계에 분포한 AWS 리전

### 리전의 핵심 특징 2가지

리전의 특징 가운데 반드시 알고 넘어가야 할 2가지만 정리해 보겠습니다.

첫째, AWS는 **전 세계적으로 다양한 리전을 보유**하고 있습니다. 앞에서도 설명했듯이 AWS의 컴퓨터는 특정 위치에 한정되어 있지 않고 전 세계 다양한 지역에 분포되어 있습니다. 그중에서 어떤 지역의 컴퓨터를 빌릴 것인지는 사용자가 직접 선택할 수 있습니다. 예를 들어 서울 리전에 있는 컴퓨터를 빌릴 수도 있고, 미국 버지니아 북부 리전에 있는 컴퓨터를 선택할 수도 있습니다.

둘째, 리전마다 **고유 코드가 배정**되어 있습니다. 오른쪽 화면은 AWS에서 리전을 선택할 수 있는 메뉴입니다. 이 메뉴를 자세히 보면 지역명 오른쪽에 us-east-1, ap-northeast-2와 같은 코드값이 있는데요. AWS를 사용하다 보면 리전의 코드값을 활용할 때가 종종 생기므로 이 코드 값을 알아 두는 것이 좋습니다.

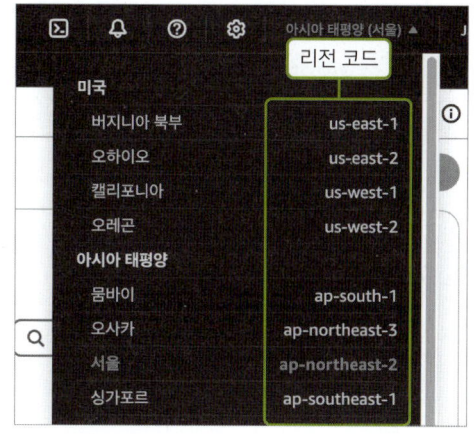

AWS의 리전 메뉴

### 리전을 선택하는 기준

지금까지 리전의 의미와 특징을 알아봤습니다. 그렇다면 어느 리전에서 컴퓨터를 빌려오는 게 가장 좋을까요? 이번에는 실무에서 사용할 적절한 리전을 스스로 판단할 수 있도록 선택 기준을 알아봅시다. 리전을 선택하는 기준은 여러 가지가 있는데요. 그중에서 딱 한 가지만 기억하면 됩니다.

> 리전은 서비스를 주로 사용하는 사람들과 가까운 위치로 선택합니다.

사용자가 웹 사이트에 접속할 때에는 네트워크 통신을 이용합니다. 쉽게 말해 인터넷이 연결된 전기선을 통해 신호를 주고받으면서 웹 사이트에 접속한다는 뜻입니다. 이때 전기선을 사용하다 보니 물리적인 거리가 멀어질수록 신호를 주고받는 시간이 오래 걸립니다. 즉, 리전이 멀리 위치할수록 웹 사이트가 표시되는 속도가 느려집니다.

따라서 리전을 선택할 때는 서비스의 주요 사용자들과 지리적으로 가까운지 확인해야 합니다. 우리나라 사람들이 주로 사용하는 서비스를 만든다면 리전을 서울로 선택하는 것이 유리합니다.

## 이 책에서 공부할 AWS 서비스 6가지

이 책은 AWS의 방대한 서비스 가운데 가장 많이 사용하며 기본이 되는 6가지를 중점적으로 다룹니다. 이 6가지 서비스는 클라우드를 기반으로 하는 아키텍처를 구성할 때 필수 역할을 하므로 잘 알아 두어야 합니다.

여기서는 각 서비스별 특징만 빠르게 읽어 보세요. 이후 2장부터 각 서비스별 정의와 사용법을 자세하게 배워봅니다.

### EC2

EC2란 원격으로 접속해서 사용할 수 있는 컴퓨터를 빌려주는 서비스입니다. 우리가 만든 백엔드 서버를 실행해서 다른 사람들이 쓸 수 있게 하려면 컴퓨터가 필요합니다. EC2를 활용하면 컴퓨터를 손쉽게 빌리고 필요한 만큼만 사용할 수 있으므로 편리합니다.

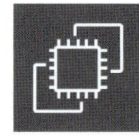

EC2 로고

☁ EC2는 2장에서 자세히 다룹니다.

### Route 53

Route 53은 도메인 주소를 발급하고 관리하는 서비스입니다. 숫자로만 이루어진 IP 주소와 달리 영문이나 한글 등 문자로 이루어진 컴퓨터 주소를 '도메인'이라고 합니다. 웹 사이트에 좀 더 쉽게 접속할 수 있도록 웹 사이트의 주소로 도메인을 사용하는 것이 일반적인데요. Route 53에서는 도메인 구매부터 관리까지 도메인과 관련된 모든 기능을 제공합니다.

Route 53 로고

☁ Route 53은 3장에서 자세히 다룹니다.

### Elastic Load Balancing

Elastic Load Balancing(이후 줄여서 ELB)은 웹 사이트로 보내는 요청을 연결된 서버로 적절히 나누는 서비스이지만, 이 책에서는 HTTPS를 설정할 때 사용합니다. 웹 사이트를 구성할 때 HTTPS를 설정해야 아이디, 비밀번호 등 사용자의 데이터가 유출될 가능성이 줄어들어 안전합니다. ELB의 부가 기능인 SSL 인증서 적용 기능을 사용하면 HTTPS를 쉽게 설정할 수 있습니다.

ELB 로고

☁ ELB는 4장에서 자세히 다룹니다.

## RDS

RDS는 **관계형 데이터베이스를 빌려주는** 서비스입니다. 백엔드 서버에서 데이터를 안정적으로 저장하고 처리하려면 데이터베이스가 필요합니다. 하지만 데이터베이스를 직접 설치해서 사용하면 관리 부담이 큽니다. RDS에서 제공하는 다양한 부가 기능을 사용해서 관리 부담 없이 데이터베이스를 사용할 수 있다는 것이 가장 큰 장점입니다.

RDS 로고

☁ RDS는 5장에서 자세히 다룹니다.

## S3

S3는 파일을 안전하고 효율적으로 저장할 수 있는 **스토리지를 빌려주는** 서비스입니다. 웹 애플리케이션에서 파일이나 이미지를 저장하는 기능은 매우 중요합니다. 일상생활에서 사진 파일을 구글 드라이브나 아이클라우드iCloud에 저장하듯이, 사용자가 업로드하는 파일을 저장하는 공간이 필요합니다. S3에서는 이러한 파일을 객체 단위로 쉽게 저장하고 내려받을 수 있습니다.

S3 로고

☁ S3는 6장, 7장에서 자세히 다룹니다.

## CloudFront

CloudFront는 파일이나 동영상 등의 **콘텐츠를 빠르게 전송하도록 돕는** 서비스입니다. 우리가 만든 웹 사이트에 익명의 사용자가 접속할 수 있도록 구성할 때 CloudFront를 사용합니다. CloudFront를 활용하면 웹 사이트를 전 세계 사용자에게 빠르고 안전하게 제공할 수 있습니다.

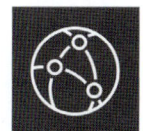

CloudFront 로고

☁ CloudFront는 7장에서 자세히 다룹니다.

## 1-2 AWS 프리 티어 계정 생성하기

AWS 서비스를 사용하려면 먼저 계정을 생성해야 합니다. AWS에서는 계정 생성 시점을 기준으로 12개월 동안 다양한 무료 서비스를 제공하는데, 이러한 혜택을 프리 티어<sup>Free Tier</sup>라고 합니다. 만약 AWS에 가입한 지 12개월이 넘었다면 새로 계정을 만들어서 이 책의 내용을 실습하는 것을 추천합니다. 그러면 프리 티어의 혜택을 받아 비용을 절약할 수 있습니다.

☁ 프리 티어 혜택 정보를 자세히 알고 싶다면 https://aws.amazon.com/ko/free를 참고하세요.

### Do it! 실습  AWS 계정 만들기

AWS 서비스를 사용할 수 있도록 계정을 생성해 보겠습니다.

☁ AWS 계정을 만들 때는 해외 결제가 가능한 카드가 필요합니다. 카드를 준비하고 실습을 시작하세요.

#### 1 AWS 웹 사이트 접속하기

AWS 웹 사이트(https://aws.amazon.com/)에 접속한 후, 화면 오른쪽 위에 있는 [AWS 계정 생성] 버튼을 클릭합니다.

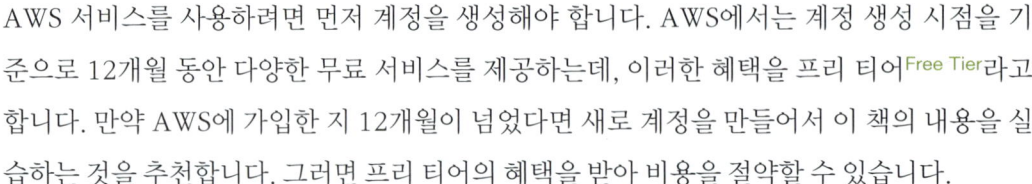

#### 2 계정 정보 입력하기

AWS 회원 가입 화면이 표시되면 ❶ 로그인하거나 인증할 때 사용할 자신의 이메일 주소를 [루트 사용자 이메일 주소] 칸에 입력합니다. ❷ [AWS 계정 이름] 칸에는 계정 이름으로 사용할 닉네임을 입력합니다. 모두 입력했으면 ❸ [이메일 주소 확인] 버튼을 클릭합니다.

☁ AWS 계정 이름은 나중에 변경할 수 있습니다.

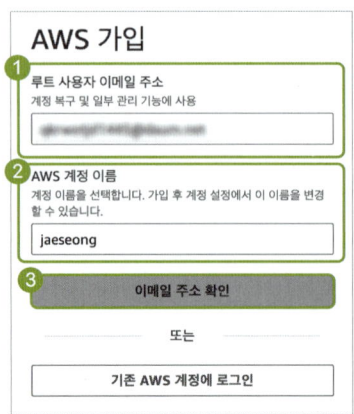

### 3  이메일 인증하기

❶ 입력한 이메일 주소로 전송된 확인 코드를 복사합니다. ❷ 사용자 자격 증명 확인 창이 뜨면 복사한 코드를 [확인 코드] 칸에 붙여 넣고 [확인] 버튼을 클릭합니다.

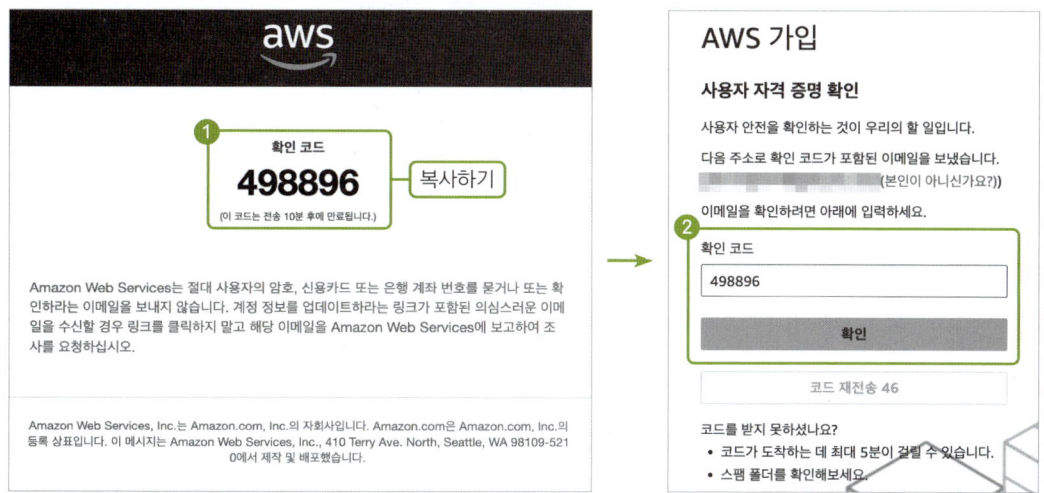

### 4  비밀번호 설정하기

암호 생성 창이 뜨면 AWS에 로그인할 때 사용할 비밀번호를 [루트 사용자 암호] 칸에 입력합니다. 그리고 [루트 사용자 암호 확인] 칸에 같은 비밀번호를 한 번 더 입력한 후 [계속] 버튼을 클릭합니다.

### 5   연락처 정보 입력하기

연락처 정보 창이 나타나면 사용자의 연락처 정보를 입력합니다. 이때 주소는 영어로 작성해야 합니다. 연락처 정보를 모두 입력한 후 [계속] 버튼을 클릭해 다음 단계를 진행합니다.

☁ 영문 주소는 도로명 주소 웹 사이트(https://www.juso.go.kr)에서 확인할 수 있습니다.

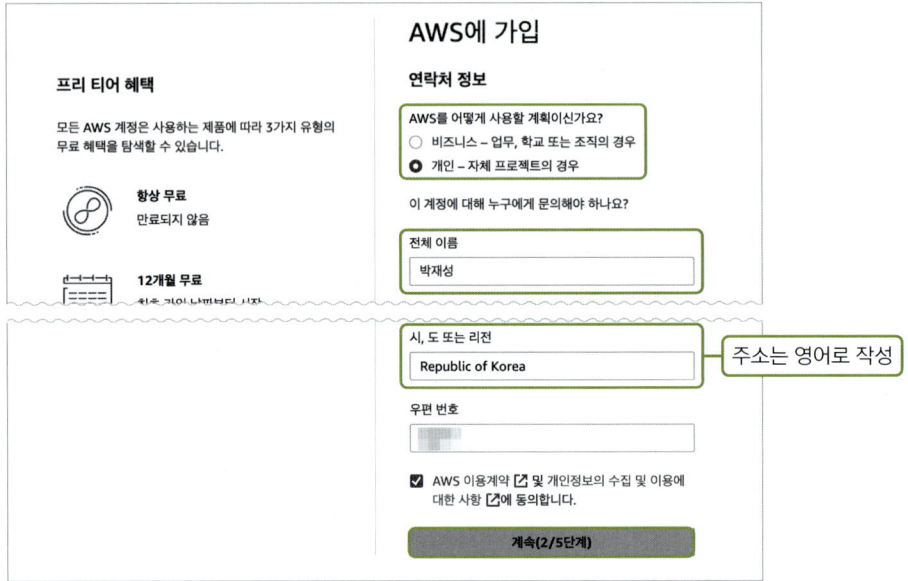

### 6   결제 정보 입력하기

결제 정보 창이 뜨면 AWS 사용료를 결제할 카드 정보를 입력합니다. 비자$^{Visa}$, 마스터카드 $^{Mastercard}$와 같이 해외 결제가 가능한 카드만 등록할 수 있습니다. 청구 국가를 선택하고 신용카드 번호를 모두 입력한 후, [확인 및 계속] 버튼을 클릭합니다.

### 7 문자 메시지(SMS)로 인증하기

자격 증명 확인 창이 뜨면 [문자 메시지(SMS)]를 선택하고 자신의 휴대전화 번호를 입력합니다. 입력한 휴대전화 번호에 확인 코드가 문자 메시지로 전송되면 복사해서 [코드 확인] 칸에 붙여 넣은 후 [계속] 버튼을 클릭합니다.

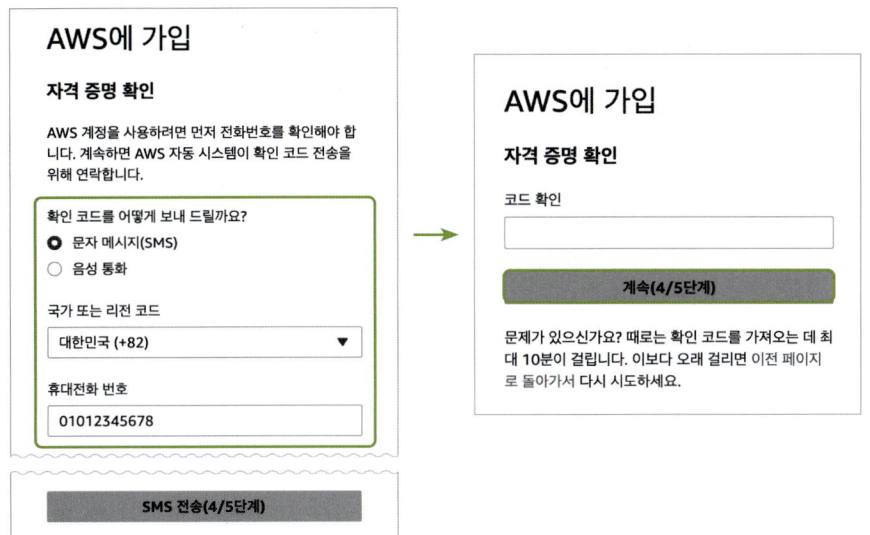

### 8 Support 플랜 선택하기

Support 플랜 선택 창이 뜨면 [기본 지원 - 무료]를 선택하고 [가입 완료] 버튼을 클릭합니다. 오른쪽과 같은 화면이 나왔다면 AWS 회원 가입을 성공리에 완료한 것입니다.

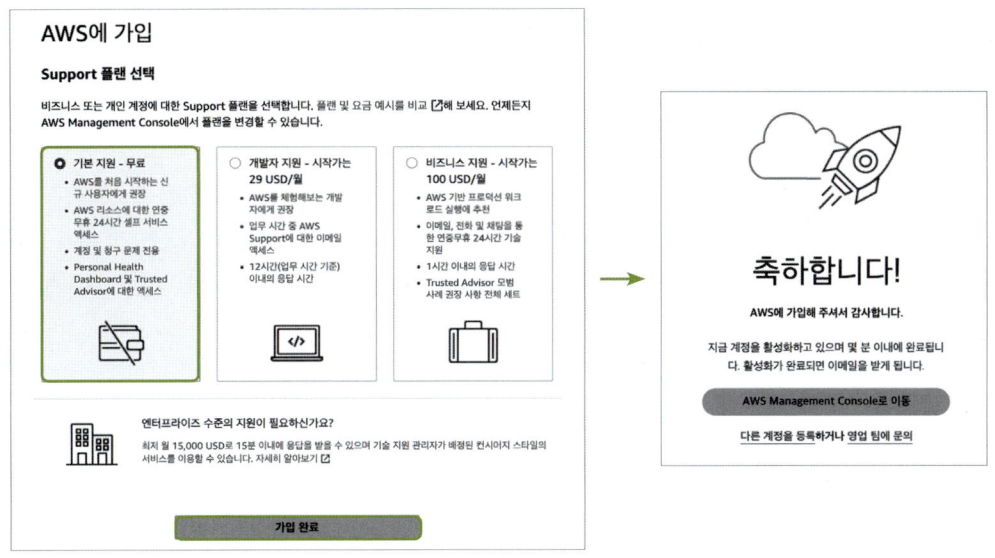

## 9  로그인하기

AWS 웹 사이트로 돌아가서 화면 오른쪽 위에 있는 [콘솔에 로그인] 버튼을 클릭합니다.

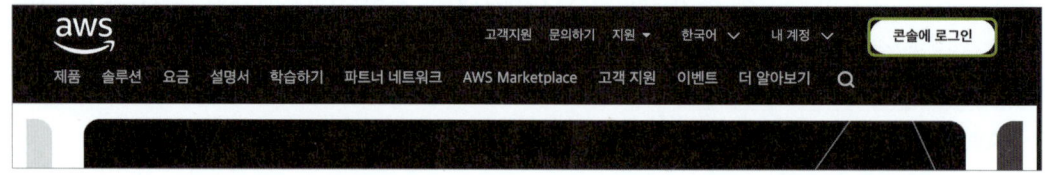

IAM 사용자로 로그인할 수 있는 화면이 나타납니다. 앞에서 생성한 계정은 루트 사용자 계정이므로, [루트 사용자 이메일을 사용하여 로그인] 버튼을 클릭합니다. 로그인 창이 뜨면 회원 가입할 때 사용한 이메일 주소를 [루트 사용자 이메일 주소] 칸에 입력한 후, [다음] 버튼을 클릭합니다.

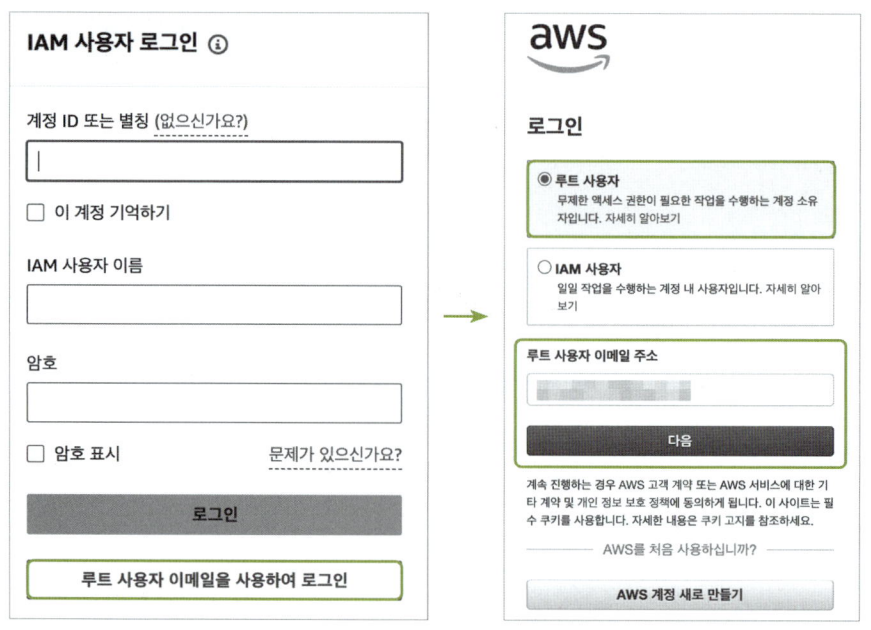

루트 사용자 로그인 창이 뜨면 AWS 회원 가입할 때 사용한 비밀번호를 [비밀번호] 칸에 입력한 후, [로그인] 버튼을 클릭합니다.

2차 비밀번호를 설정할지 묻는 화면이 나타나면 [Skip for now] 버튼을 클릭해서 넘어갑니다.

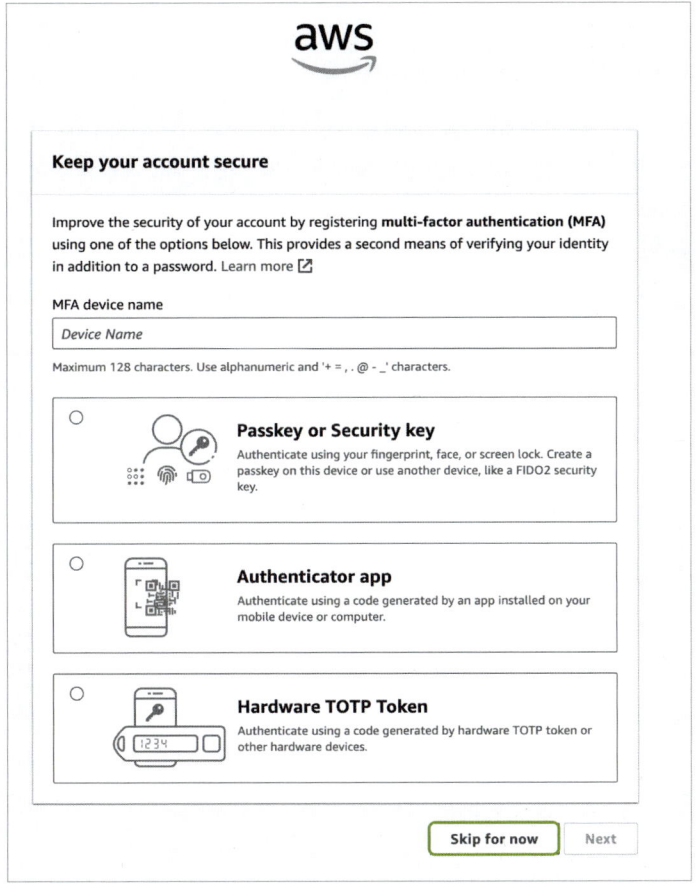

다음과 같은 화면이 표시된다면 AWS 로그인에 성공한 것입니다.

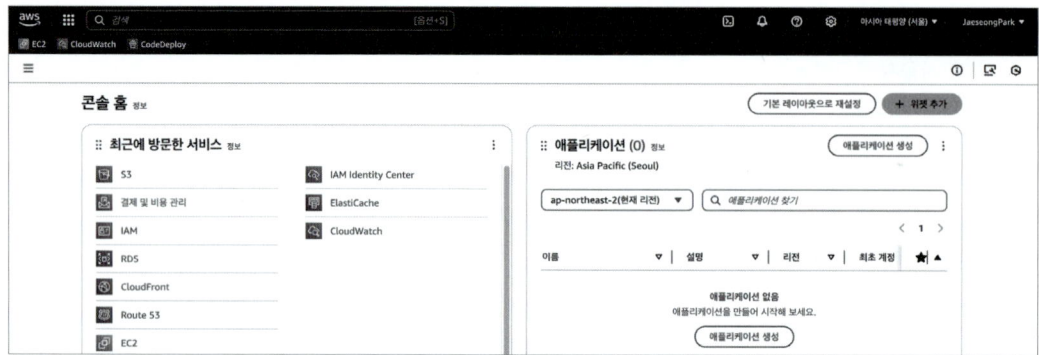

회원 가입을 마쳤으니, 이제 AWS 콘솔을 자세히 살펴보겠습니다.

> **선생님, 질문 있어요!** 루트 사용자와 IAM 사용자는 무엇이 다른가요?
>
> 루트 사용자는 AWS 계정을 처음 만들 때 생성되는 사용자로, 모든 권한을 가진 최고 관리자입니다. IAM 사용자는 루트 사용자가 생성할 수 있으며, 각 사용자마다 역할을 나눠 필요한 권한만 부여할 수 있습니다. 예를 들어 개발자에게는 EC2나 RDS에 접근할 수 있는 권한을 주고, 재무 담당자에게는 비용 확인 기능에만 접근할 수 있는 권한을 주는 식으로 권한을 분리할 수 있습니다. 이를 통해 팀원들이 각자의 업무에 맞는 권한으로 AWS를 사용할 수 있습니다. 실무에서는 보안과 운영 효율성을 위해 IAM 사용자를 만들어 사용하지만, 이 책에서는 학습 편의를 위해 루트 사용자로 실습을 진행합니다.

## 1-3 AWS 콘솔 살펴보기

AWS에 로그인한 후 나타나는 첫 화면을 AWS 관리 콘솔management console 또는 AWS 콘솔이라고 합니다. 앞으로 이 책의 모든 실습은 AWS 콘솔에서 진행합니다. AWS 콘솔은 크게 화면 위쪽의 탐색 모음과 그 아래 AWS 대시보드 위젯으로 구성됩니다. 여기에서는 탐색 모음을 중심으로 살펴보고, AWS의 각 서비스 콘솔로 이동하는 방법을 알아보겠습니다.

### 탐색 모음

AWS 콘솔 화면 윗부분을 탐색 모음이라고 하며, 각 서비스 콘솔 또는 콘솔의 구성 요소로 이동할 때 사용되는 메뉴의 모음입니다.

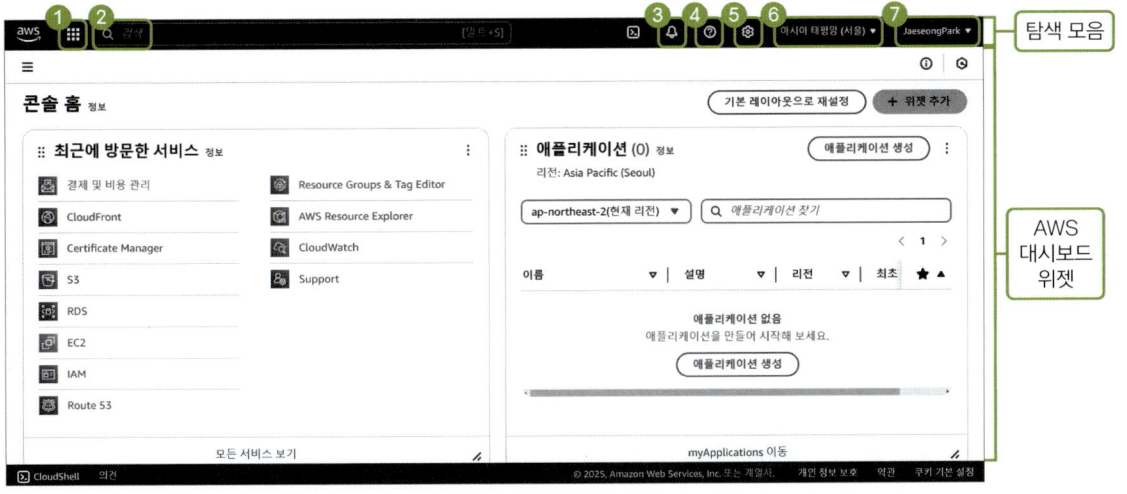

AWS 콘솔 화면

❶ **서비스 선택기** : AWS의 모든 서비스를 보여 줍니다. 자주 사용하는 서비스 이름 옆의 별표를 클릭하여 즐겨찾기로 표시할 수 있습니다.

❷ **AWS 검색** : 검색 상자에 텍스트를 입력하면 콘솔의 기본 검색 엔진이 서비스, 기능, AWS 블로그, 설명서 등을 대상으로 검색한 결과를 출력합니다. 실습에서는 서비스 이름을 검색해서 각 서비스의 콘솔 화면으로 이동할 때 사용합니다.

❸ **알림** : AWS에서 보내는 알림을 확인할 수 있습니다. AWS에서 제공하는 서비스에 이상이 있을 때 이 알림 메뉴에서 확인할 수 있습니다.

④ **지원** ⓘ : AWS 사용과 관련해 문의를 보내는 지원 센터가 있으며 교육 자료를 확인할 수 있습니다.

⑤ **현재 사용자 설정** ⚙ : 콘솔에서 사용하는 언어와 화면 설정을 변경할 수 있습니다. 이 책의 실습에서는 한국어를 기준으로 진행하므로 영어로 되어 있다면 언어를 [한국어]로 변경합니다.

⑥ **리전** 아시아 태평양 (서울) ▼ : 클라우드 자원을 생성하고 관리할 리전을 설정합니다. AWS 서비스는 대부분 리전별로 관리되므로 실습하기 전에 지금 사용하는 리전을 확인하는 습관을 가지는 것이 좋습니다.

⑦ **계정 정보** JaeseongPark ▼ : 현재 로그인한 AWS 계정의 정보를 확인할 수 있습니다.

## 서비스 콘솔로 이동하기

앞서 소개한 AWS의 6가지 서비스를 본격적으로 사용하려면 각 서비스를 관리할 수 있는 서비스 콘솔로 이동하는 방법을 알아야 합니다.

2장에서 사용할 EC2 서비스부터 검색해서 콘솔 화면으로 이동해 보겠습니다. AWS 콘솔 화면의 왼쪽 위 검색 창에 **ec2**를 입력한 후, 서비스 목록에서 [EC2] 서비스를 선택하면 EC2 콘솔로 이동합니다. 서비스마다 콘솔의 왼쪽에는 메뉴가 있고, 여기에서 메뉴를 선택하면 오른쪽에 하위 메뉴가 나타납니다. 서비스에서 자원을 만들고 관리할 때 이 메뉴를 사용합니다.

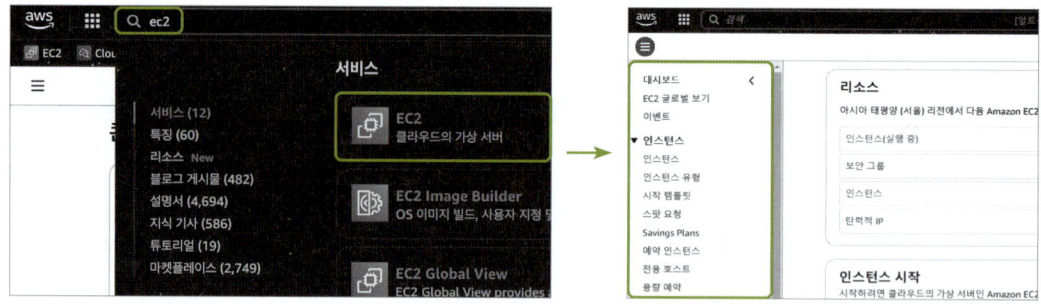

EC2 콘솔로 이동하기

이제 각 서비스 콘솔로 이동하는 방법까지 알아보았으니 AWS 환경에서의 학습을 시작할 준비가 되었습니다. 다음 장부터는 AWS의 주요 서비스를 하나씩 살펴보며 실습을 해봅시다.

## 2장

# EC2로 백엔드 서버 배포하기

EC2는 뛰어난 확장성과 경제성을 갖추고 있어서 백엔드 서버를 배포할 때 필수 서비스로 자리 잡고 있습니다. 이 장에서는 EC2의 핵심 개념을 시작으로 백엔드 서버의 실제 배포 과정까지 단계별로 설명합니다. 이번 실습을 통해 여러분의 백엔드 서버를 스스로 배포할 수 있도록 학습해 보세요.

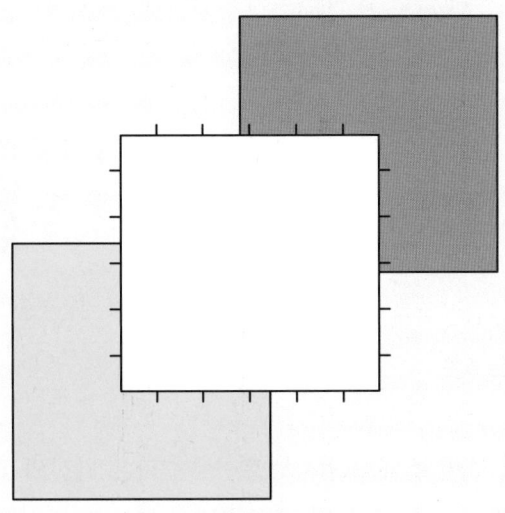

2-1 필수 개념과 함께 EC2 이해하기
2-2 보안 그룹 이해하기
2-3 EC2 인스턴스 시작하기
2-4 탄력적 IP 연결하기
2-5 EC2에 백엔드 서버 배포하기

## 2-1 필수 개념과 함께 EC2 이해하기

AWS를 활용해서 웹 서비스를 운영할 때 가장 널리 사용하는 서비스가 EC2입니다. 따라서 웹 서비스를 운영하기 위해 AWS를 시작한다면 EC2를 가장 먼저 배우는 것을 추천합니다. 이 절에서는 EC2를 공부하기 전에 알아 두면 좋은 용어와 함께 EC2가 어떤 서비스인지 알아보겠습니다. 낯선 용어를 먼저 정리하면 이어지는 실습도 쉽게 따라올 수 있을 것입니다.

### 배포

개발자들 사이에서는 "이제 기능 구현과 테스트가 끝났으니 EC2에 배포하자!"라는 말을 자주 합니다. 여기서 배포 deployment란 **우리가 만든 서비스를 서버나 클라우드 환경에 업로드하는 것**을 의미합니다. 서비스를 배포하면 사용자가 인터넷을 통해 해당 서비스를 이용할 수 있습니다. 구글, 유튜브, 네이버와 같은 웹 사이트에 접속할 수 있는 것도 각각 인터넷에 배포되어 있기 때문입니다.

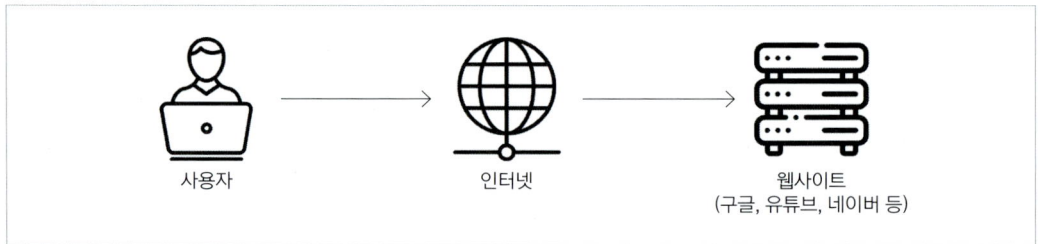

사용자가 웹 사이트에 접속하는 흐름

일반적으로 웹 서비스를 개발할 때 로컬호스트 localhost라는 자신의 컴퓨터 주소를 사용합니다. 로컬호스트는 다른 컴퓨터에서는 접근할 수 없는 주소이므로 외부에서도 접속할 수 있는 서버나 클라우드 환경에 웹 서비스를 배포해야 합니다. 예를 들어 EC2에 웹 서비스를 배포하면 다른 컴퓨터에서도 접근할 수 있는 퍼블릭 IP 주소를 받습니다. 사용자는 인터넷에서 이 IP 주소를 사용해 우리가 개발한 웹 서비스에 접속할 수 있죠. 따라서 서비스 개발을 완료했다면, 그 다음 단계로 서비스를 공개하기 위해 배포를 진행해야 합니다.

## IP 주소

IP 주소란 인터넷에서 **특정 컴퓨터를 가리키는 주소**로, 모든 컴퓨터에 IP 주소가 부여되어 있습니다. IP 주소는 다음처럼 숫자와 점(.)으로 이루어집니다.

```
13.250.15.132
```

컴퓨터의 명령 프롬프트에서 `ping` 명령어를 사용하면 특정 도메인 주소와 네트워크의 연결 상태를 확인할 수 있습니다. 이때 해당 도메인의 IP 주소도 같이 출력됩니다. 예를 들어 이 명령어를 사용해 naver.com이라는 도메인의 IP 주소가 223.130.200.236이라고 출력되었다면 이 IP 주소가 네이버의 컴퓨터 주소입니다.

☁ 도메인 주소는 문자로 이루어진 컴퓨터 주소입니다. 도메인이 무엇이고 IP 주소와 어떻게 연결되는지는 3장에서 자세히 다룹니다.

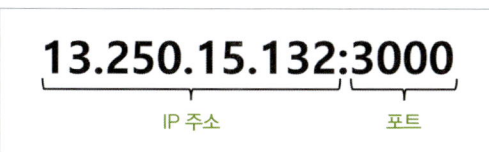

네이버의 IP 주소

## 포트

포트<sup>port</sup>는 **한 컴퓨터 내에서 실행되는 특정 프로그램의 주소**라고 할 수 있습니다. 다음 예시를 살펴봅시다. 앞의 13.250.15.132는 IP 주소이고, 뒤의 :3000은 포트입니다. 즉, IP 주소가 13.250.15.132인 컴퓨터 내부의 여러 프로그램 가운데 3000번 포트에 할당되어 있는 프로그램을 가리킵니다.

**13.250.15.132:3000**

IP 주소 / 포트

IP 주소와 포트

그런데 우리는 컴퓨터에서 프로그램을 하나만 실행하지 않을 것입니다. 대부분 여러 프로그램을 동시에 열어 놓고 사용하죠. 실제 백엔드 서버를 운영하는 컴퓨터도 마찬가지입니다. 외부에서 특정 컴퓨터에 있는 백엔드 서버와 통신할 때 IP 주소로 특정 컴퓨터까지는 접근했다고 하더라도 포트를 모르면 컴퓨터의 어떤 프로그램과 통신해야 할지 알 수 없습니다. 그래서 특정 프로그램과 통신하려면 IP 주소뿐 아니라 포트 번호까지 알아야 합니다.

### 잘 알려진 포트

컴퓨터에서 포트 번호는 0번부터 65535번까지 사용할 수 있으며, 그중 0번부터 1023번까지는 특정 용도로 사용하도록 권장하고 있습니다. 이와 같이 **역할이 정해져 있는 포트**를 잘 알려진 포트 well-known port라고 합니다.

하지만 0번부터 1023번까지 모든 포트의 역할을 다 알 필요는 없습니다. 다음 3가지 포트만 기억하면 됩니다.

#### ❶ 22번 포트

SSH 방식으로 통신할 때 사용합니다. SSH는 Secure SHell의 줄임말로 네트워크를 통해 원격 서버에 안전하게 접속할 수 있도록 하는 통신 방식입니다. EC2에서 컴퓨터를 빌린 후에 그 컴퓨터에 원격으로 접속할 때도 22번 포트를 사용합니다.

#### ❷ 80번 포트

HTTP 방식으로 통신할 때 사용합니다. 웹 브라우저에서 웹 사이트에 접속할 때 HTTP 방식을 활용해서 통신합니다. 이 규약에 따라 웹 브라우저는 포트 번호가 입력되지 않으면 기본적으로 80번 포트로 통신하도록 설정되어 있습니다.

#### ❸ 443번 포트

HTTPS 방식으로 통신할 때 사용합니다. HTTPS는 HTTP보다 안전한 웹 통신 방식입니다. HTTP와 HTTPS는 모두 웹 브라우저에서 웹 사이트에 접속할 때 사용하지만 서로 다른 포트를 활용해 통신한다는 것도 알아 두세요. 한마디로 http://naver.com으로 접속하면 네이버 서버의 80번 포트로 요청을 보내고, https://naver.com으로 접속하면 네이버 서버의 443번 포트로 요청을 보낸다는 차이가 있습니다.

☁ HTTP와 HTTPS는 4장에서 자세히 다룹니다.

> 🖐 **선생님, 질문 있어요!**  '잘 알려진 포트' 규약은 엄격히 지켜야 하나요?
>
> '잘 알려진 포트 규약'을 반드시 따라야 하는 것은 아닙니다. 실제로 스프링 부트(Spring Boot)의 내장 웹 서버는 기본적으로 8080번 포트로 실행됩니다. 분명히 HTTP 방식을 활용했는데도 80번 포트를 쓰지 않고 8080번 포트를 사용한 것입니다. 이 예시처럼 규약은 권고 사항일 뿐입니다.
>
> 또한, 보안을 강화할 목적으로 잘 알려진 포트를 피하는 경우도 있습니다. 예를 들어, 해커들이 자주 스캔하는 80번이나 443번 포트 대신, 비교적 알려지지 않은 포트를 사용함으로써 잠재적인 공격을 줄이려는 목적입니다.

## EC2

AWS는 데이터베이스를 쉽게 활용할 수 있는 RDS, 파일을 저장하는 데 특화된 S3, 권한을 관리하는 IAM과 같은 다양한 서비스를 제공합니다. 서비스 이름이 낯설 수 있지만 서비스마다 구별하기 좋게 AWS에서 이름을 붙인 것뿐입니다. 그럼 EC2는 어떤 역할을 하는 서비스일까요? AWS 공식 문서에서는 다음과 같이 설명하고 있습니다.

> Amazon Elastic Compute Cloud(Amazon EC2)는 Amazon Web Services(AWS) 클라우드에서 온디맨드 확장 가능 컴퓨팅 용량을 제공합니다. (... 생략 ...) EC2 인스턴스는 AWS 클라우드의 가상 서버입니다.

필자가 AWS를 처음 공부할 때는 이 내용이 무엇을 뜻하는지 전혀 와닿지 않았습니다. EC2의 역할을 이해하기 쉽게 다시 정의하면 다음과 같습니다.

> EC2란 원격으로 접속해 사용할 수 있는 컴퓨터를 빌려주는 서비스입니다.

## EC2 인스턴스

EC2 인스턴스는 EC2에서 빌리는 컴퓨터 한 대를 뜻합니다. 간단하게 **EC2 인스턴스 = 컴퓨터 한 대**라고 기억해도 됩니다. EC2 서비스에서는 이 컴퓨터 한 대를 빌려 오는 것을 'EC2 인스턴스를 시작한다'라고 표현합니다. 컴퓨터를 구매할 때 그래픽에 특화된 종류를 고를지, 용량이 큰 종류를 고를지 선택할 수 있는 것처럼 EC2 인스턴스를 시작할 때도 다음과 같은 옵션을 설정할 수 있습니다.

### OS 이미지

OS 이미지는 인스턴스를 시작할 때 필요한 운영체제<sup>operating system, OS</sup>로 구성된 템플릿을 의미합니다. 운영체제는 컴퓨터의 핵심 소프트웨어입니다. EC2에서는 사용자가 운영체제를 직접 설치하는 것이 아니라, 미리 구성된 운영체제 템플릿을 선택하여 컴퓨터를 빠르게 시작할 수 있습니다.

### 인스턴스 유형

인스턴스 유형이란 컴퓨터 사양을 뜻합니다. 컴퓨터 사양이 좋으면 좋을수록 많은 사용자의 요청을 처리할 수 있고 무거운 프로그램을 실행해도 성능이 떨어지지 않습니다.

### 스토리지

인스턴스도 하나의 컴퓨터이므로 파일을 저장할 공간이 필요합니다. 이러한 저장 공간을 스토리지storage 또는 볼륨volume이라고 합니다. 우리가 쓰는 컴퓨터에도 HDD, SSD와 같은 여러 종류의 저장 공간이 있는 것처럼, EC2의 스토리지에도 목적에 따라 선택할 수 있는 여러 유형이 있습니다.

## EC2를 사용하는 이유

EC2 인스턴스가 컴퓨터 한 대에 해당한다면, 웹 서비스를 배포할 때 개인 컴퓨터가 아니라 EC2에서 빌린 컴퓨터를 사용하는 이유는 무엇일까요? 그 이유를 살펴보겠습니다.

### 관리 부담 절감

웹 서비스를 배포한 컴퓨터는 24시간 동안 켜두어야 사용자들이 언제든지 웹 서비스를 이용할 수 있습니다. 혹시나 정전으로 컴퓨터가 종료되면 서비스에 접속할 수 없기 때문입니다. 24시간 동안 컴퓨터를 켜두어야 한다면 관리하기 불편하겠죠? EC2를 활용한다면 컴퓨터의 전원까지 AWS가 관리하므로 부담이 줄어듭니다.

### 손쉬운 보안 설정

개인 컴퓨터에 웹 서비스를 배포하면 보안이 위험할 수 있습니다. 당연히 보안에 신경 써서 서버를 구성하면 문제가 되지 않을 텐데, 입문자 입장에서 처음부터 올바른 보안 설정을 적용하기란 쉽지 않습니다. 실수로 보안 설정을 잘못 적용하면 내 컴퓨터에 있는 중요한 파일들이 노출될 수도 있으니 걱정될 수밖에 없겠죠? EC2에서는 '보안 그룹'이라는 기능을 사용해서 비교적 쉽게 보안 설정을 적용할 수 있습니다.

☁ 보안 그룹이 하는 역할은 2-2절에서 자세히 다룹니다.

> **✋ 선생님, 질문 있어요!** 실무에서도 EC2를 사용하나요?
>
> 실무에서도 웹 서비스를 배포할 때 EC2를 많이 활용합니다. 필자 역시 다양한 서비스를 운영하며 EC2를 자주 사용했습니다. EC2는 웹 사이트와 백엔드 서버 모두 배포할 수 있어서 많은 실무 환경에서 기본 선택지로 자리 잡고 있습니다.
> 다만 최근 들어 일부 회사에서는 웹 사이트를 배포할 때 EC2 대신 S3와 CloudFront를 활용하는 사례도 늘어나고 있습니다. S3와 CloudFront가 정적 웹 사이트 배포에 최적화된 서비스이기 때문입니다. 하지만 백엔드 서버 배포에서는 여전히 EC2를 많이 사용합니다. 따라서 실습에서는 EC2를 활용해 백엔드 서버를 배포하는 방법을 학습할 것입니다.

## 2-2 보안 그룹 이해하기

AWS 환경에서 보안은 매우 중요한 요소입니다. AWS의 컴퓨터 자원은 인터넷으로 접근하는 경우가 많아서 외부 공격에 노출될 위험이 크기 때문입니다. 따라서 EC2 인스턴스를 비롯한 다양한 자원은 외부와 안전하게 통신할 수 있도록 관리하는 것이 핵심입니다. 이러한 역할을 담당하는 것이 바로 '보안 그룹'입니다. 보안 그룹이 무엇인지, 어떤 방식으로 작동하는지, 또한 AWS에서 보안을 어떻게 책임지는지 자세히 알아보겠습니다.

### 보안 그룹

AWS 공식 문서를 보면, 보안 그룹security group은 EC2, RDS 등 AWS의 다양한 자원이 수신·발신하는 트래픽을 제어하는 가상 방화벽 역할을 합니다. EC2를 예로 들어 쉽게 이해할 수 있게 설명해 보겠습니다.

☁ 트래픽이란 인터넷을 통해서 요청을 보낼 때 주고받는 데이터를 말합니다.

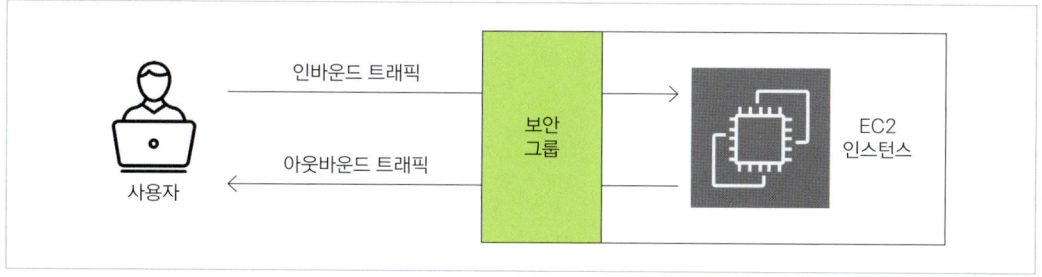

EC2 인스턴스와 보안 그룹

앞의 그림에서 EC2 인스턴스가 집이라면, 보안 그룹은 집으로 들어가기 전에 지나는 대문이라고 생각하면 쉽습니다. 집(EC2 인스턴스)에 아무나 들어오면 안 되니 대문(보안 그룹)을 설치해서 신원이 보장된 사람만 들여보내는 것입니다. 한마디로 말해, 보안을 철저히 하기 위해서 집에 출입할 때 항상 대문 앞에서 지키는 보안 요원의 검사를 받아야 하는 상태라고 볼 수 있습니다.

이처럼 EC2 인스턴스와 같은 AWS 자원에 **아무나 접근하지 못하게 막아 놓은 장치**가 바로 '보안 그룹'입니다.

## 보안 그룹 규칙 – 인바운드와 아웃바운드

보안 그룹에서는 EC2 인스턴스에 접근할 수 있는 조건을 규칙으로 정할 수 있습니다. 이 규칙은 인바운드inbound 규칙과 아웃바운드outbound 규칙으로 나뉩니다. 인바운드에서 in은 '안쪽으로'를 뜻하고 bound는 '경계'를 의미합니다. 즉, 인바운드는 '경계 안쪽으로', 아웃바운드는 '경계 바깥쪽으로'라는 의미이죠. 따라서 EC2 인스턴스로 들어오는 트래픽에는 인바운드 규칙을, 반대로 EC2 인스턴스에서 나가는 트래픽에는 아웃바운드 규칙을 설정하면 됩니다.

실제 서비스를 운영하다 보면 많은 사용자가 EC2에 있는 서버로 요청을 보내거나 반대로 EC2에 있는 서버가 외부 인터넷으로 요청을 보냅니다. 이때 발생하는 트래픽이 EC2 인스턴스를 자유롭게 드나들면서 보안 문제가 생길 수 있습니다. 이를 방지하기 위해 보안 그룹 규칙을 설정하여 특정 트래픽만 드나들 수 있도록 허용하는 것입니다.

보안 그룹 규칙은 IP 주소와 포트로 설정할 수 있습니다. 예를 들어 특정 IP의 트래픽만 받게 설정하거나 특정 포트로만 접근할 수 있게 설정할 수도 있습니다. EC2 실습에서는 인바운드 규칙 2개와 아웃바운드 규칙 1개가 포함된 보안 그룹을 사용합니다. 이 보안 그룹을 살펴보면서 보안 그룹 규칙을 이해해 봅시다.

### 인바운드 규칙 살펴보기

첫 번째 인바운드 규칙부터 살펴보겠습니다.

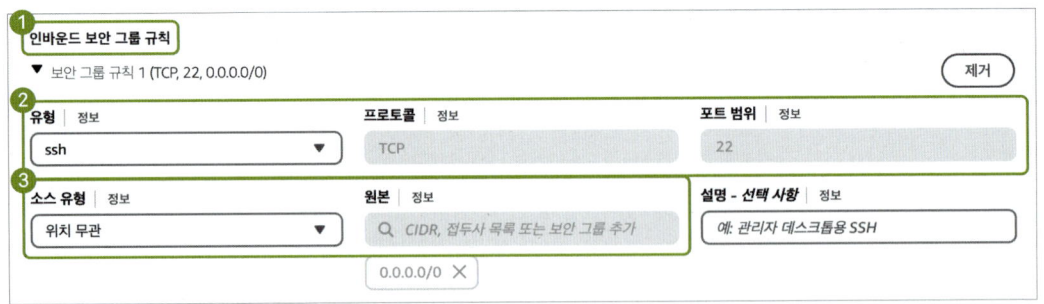

EC2 인스턴스의 첫 번째 인바운드 규칙

❶ [인바운드 보안 그룹 규칙]이라고 적혀 있는 것으로 보아, EC2에 접근하는 트래픽을 제어하는 규칙인 것을 알 수 있습니다.

❷ [유형]은 ssh로, [포트 범위]는 22로 설정되어 있습니다. 여기에서 [유형]은 프로토콜을 지정하는 항목입니다. SSH 통신에는 22번 포트가 권장되므로 [유형]을 SSH로 선택하면 [포트 범위]는 자동으로 22로 설정됩니다. 즉, 22번 포트로 들어오는 트래픽을 허용한다는 의미입니다.

☁ 프로토콜은 통신 방식이라고 이해하면 됩니다. 프로토콜의 종류는 SSH 외에 HTTP, HTTPS, TCP 등이 있습니다.

❸ [소스 유형]은 위치 무관, [원본]은 0.0.0.0/0으로 설정되어 있습니다. 여기에서 [소스 유형]은 허용할 IP를 지정하는 항목입니다. [소스 유형]을 위치 무관으로 선택하면 [원본]이 모든 IP를 뜻하는 0.0.0.0/0으로 설정됩니다. 즉, 어떤 IP에서 들어오는 트래픽도 허용하겠다는 의미입니다.

이 내용을 정리하면, 첫 번째 보안 그룹 규칙은 EC2 인스턴스의 22번 포트로 접속하는 모든 IP의 트래픽을 허용한다는 의미입니다. 즉, **EC2 인스턴스에 원격으로 접속하기 위해 SSH 통신을 허용**하는 규칙입니다.

이어서 두번째 인바운드 규칙도 살펴보겠습니다.

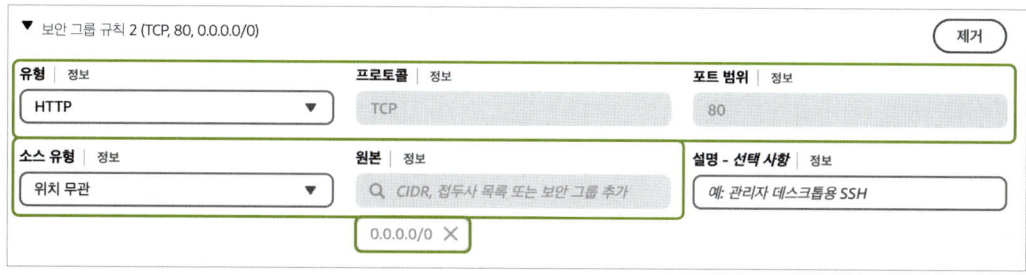

EC2 인스턴스의 두 번째 인바운드 규칙

[유형]은 HTTP로, [포트 범위]는 80으로, 그리고 [소스 유형]은 위치 무관으로 설정되어 있습니다. HTTP 통신에는 80번 포트가 권장되므로 [유형]을 HTTP로 선택하면 [포트 범위]가 자동으로 80으로 설정됩니다.

이 내용을 정리하면, 두 번째 보안 그룹 규칙은 EC2 인스턴스의 80번 포트로 접속하는 모든 IP의 트래픽을 허용한다는 의미입니다. 실습에서도 백엔드 서버를 80번 포트로 실행할 예정이므로, 이는 **백엔드 서버에 접속을 허용**하는 규칙입니다.

보안 그룹 규칙에 추가되지 않은 포트에는 접근할 수 없습니다. 만약 접근을 허용하고 싶은 포트가 생긴다면, 보안 그룹 규칙을 추가해야 합니다.

### 아웃바운드 규칙 살펴보기
이번에는 아웃바운드 규칙을 살펴보겠습니다.

EC2 인스턴스의 아웃바운드 규칙

[유형]은 모든 트래픽, [포트 범위]는 전체, [대상]은 0.0.0.0/0으로 설정되어 있습니다. 이 아웃바운드 규칙은 EC2에서 나가는 모든 트래픽을 허용합니다.

보안 그룹을 생성하면 기본적으로 모든 아웃바운드 트래픽은 허용하는 상태로 설정됩니다. 일반적으로 EC2 인스턴스에서 외부로 나가는 트래픽은 보안상 큰 위협을 초래하지 않으므로 실무에서도 기본 설정 그대로 두는 경우가 많습니다. 이 책의 실습에서도 기본 아웃바운드 규칙을 그대로 사용합니다.

## 2-3 EC2 인스턴스 시작하기

AWS 환경에서 백엔드 서버를 배포할 수 있도록 본격적으로 준비해 봅시다. 백엔드 서버를 배포하려면 가장 먼저 EC2 인스턴스를 시작해야 합니다. 이 절에서는 EC2 인스턴스를 시작하는 방법을 단계별로 알아보고, 인스턴스를 자세히 살펴보겠습니다.

### Do it! 실습 EC2 인스턴스 시작하기

백엔드 서버를 배포하기 위한 EC2 인스턴스를 시작해 봅시다. EC2를 처음 사용한다면 설정할 내용이 많아서 막막하고 당황스러울 수 있습니다. 이번 실습에서는 실무에서 자주 사용하는 옵션만 설명하니 너무 걱정하지 않아도 됩니다.

#### 1 EC2 콘솔 들어가기

AWS 콘솔의 왼쪽 위 검색 창에 ec2를 입력한 후, [EC2] 서비스를 클릭합니다.

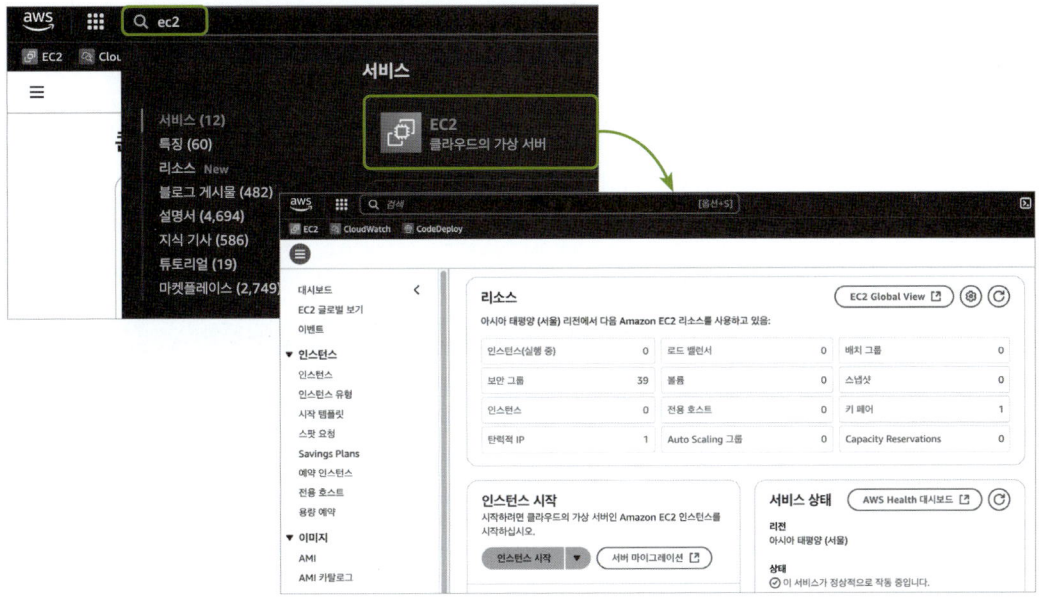

## 2  리전 선택하기

EC2 인스턴스가 생성될 리전을 선택합니다. 콘솔 오른쪽 위에 있는 리전 메뉴를 클릭하면 다음과 같이 리전 목록이 보입니다. 이 가운데 [아시아 태평양 → 서울] 리전을 선택합니다.

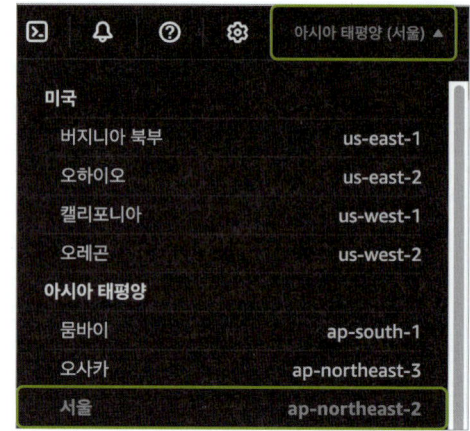

☁ AWS 자원 대부분이 리전 기준으로 관리되므로 자원을 생성할 때는 사용하는 리전을 확인하는 습관을 가지는 것이 좋습니다.

## 3  인스턴스 시작 화면 들어가기

EC2 콘솔 화면이 나타나면 [인스턴스 시작] 버튼을 클릭해 인스턴스 설정 정보를 입력하는 화면을 불러옵니다.

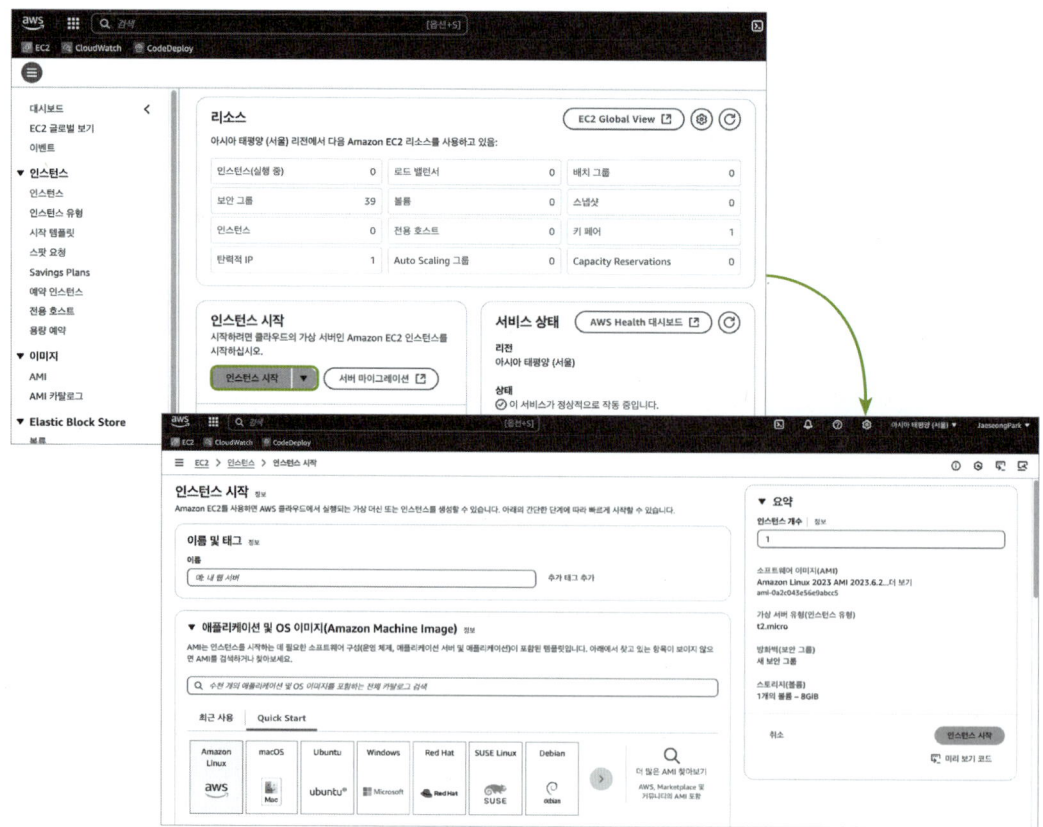

## 4 인스턴스 설정 정보 입력하기

생성할 인스턴스의 설정 정보를 입력하는 단계입니다. 먼저 다른 인스턴스와 구별되도록 인스턴스의 이름을 설정합니다. 인스턴스 이름은 생성한 후에 변경할 수도 있습니다. 이번 실습에서는 개발 환경(dev)에 인스타그램(instagram) 서비스를 배포한다고 가정하고 진행할 예정이므로 인스턴스 이름을 dev-instagram-server라고 작성했습니다.

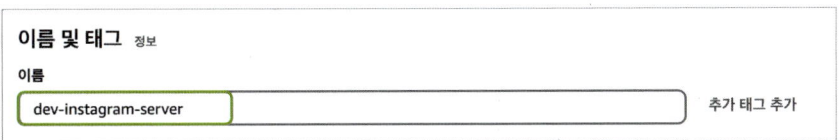

다음으로 인스턴스를 만들 때 사용할 운영체제를 설정합니다. 이번 실습에서는 Ubuntu를 선택하겠습니다. 우분투Ubuntu는 오픈 소스로 제공되어 라이선스 비용이 들지 않는다는 장점이 있어서 실무에서도 많이 사용하는 운영체제입니다. 버전은 기본으로 선택되는 대로 사용합니다.

> 이 책의 실습 결과를 똑같이 얻고 싶다면 [Ubuntu Server 24.04 LTS]를 선택하세요.

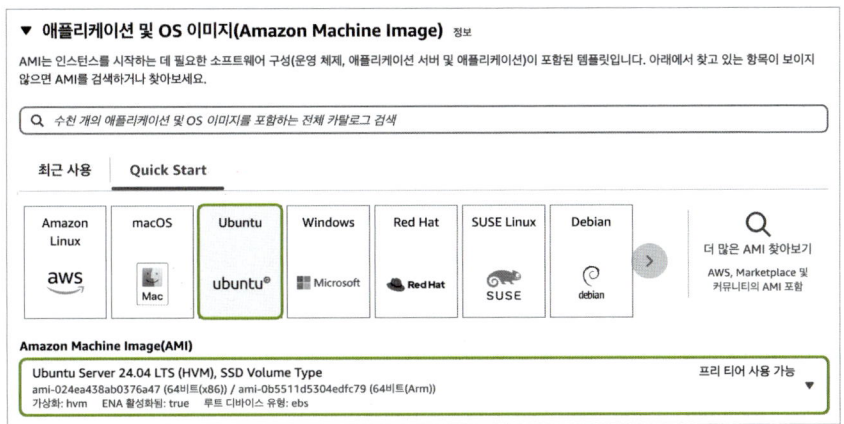

이번에는 인스턴스 유형을 선택합니다. 프리 티어로 사용할 수 있는 t2.micro 유형을 선택합니다.

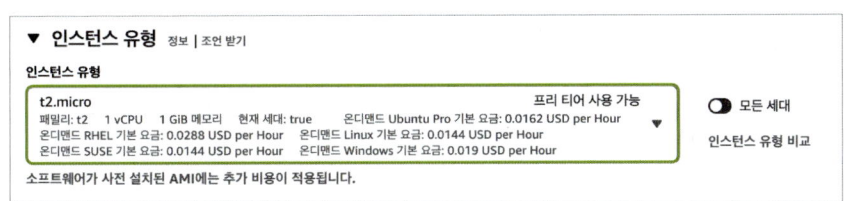

### 5 키 페어 설정하기

인스턴스에 접근할 때 사용할 키 페어를 선택하는 단계입니다. '키 페어'란 인스턴스에 접근할 때 사용하는 열쇠라고 생각하면 됩니다. [키 페어 이름]에서 **키 페어 없이 계속 진행**을 선택합니다. 이번 실습에서는 키 페어를 사용하지 않고 AWS 자체 기능을 사용하여 인스턴스에 접속하므로 키 페어를 생성하지 않습니다.

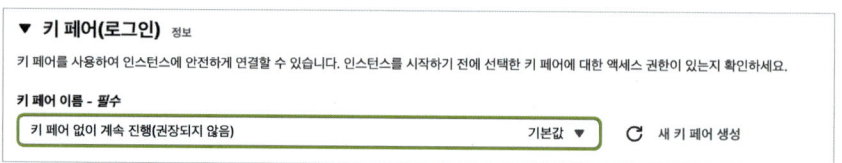

### 6 인바운드 보안 그룹 규칙 설정하기

[네트워크 설정]에서 [편집] 버튼을 누르면 보안 그룹 규칙을 추가할 수 있습니다. 기존에는 [인바운드 보안 그룹 규칙]에 SSH 유형을 사용하는 규칙만 설정되어 있습니다. HTTP 유형을 사용하는 규칙을 추가하기 위해 [보안 그룹 규칙 추가] 버튼을 클릭합니다.

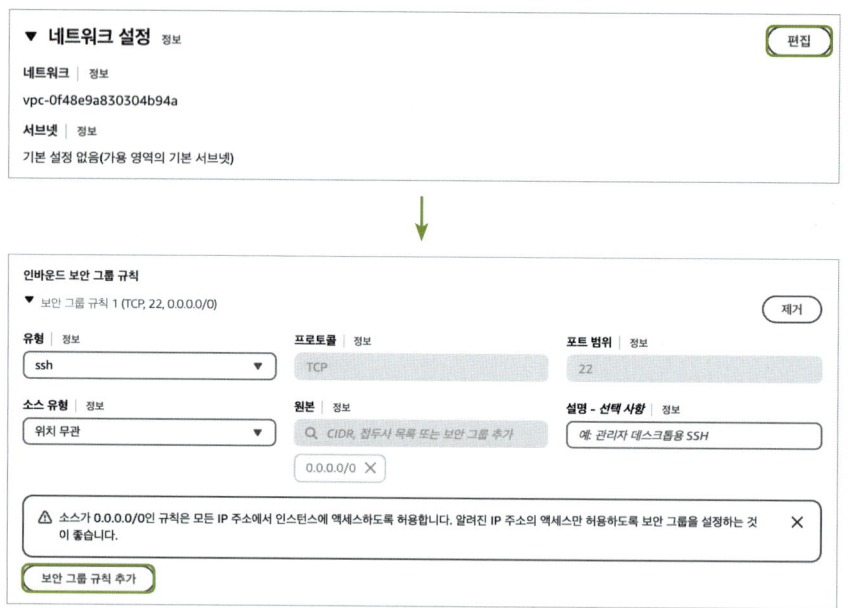

실습에서는 백엔드 서버를 80번 포트로 실행할 예정이므로, 모든 IP에서 80번 포트를 사용해 EC2에 접근할 수 있는 인바운드 규칙을 추가합니다. [유형]은 **HTTP**, [소스 유형]은 **위치 무관**으로 설정합니다.

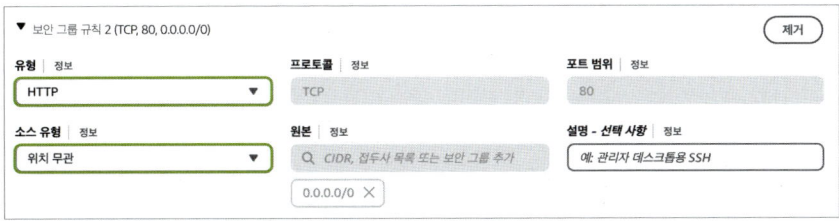

### 7  스토리지 구성 설정하기

EC2 인스턴스의 스토리지를 설정하는 단계입니다. [스토리지 구성]에서 첫 번째 빈칸에는 저장 공간 크기를 입력합니다. 프리 티어는 EC2의 스토리지를 30GiB까지 무료로 제공하므로 **30**을 입력합니다. 두 번째 칸에는 볼륨의 유형을 지정하는데, 대중적으로 많이 사용하는 유형인 **gp3**를 선택합니다.

### 8  인스턴스 시작하기

EC2 인스턴스를 시작할 수 있는 설정 작업을 완료했습니다. 마지막으로 [인스턴스 시작] 버튼을 클릭합니다.

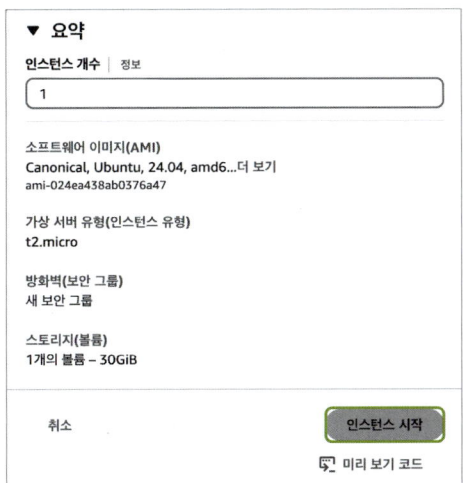

EC2 인스턴스를 시작하기까지 시간이 조금 걸립니다. [모든 인스턴스 보기] 버튼을 클릭하면 생성한 EC2 인스턴스의 상태를 확인할 수 있습니다.

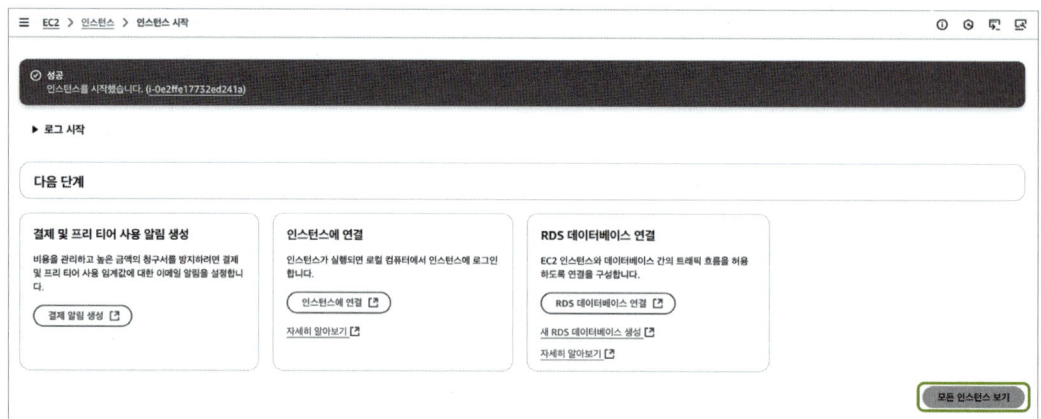

| 선생님, 질문 있어요! | 프리 티어 사양으로도 실제 서비스할 때 충분한가요? |

서비스마다 다르겠지만 일반적으로 크게 문제가 없습니다. 우리가 인스턴스를 만들 때는 프리 티어에 해당하는 t2.micro를 선택했습니다. 그러면 이렇게 착각할 수도 있습니다. '프리 티어면 무료 버전이니까 학습용으로 쓰거나 테스트용으로만 쓰는 거겠지?' 또는 '실제 서비스에서 활용하면 속도가 느려서 쓸 수 없겠지?'라고요. 하지만 t2.micro는 비교적 괜찮은 사양입니다. 실제로 t2.micro 유형의 EC2 인스턴스로 일일 방문자 수가 약 2천명인 서비스를 운영할 때에도 문제가 없었습니다. 따라서 성능 문제가 직접 생기기 전까지는 t2.micro를 활용하는 것도 괜찮습니다.

## Do it! 실습   EC2 인스턴스 확인하기

앞에서 생성한 EC2 인스턴스의 상세 정보를 살펴보고 접속해 보면서, 인스턴스가 원하는 대로 만들어졌는지 확인해 봅시다.

### 1   생성된 EC2 인스턴스 확인하기

EC2 콘솔의 왼쪽 메뉴에서 [인스턴스]를 클릭합니다.

다음과 같이 인스턴스 상태가 [실행 중]으로 표시되면 'EC2에서 컴퓨터 한 대를 잘 빌려 왔다'라고 생각하면 됩니다.

☁ 인스턴스 상태가 [대기 중]으로 표시되면 잠시 기다린 후 새로 고침 아이콘 ⟳ 을 클릭해 보세요.

## 2 인스턴스 상세 화면 살펴보기

인스턴스 목록에서 인스턴스 ID를 선택하면 다음과 같이 인스턴스 상세 화면이 표시됩니다. 이 실습에서는 EC2 인스턴스를 사용하면서 알아야 할 필수 정보만 짚어 보겠습니다.

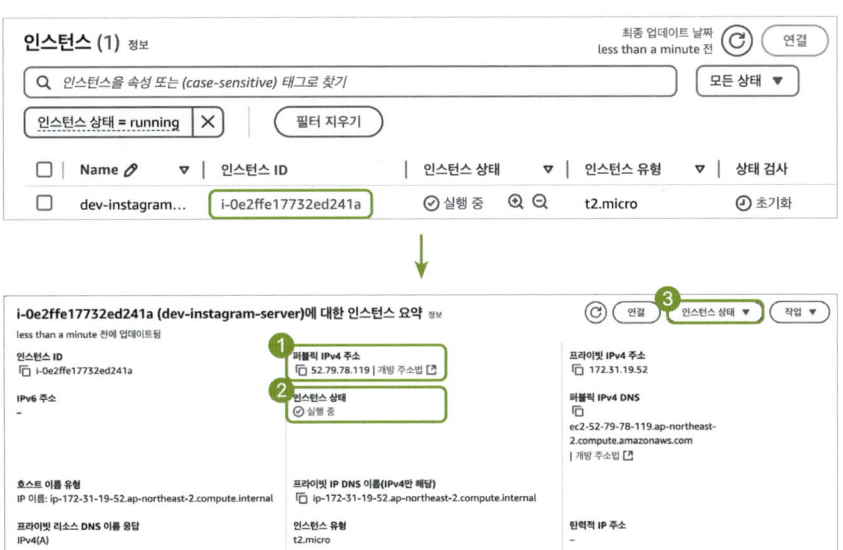

❶ **IP 주소 확인하기**: [퍼블릭 IPv4 주소]의 값이 외부에서 접속할 수 있는 EC2 인스턴스의 퍼블릭 IP 주소입니다. 앞서 IP는 인터넷에서 특정 컴퓨터를 가리키는 주소라고 했죠? 즉, 이 인스턴스를 가리키는 주소가 52.79.78.119인 것입니다.

☁ 이 퍼블릭 IP는 EC2 인스턴스를 종료하고 다시 시작할 때마다 변경됩니다.

2장 → EC2로 백엔드 서버 배포하기 **47**

❷ **인스턴스 상태 확인하기**: [인스턴스 상태]는 이 컴퓨터가 현재 실행 중인지, 중지되어 있는지, 재부팅 중인지를 나타냅니다. [실행 중]이라고 표시되어 있다면 빌려 온 컴퓨터가 켜져 있다는 뜻입니다.

❸ **인스턴스 상태 변경하기**: [인스턴스 상태] 버튼을 클릭하면 인스턴스 상태를 변경할 때 사용하는 메뉴가 아래에 표시됩니다. 그중에서 [인스턴스 중지], [인스턴스 시작], [인스턴스 재부팅], [인스턴스 종료(삭제)] 버튼은 자주 쓰기 때문에 의미를 알아 두는 것이 좋습니다.

## 3 모니터링 지표 확인하기

다음으로 인스턴스 상세 화면 하단의 탭을 살펴보겠습니다. 먼저 [모니터링] 탭은 이 인스턴스의 자원 사용량과 성능 지표를 보여 주므로 실제 서버를 운영할 때 자주 보게 됩니다.

☁ 컴퓨터 속도가 느려질 때 작업 관리자 창을 열어 상태를 확인하죠? 이 탭은 이와 비슷한 용도라고 생각하면 됩니다.

### 4  보안 그룹 규칙 확인하기

[보안] 탭에서는 보안 그룹 규칙을 확인할 수 있습니다. 인스턴스를 생성할 때 설정한 보안 그룹 규칙이 정상으로 적용되어 22번 포트, 80번 포트가 허용된 상태입니다.

### 5  스토리지 정보 확인하기

[스토리지] 탭을 클릭하면 이 인스턴스에 연결된 스토리지 정보를 확인할 수 있습니다. 저장 공간이 30GiB로 설정된 것을 확인할 수 있습니다.

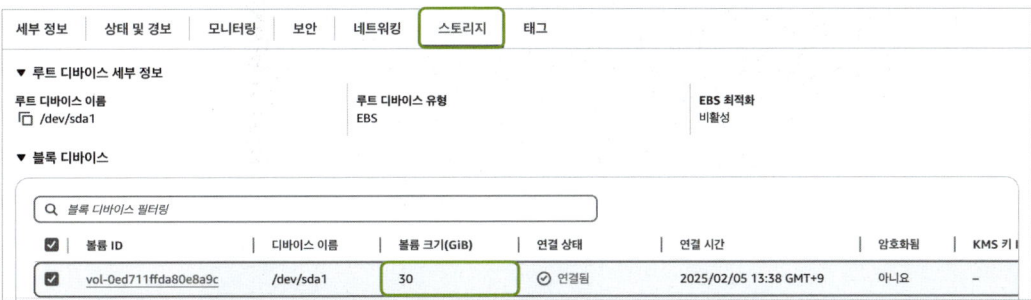

### 6  인스턴스에 원격 접속하기

마지막으로 인스턴스에 정상으로 접속할 수 있는지 확인해 보겠습니다. EC2 인스턴스 상세 화면 오른쪽 위에 있는 [연결] 버튼을 클릭합니다.

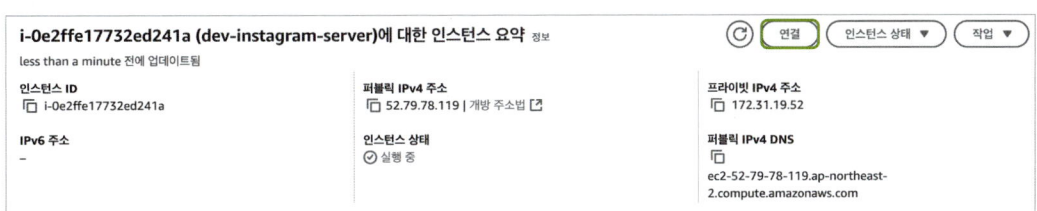

2장 → EC2로 백엔드 서버 배포하기   **49**

다음 화면이 표시되면 [EC2 인스턴스 연결] 탭을 클릭한 뒤에 오른쪽 아래에서 [연결] 버튼을 클릭합니다.

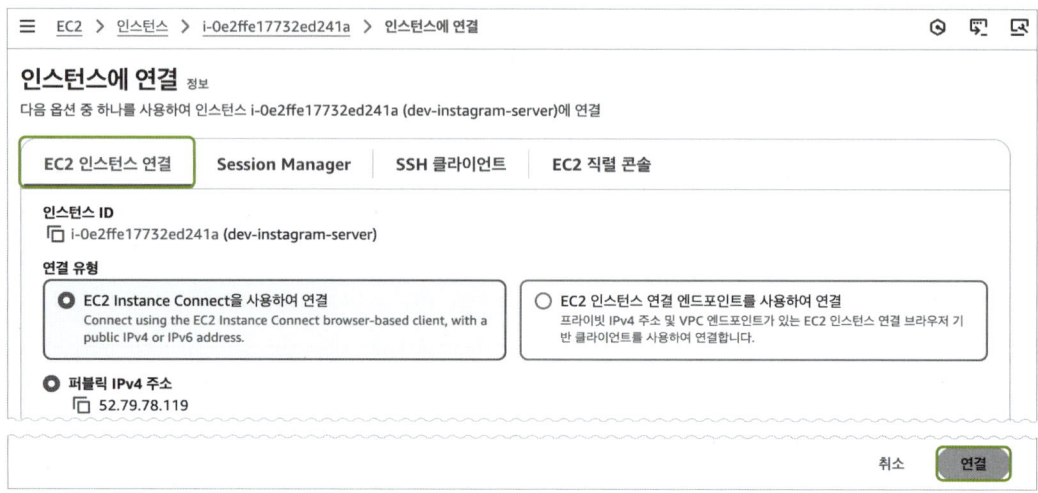

인스턴스에 성공적으로 접속했다면 다음과 같이 우분투 운영체제가 설치된 EC2 인스턴스의 첫 화면이 나타납니다.

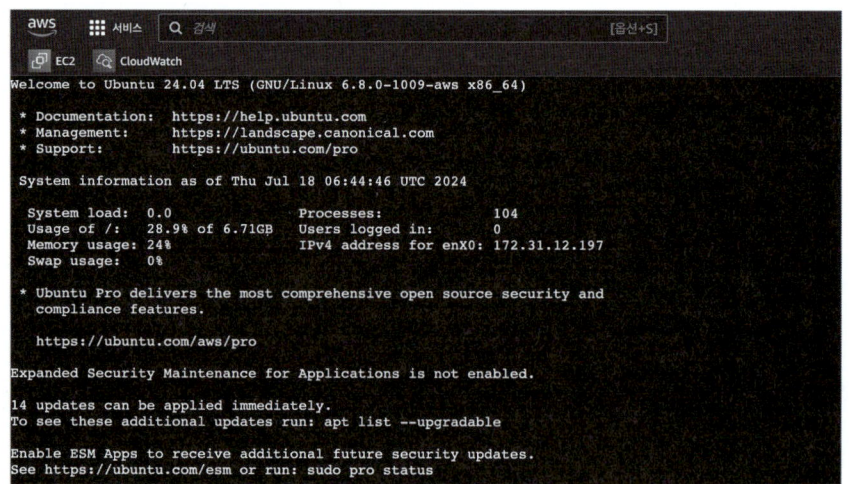

### 선생님, 질문 있어요! EC2 인스턴스 이름을 알아보기 쉽게 짓는 방법이 있나요?

이름을 신경 써서 짓고 싶다면 실무에서 자주 쓰는 작명 방식인 '환경-프로젝트명-종류'의 형태로 해보세요. 예를 들어 배포(prod) 환경의 인스타그램(instagram) 백엔드 서버(server)용 인스턴스는 prod-instagram-server라고 이름을 붙일 수 있습니다. 개발(dev) 환경의 인스타그램(instagram) 웹 사이트(web)를 배포하는 용도로 쓰는 인스턴스라면 dev-instagram-web이라고 하면 되겠죠?

## 2-4 탄력적 IP 연결하기

EC2 인스턴스를 중지하고 다시 시작할 때마다 퍼블릭 IP 주소가 변경됩니다. 이렇게 퍼블릭 IP 주소가 변경되면 기존 사용자가 서비스에 접속하지 못할 수 있으므로 AWS에서는 탄력적 IP를 제공해서 IP가 변경되지 않도록 해줍니다. 이 절에서는 탄력적 IP가 무엇인지 알아보고, EC2 인스턴스에 탄력적 IP를 연결하는 과정을 실습해 봅시다.

### 탄력적 IP

AWS 공식 문서에 따르면 탄력적 IP 주소란 동적 클라우드 컴퓨팅을 위해 고안된 정적 IPv4 주소를 말합니다. 이해하기 쉽게 정리하면 다음과 같습니다.

> 탄력적 IP란 바뀌지 않는 고정된 IP 주소입니다.

그렇다면 탄력적 IP를 연결해야 하는 이유는 무엇일까요? 앞에서 확인한 것처럼 EC2 인스턴스를 생성하면 퍼블릭 IP를 할당받습니다. 이렇게 할당받은 IP는 임시 IP이므로 EC2 인스턴스를 잠시 중지했다가 다시 시작하면 IP 주소가 바뀝니다. 실제로 EC2 인스턴스를 사용하다 보면 EC2의 장애로 의도치 않게 인스턴스를 다시 시작해야 하는 경우가 자주 발생합니다.

인스턴스를 다시 시작해서 IP가 바뀌면 백엔드와 통신을 하던 프런트엔드는 더 이상 기존 IP로 통신할 수 없습니다. 한마디로 서비스 중단이 발생합니다. 이 문제를 해결하려면 프런트엔드 개발자가 기존에 통신하던 IP 주소를 변경된 IP 주소로 바꿔 줘야 하는 작업을 해야 합니다. 인스턴스를 다시 시작할 때마다 매번 IP 주소를 바꾸어야 한다면 정말 귀찮고 불편하겠죠? 이러한 불편함 때문에 EC2 인스턴스를 중지했다가 다시 시작하더라도 바뀌지 않는 고정된 IP를 할당받아야 합니다. EC2 인스턴스에 탄력적 IP를 직접 연결해 보고 실제로 IP가 바뀌지 않는지 확인해 봅시다.

## Do it! 실습  EC2 인스턴스에 탄력적 IP 연결하기

EC2 인스턴스에 탄력적 IP를 연결해 EC2 인스턴스의 IP 주소가 바뀌지 않도록 만들어 봅시다. 탄력적 IP를 설정하기 전에 인스턴스를 중지하고 다시 실행하면서 IP가 바뀌는지 확인하기 바랍니다.

### 1  탄력적 IP 메뉴 들어가기

EC2 콘솔의 왼쪽 메뉴에서 [탄력적 IP]를 클릭합니다.

### 2  탄력적 IP 주소 할당받기

EC2 콘솔의 오른쪽 위에 있는 [탄력적 IP 주소 할당] 버튼을 클릭합니다.

기본 설정값을 그대로 두고 오른쪽 아래에 있는 [할당] 버튼을 클릭합니다.

다음과 같이 탄력적 IP가 1개 생성됩니다.

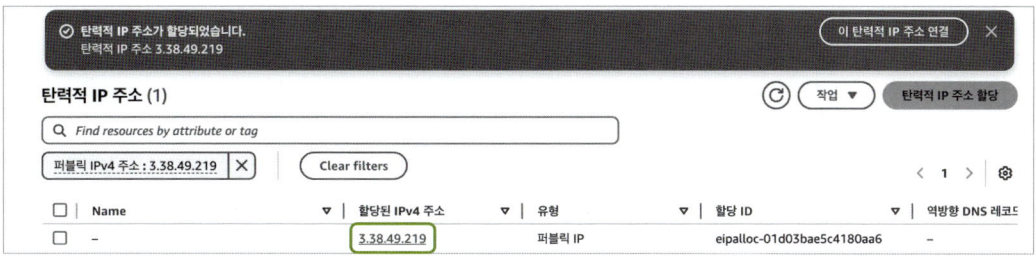

### 3  탄력적 IP 주소를 EC2 인스턴스에 연결하기

생성된 탄력적 IP에 체크 표시를 하고 오른쪽 위 [작업] 메뉴에서 [탄력적 IP 주소 연결]을 클릭합니다.

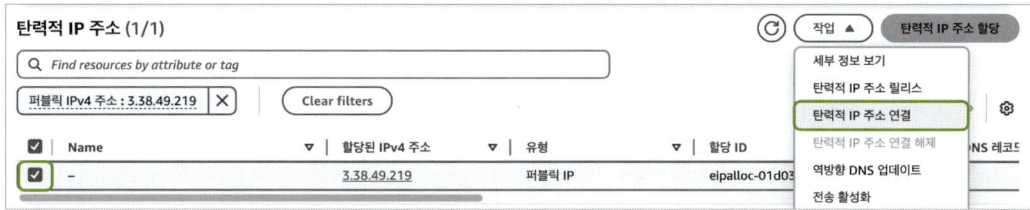

탄력적 IP 주소 연결 창에서 앞서 생성한 EC2 인스턴스를 선택하고 오른쪽 아래에서 [연결] 버튼을 클릭합니다.

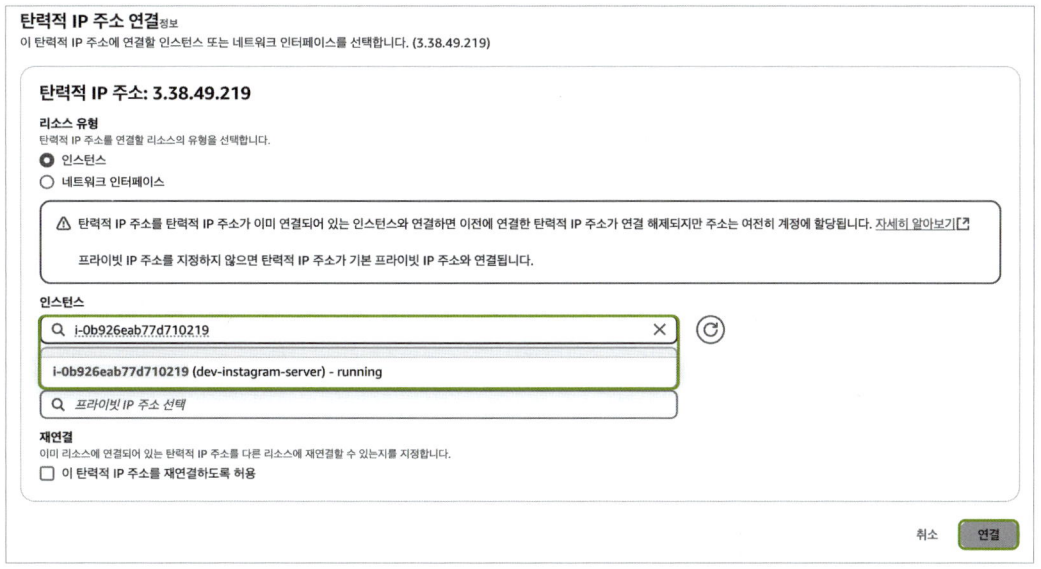

2장 → EC2로 백엔드 서버 배포하기  **53**

다음처럼 알림 창이 표시되면 EC2 인스턴스에 탄력적 IP가 올바르게 연결되었다는 의미입니다.

4 연결된 탄력적 IP 확인하기

EC2 인스턴스 상세 화면에서 [퍼블릭 IPv4 주소]의 값이 할당받은 탄력적 IP 주소로 바뀌었는지 확인합니다. 예제에서는 52.79.78.119에서 3.38.49.218로 바뀐 것을 확인할 수 있습니다.

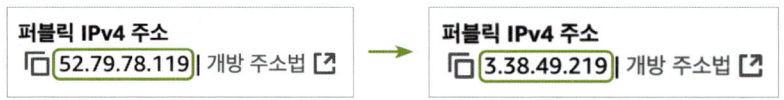

탄력적 IP를 할당받은 EC2 인스턴스를 준비했으니 다음으로 백엔드 서버를 배포해 보겠습니다.

## 2-5 EC2에 백엔드 서버 배포하기

백엔드 서버를 배포할 EC2 인스턴스를 준비했으니, 기능 구현이 완료된 백엔드 서버를 배포해 보겠습니다. 실습은 스프링 부트와 익스프레스 서버를 배포할 수 있도록 구성했습니다. 둘 중에 선호하는 서버를 선택해서 실습을 진행해 주세요.

☁ 익스프레스 서버를 사용할 경우 60쪽으로 이동하여 실습을 진행하세요.

### Do it! 실습 스프링 부트 서버 배포하기

EC2 인스턴스에 접속하여 스프링 부트에 기반한 백엔드 서버를 배포해 봅시다.

#### 1 EC2 인스턴스 접속하기

49쪽에서 설명한 방법으로 EC2 인스턴스에 접속합니다.

```
To run a command as administrator (user "root"), use "sudo <command>".
See "man sudo_root" for details.

ubuntu@ip-172-31-12-197:~$
```

#### 2 JDK 설치하기

스프링 부트는 3.x.x 버전을, JDK는 17 버전을 사용합니다. 그에 맞게 환경을 구성하기 위해 접속한 EC2 인스턴스에서 다음 명령어를 실행합니다.

> **T 터미널**
>
> ```
> $ sudo apt update                          # 패키지 관리 시스템(apt)의 패키지 정보 업데이트
> $ sudo apt install openjdk-17-jdk -y       # JDK 17 버전 설치
> $ java -version                            # JDK 설치 상태 확인
> ```

JDK가 정상으로 설치되었다면 다음과 같은 결과가 표시됩니다.

```
ubuntu@ip-172-31-6-56:~$ java -version
openjdk version "17.0.13" 2024-10-15
OpenJDK Runtime Environment (build 17.0.13+11-Ubuntu-2ubuntu124.04)
OpenJDK 64-Bit Server VM (build 17.0.13+11-Ubuntu-2ubuntu124.04, mixed mode, sharing)
```

### 3  깃허브에서 스프링 부트 프로젝트 가져오기

배포할 스프링 부트 프로젝트를 깃허브에서 가져옵니다. 다음 명령어를 실행하면 필자가 만들어 둔 예제 프로젝트를 사용할 수 있습니다.

> **T 터미널**
>
> ```
> $ git clone https://github.com/JSCODE-BOOK/aws-ec2-springboot.git
> ```

☁ 내려받을 스프링 부트 프로젝트는 아무 기능도 구현되어 있지 않은 기본 프로젝트입니다. 배포에 초점을 맞추기 위해 다른 기능은 구현하지 않았습니다.

### 4  application.yml 파일 직접 만들기

일반적으로 민감한 정보가 포함된 application.yml과 같은 파일은 깃으로 버전 관리를 하지 않고, 별도로 EC2 인스턴스에 업로드해 보안을 유지해야 합니다. 하지만 파일을 업로드하는 작업보다 직접 만드는 것이 훨씬 간단하므로 이번 실습에서는 application.yml 파일을 직접 작성하겠습니다.

> **T 터미널**
>
> ```
> $ cd aws-ec2-springboot/src/main/resources
> $ vi application.yml # 빔 에디터를 활용해 application.yml 파일 작성
> ```

명령어를 실행하면 다음과 같이 빔<sup>Vim</sup> 화면이 표시됩니다. 편집기 화면에서 영문 ⓘ를 입력하면 왼쪽 하단에 INSERT라는 문구가 표시됩니다. 이 문구가 보이면 코드를 작성할 수 있습니다.

☁ 빔은 리눅스에서 많이 사용하는 텍스트 편집기입니다. 간단한 사용법을 알아 두면 리눅스 환경에서 텍스트를 간편하게 수정할 수 있습니다.

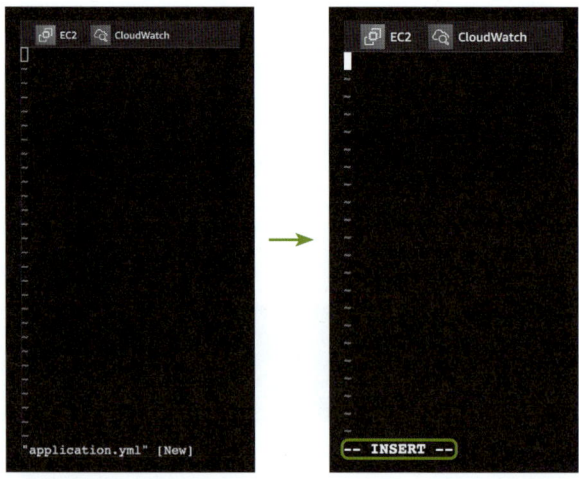

이제 다음과 같이 코드를 작성합니다. 이 코드를 작성하면 스프링 부트가 8080번 포트가 아닌 80번 포트에서 실행됩니다. 스프링 부트가 80번 포트에서 실행된다는 전제하에 실습을 진행할 예정이니 이 코드를 꼭 작성합시다.

📄 application.yml
```yml
server:
  port: 80
```

코드를 모두 작성했다면 파일을 저장합니다. `Esc`를 누르면 편집기 화면 왼쪽 하단에 INSERT 문구가 사라지는데, 그 상태에서 `:wq`를 입력하고 `Enter`를 누릅니다.

파일이 정상으로 생성됐는지 확인하기 위해 다음 명령어를 입력해 봅시다.

T 터미널
```
$ cat application.yml
```

☁ cat은 파일의 내용을 출력할 때 사용하는 명령어입니다.

앞에서 입력한 내용이 출력되는지 확인합니다. 다음과 같이 출력된다면 application.yml 파일이 정상으로 생성되었다는 의미입니다.

5  스프링 부트 서버 실행하기

스프링 부트 서버는 실행하기 전에 빌드 과정을 거쳐야 합니다. 빌드를 완료한 뒤에 스프링 부트 서버를 실행해 봅시다.

> 터미널

```
$ cd ~/aws-ec2-springboot        # 프로젝트의 최상위 경로로 다시 접근
$ ./gradlew clean build -x test  # 스프링 부트 프로젝트 빌드
$ cd build/libs                  # JAR 파일이 빌드된 위치로 이동
$ sudo nohup java -jar aws-ec2-springboot-0.0.1-SNAPSHOT.jar &  # JAR 파일 실행
```

스프링 부트 서버를 실행하면 다음과 같은 결과를 확인할 수 있습니다.

```
ubuntu@ip-172-31-7-171:~/ec2-spring-boot-sample/build/libs$ sudo lsof -i:80
COMMAND    PID USER   FD   TYPE DEVICE SIZE/OFF NODE NAME
java     28298 root    9u  IPv6  90957      0t0  TCP *:http (LISTEN)
ubuntu@ip-172-31-7-171:~/ec2-spring-boot-sample/build/libs$
```

6  스프링 부트 서버 상태 확인하기

80번 포트에서 실행되는 프로세스를 조회하기 위해 다음 명령어를 실행합니다.

> 터미널

```
$ sudo lsof -i:80
```

다음과 같이 출력된다면 스프링 부트가 80번 포트에서 정상으로 실행된다는 의미입니다.

```
ubuntu@ip-172-31-7-171:~/ec2-spring-boot-sample/build/libs$ sudo nohup java -
jar ec2-spring-boot-sample-0.0.1-SNAPSHOT.jar &
[2] 28298
ubuntu@ip-172-31-7-171:~/ec2-spring-boot-sample/build/libs$ nohup: ignoring i
nput and appending output to 'nohup.out'

ubuntu@ip-172-31-7-171:~/ec2-spring-boot-sample/build/libs$
```

7  IP 주소로 접속하기

EC2의 퍼블릭 IP로 접속했을 때 다음 화면이 표시된다면 스프링 부트 서버가 성공적으로 배포된 것입니다. 다른 컴퓨터나 휴대폰을 사용해도 같은 IP 주소로 접속할 수 있는지 확인합니다.

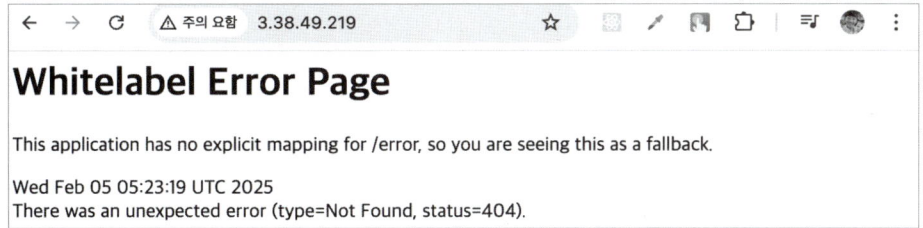

### 8 스프링 부트 서버 종료하기

이번에는 스프링 부트 서버를 종료하는 방법도 알아봅시다. 우선 다음 명령어로 80번 포트에서 실행되는 스프링 부트 서버를 조회해 봅시다.

**터미널**

```
$ sudo lsof -i:80
```

출력값 중에 PID라는 값이 있습니다. 이 값은 컴퓨터에서 실행되는 프로세스의 ID입니다. 다음 그림에서 확인되는 PID는 28298입니다.

> PID는 컴퓨터마다 다르게 출력될 수 있습니다.

```
ubuntu@ip-172-31-7-171:~/ec2-spring-boot-sample/build/libs$ sudo lsof -i:80
COMMAND   PID  USER   FD   TYPE DEVICE SIZE/OFF NODE NAME
java    28298  root    9u  IPv6  90957      0t0  TCP *:http (LISTEN)
```

PID를 확인했다면 다음 명령어를 활용해 스프링 부트에 해당하는 프로세스를 종료할 수 있습니다.

**터미널**

```
$ sudo kill {PID 값}    # 스프링 부트 프로세스 종료
$ sudo lsof -i:80       # 80 포트에서 실행되는 프로세스 조회
```

아무것도 출력되지 않는다면 80번 포트에서 실행되던 스프링 부트가 정상으로 종료된 것입니다. 여기까지 마쳤다면 65쪽의 설명으로 넘어갑니다.

```
ubuntu@ip-172-31-7-171:~/ec2-spring-boot-sample/build/libs$ sudo kill 28298
ubuntu@ip-172-31-7-171:~/ec2-spring-boot-sample/build/libs$ sudo lsof -i:80
ubuntu@ip-172-31-7-171:~/ec2-spring-boot-sample/build/libs$
```

## Do it! 실습 | 익스프레스 서버 배포하기

EC2 인스턴스에 접속하여 익스프레스에 기반한 백엔드 서버를 배포해 봅시다.

### 1 EC2 인스턴스 접속하기
49쪽에서 설명한 방법으로 EC2 인스턴스에 접속합니다.

```
To run a command as administrator (user "root"), use "sudo <command>".
See "man sudo_root" for details.
ubuntu@ip-172-31-12-197:~$
```

### 2 Node.js 설치하기
익스프레스는 4.x.x 버전을, 익스프레스를 실행할 Node.js는 22 버전을 사용합니다. 그에 맞게 환경을 구성하기 위해 접속한 EC2 인스턴스에서 다음 명령어를 실행합니다.

**T 터미널**

```
$ sudo apt update               # 패키지 관리 시스템(apt)의 패키지 정보 업데이트
$ sudo apt install -y curl
$ curl -fsSL https://deb.nodesource.com/setup_22.x -o nodesource_setup.sh
$ sudo -E bash nodesource_setup.sh
$ sudo apt install -y nodejs    # Node.js 22 설치
$ node -v                       # Node.js가 잘 설치됐는지 확인
```

Node.js가 정상으로 설치되었다면 다음과 같은 결과가 표시됩니다.

```
ubuntu@ip-172-31-7-171:~$ node -v
v22.7.0
```

### 3 깃허브에서 익스프레스 프로젝트 가져오기
배포할 익스프레스 프로젝트를 깃허브에서 가져옵니다. 다음 명령어를 실행하면 필자가 만들어 둔 예제 프로젝트를 사용할 수 있습니다.

**T 터미널**

```
$ git clone https://github.com/JSCODE-BOOK/aws-ec2-express.git
$ cd aws-ec2-express
$ npm i
```

☁ 내려받을 익스프레스 프로젝트는 간단한 기능만 구현되어 있습니다.

해당 프로젝트 폴더에서 app.js 파일을 살펴보겠습니다.

📄 app.js
```
require('dotenv').config(); // dotenv 라이브러리 활용
const express = require('express');
const app = express();
const port = 80; // 80번 포트에서 서버 실행

app.get('/', (req, res) => {
  // dotenv를 활용해 .env에 있는 값을 포함해 출력
  res.send(`.env 테스트 : ${process.env.DATABASE_NAME}`);
})

app.listen(port, () => {
  console.log(`Example app listening on port ${port}`)
})
```

80번 포트에서 익스프레스 서버를 실행하고, dotenv 라이브러리를 활용하여 환경 변수를 출력하는 API가 구현되어 있습니다.

### 4 .env 파일 직접 만들기

일반적으로 민감한 정보가 포함된 .env와 같은 파일은 깃으로 버전 관리를 하지 않고, 별도로 EC2 인스턴스에 업로드해 보안을 유지해야 합니다. 하지만 파일을 업로드하는 작업보다 직접 만드는 것이 훨씬 간단하므로 이번 실습에서는 .env 파일을 직접 작성하겠습니다.

☁ .env 파일에는 비밀번호, API 키, 데이터베이스 정보와 같은 내용이 저장됩니다.

**T 터미널**
```
$ vi .env # 빔 에디터를 활용해 .env 파일 작성
```

명령어를 실행하면 다음과 같이 빔<sup>Vim</sup> 화면이 표시됩니다. 편집기 화면에서 영문 [i]를 입력하면 왼쪽 하단에 INSERT라는 문구가 표시됩니다. 이 문구가 보이면 코드를 작성할 수 있습니다.

☁ 빔은 리눅스에서 많이 사용하는 텍스트 편집기입니다. 간단한 사용법을 알아 두면 리눅스 환경에서 텍스트를 간편하게 수정할 수 있습니다.

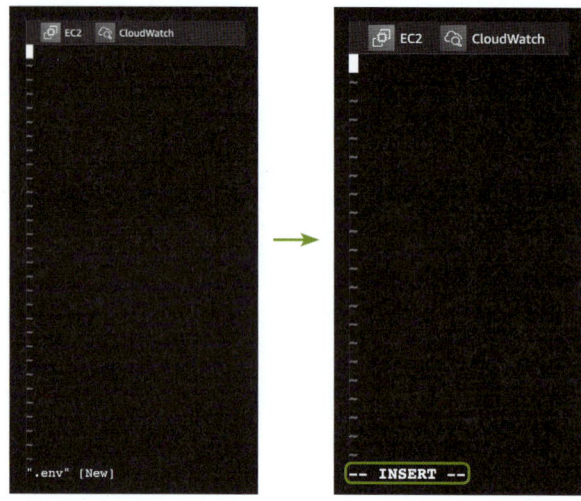

이제 다음과 같이 데이터베이스 이름을 나타내는 정보를 작성합니다.

```
DATABASE_NAME=my_database
```

코드를 모두 작성했다면 파일을 저장합니다. Esc를 누르면 왼쪽 하단에 INSERT 문구가 사라지는데, 그 상태에서 :wq라고 입력한 뒤 Enter를 누릅니다.

파일이 정상으로 생성됐는지 확인하기 위해 다음 명령어를 입력해 봅시다.

> **T** 터미널
>
> $ cat .env

☁ cat은 파일의 내용을 출력할 때 사용하는 명령어입니다.

다음과 같이 출력된다면 .env 파일이 정상으로 생성되었다는 의미입니다.

```
ubuntu@ip-172-31-7-171:~/ec2-express-sample$ cat .env
DATABASE_NAME=my_database
```

### 5  pm2로 익스프레스 서버 실행하기

pm2에는 서비스를 운영하기에 유용한 기능이 다수 포함되어 있으므로 Node 기반 서버는 pm2를 활용해서 실행하는 경우가 많습니다. 다음 명령어를 실행하여 pm2를 설치하고 익스프레스 서버를 실행합니다.

> **T** 터미널
>
> $ sudo npm i -g pm2       # pm2 설치
> $ sudo pm2 start app.js   # pm2 사용하여 익스프레스 서버 실행

### 6  익스프레스 서버 상태 확인하기

익스프레스 서버가 실행되는지 확인합니다.

> **T** 터미널
>
> $ sudo pm2 list

다음과 같이 출력된다면 익스프레스 서버가 정상으로 실행된다는 의미입니다.

```
ubuntu@ip-172-31-7-171:~/ec2-express-sample$ sudo pm2 list
│ id │ name │ mode │ ↺ │ status │ cpu │ memory │
│ 0  │ app  │ fork │ 0 │ online │ 0%  │ 67.7mb │
```

### 7  IP 주소로 접속하기

EC2의 퍼블릭 IP로 접속했을 때 다음 화면이 표시된다면 익스프레스 서버가 성공적으로 배포된 것입니다. 다른 컴퓨터나 휴대폰을 사용해도 같은 IP 주소로 접속할 수 있는지 확인합니다.

### 8  익스프레스 서버 종료하기

이번에는 익스프레스 서버를 종료하는 방법도 알아봅시다. 우선 다음 명령어로 실행되고 있는 익스프레스 서버를 조회해 봅시다.

> **터미널**
>
> $ sudo pm2 list # 프로세스 조회

pm2로 실행되는 모든 프로세스를 종료하려면 다음 명령어를 실행합니다.

> **터미널**
>
> $ sudo pm2 kill # 프로세스 종료
> $ sudo pm2 list # 프로세스 조회

아무것도 출력되지 않는다면 실행하던 익스프레스 서버가 정상으로 종료된 것입니다.

```
ubuntu@ip-172-31-7-171:~/ec2-express-sample$ sudo pm2 kill
[PM2] Applying action deleteProcessId on app [all](ids: [ 0 ])
[PM2] [app](0) ✓
[PM2] [v] All Applications Stopped
[PM2] [v] PM2 Daemon Stopped
ubuntu@ip-172-31-7-171:~/ec2-express-sample$ sudo pm2 list
[PM2] Spawning PM2 daemon with pm2_home=/root/.pm2
[PM2] PM2 Successfully daemonized

| id | name | mode | ↻ | status | cpu | memory |
```

지금까지 EC2 인스턴스를 만든 후 백엔드 서버를 배포하는 방법을 배웠습니다. 이번 실습에서는 백엔드 서버에 접속할 때 IP 주소를 사용했습니다. 다음 3장에서는 도메인 주소로 백엔드 서버에 접속할 수 있는 환경을 구성해 보겠습니다.

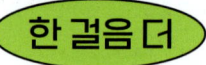

# EC2 인스턴스 유형 변경하기

---

EC2 인스턴스의 사양이 낮으면 실습 과정에서 인스턴스가 멈출 수 있습니다. 이 문제를 해결하려면 더 높은 사양을 지원하는 인스턴스 유형으로 변경하면 됩니다. 이번에는 인스턴스 유형을 t2.micro에서 t3a.small로 변경하는 과정을 소개합니다.

☁ t3a.small은 프리 티어에 포함되지 않는 유형이므로 시간당 비용이 0.0188 달러 부과됩니다. 이 인스턴스 유형은 반드시 필요한 경우에만 변경하는 것을 추천합니다.

### 1  EC2 콘솔의 인스턴스 목록 들어가기
EC2 콘솔의 왼쪽 메뉴에서 [인스턴스]를 클릭해 인스턴스 목록으로 이동합니다.

### 2  EC2 인스턴스 중지하기
인스턴스 목록에서 사양을 변경할 인스턴스를 선택한 후, 화면 오른쪽 위 [인스턴스 상태] 메뉴에서 [인스턴스 중지]를 클릭합니다.

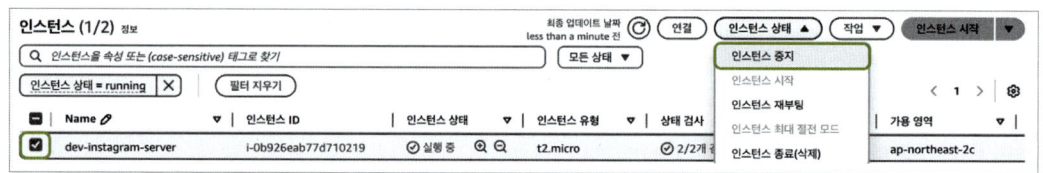

### 3  인스턴스 유형 변경하기
인스턴스 상태가 [중지됨]으로 바뀌면 화면 오른쪽 위 [작업] 메뉴에서 [인스턴스 설정 → 인스턴스 유형 변경]을 클릭합니다.

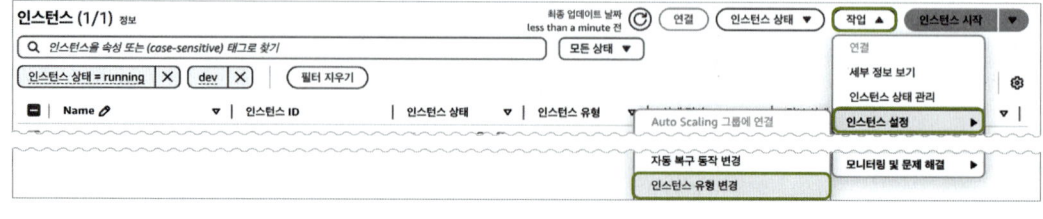

인스턴스 유형 변경 화면이 나타나면 [새 인스턴스 유형]으로 **t3a.small**을 검색해서 선택하고 오른쪽 아래에서 [변경] 버튼을 클릭합니다.

4  **변경된 인스턴스 유형 확인하기**

인스턴스 목록에서 인스턴스 유형이 [t3a.small]로 변경된 것을 확인할 수 있습니다.

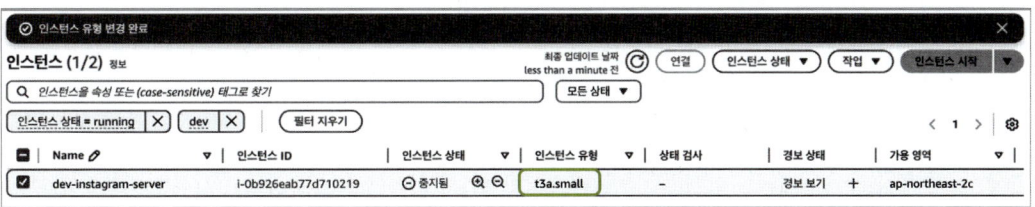

5  **인스턴스 다시 시작하기**

인스턴스 목록에서 사양이 변경된 인스턴스를 선택하고 화면 오른쪽 위 [인스턴스 상태] 메뉴에서 [인스턴스 시작]을 클릭합니다.

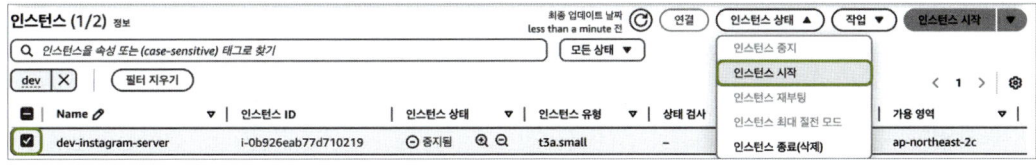

EC2 인스턴스에 다시 접속해서 실습 과정을 진행하면 인스턴스가 멈추지 않고 올바르게 작동하는 것을 확인할 수 있습니다.

## 2장 되새김 문제

**1** EC2 인스턴스를 사용하는 주된 이유는 무엇입니까?
  A. 데이터 보안 유지
  B. 대용량 데이터 처리
  C. 컴퓨터를 빌려서 원격으로 사용
  D. 파일 저장과 관리

**2** AWS 리전을 선택할 때 가장 중요한 기준은 무엇입니까?
  A. 서비스 주요 사용자와의 지리적 근접성
  B. 가용성 및 데이터 전송 속도
  C. 비용과 서비스 유형
  D. 리전 내 서버의 용량과 트래픽

**3** IP 주소의 주된 기능은 무엇입니까?
  A. 인터넷 사용자의 개인 정보 보호
  B. 웹 사이트의 보안 강화
  C. 인터넷에서 특정 컴퓨터를 가리키는 주소로 사용
  D. 네트워크에서 데이터의 암호화

**4** 포트 번호의 주요 역할은 무엇입니까?
  A. 인터넷에서 특정 컴퓨터 내 특정 프로그램을 가리키는 주소로 사용
  B. 인터넷 사용자의 개인 정보 보호
  C. 네트워크의 보안 강화
  D. 데이터의 암호화 기능

**5** HTTPS 방식으로 통신할 때 사용하도록 권장하는 포트는 몇 번입니까?
  A. 22
  B. 80
  C. 443
  D. 8080

## 2장 되새김 문제

**6** 보안 그룹의 주요 역할은 무엇입니까?
   A. 인터넷 속도를 높이는 역할
   B. EC2 인스턴스의 수신 및 발신 트래픽을 제어하는 가상 방화벽 역할
   C. 데이터를 저장하고 백업하는 역할
   D. 사용자 인증과 권한 부여를 관리하는 역할

**7** 인바운드 보안 그룹 규칙이란 무엇을 의미합니까?
   A. EC2 인스턴스로 들어오는 트래픽을 허용하거나 차단하는 규칙
   B. EC2 인스턴스에서 나가는 트래픽을 허용하거나 차단하는 규칙
   C. EC2 인스턴스의 데이터 처리 방법
   D. 인터넷에서 EC2 인스턴스의 정보를 추출하는 방법

**8** 탄력적 IP의 주요 기능은 무엇입니까?
   A. EC2 인스턴스에 임시 IP 주소를 할당하는 것
   B. EC2 인스턴스에 고정된 IP 주소를 할당하여 IP 변경을 방지하는 것
   C. EC2 인스턴스에 새로운 IP 주소를 자동으로 할당하는 것
   D. EC2 인스턴스에 다중 IP 주소를 할당하는 것

정답 1.C 2.A 3.C 4.A 5.C 6.B 7.A 8.B

3장

# Route 53으로
# 도메인 주소 연결하기

사용자가 웹 서비스에 접속할 때 IP 주소 대신 도메인 주소를 사용하도록 구성하려면, 먼저 도메인을 구입하고 EC2 인스턴스와 연결해야 합니다. AWS에서는 Route 53으로 이러한 과정을 간편하게 수행할 수 있습니다. 이번 장에서는 Route 53을 활용하여 도메인 주소로 백엔드 서버에 접속할 수 있는 환경을 구성해 보겠습니다.

3-1 필수 개념과 함께 Route 53 이해하기
3-2 Route 53에서 도메인 구입하기
3-3 EC2 인스턴스에 도메인 연결하기
3-4 무료 도메인으로 백엔드 서버 접속하기

## 3-1 필수 개념과 함께 Route 53 이해하기

앞선 실습까지는 EC2 인스턴스에 백엔드 서버를 배포한 뒤, IP 주소를 사용해 접속했습니다. 그러나 IP 주소는 숫자로 이루어져서 사용자가 기억하기 어려우므로 도메인 주소를 활용해 좀 더 쉽게 접근할 수 있도록 하는 것이 좋습니다. AWS에서는 이러한 도메인을 관리할 때 Route 53을 사용합니다. 이번 절에서는 Route 53을 배우기 전에 꼭 알아야 할 필수 개념을 정리해 보겠습니다.

### 도메인

도메인domain이란 naver.com이나 youtube.com과 같이 **문자로 만든 컴퓨터 주소**를 의미합니다. 도메인이 없던 시절에는 특정 컴퓨터와 통신할 때 13.162.36.252와 같이 숫자로 이루어진 IP 주소를 사용했습니다. IP 주소가 인터넷에서 특정 컴퓨터를 가리키는 역할을 하므로 통신을 하려면 IP 주소를 알아야만 했습니다.

친구들 휴대폰 번호도 기억하기 어려운데 아무리 자주 들어가는 웹 사이트라도 숫자로만 이루어진 주소를 일일이 외운다는 것은 쉽지 않겠죠? 이러한 불편함을 해결하기 위해 당시 개발자들은 컴퓨터 주소를 사용자가 기억하기 쉬운 문자로 나타내는 방법을 고민했습니다. 그렇게 해서 탄생한 개념이 도메인입니다. 이러한 도메인은 AWS의 Route 53과 같이 도메인을 관리하는 서비스에서 구매해서 사용합니다.

### 서브 도메인

네이버의 여러 서비스를 이용하다 보면 naver.com, www.naver.com, map.naver.com, blog.naver.com과 같은 주소를 한 번쯤 본 적이 있을 것입니다. 이때 __.naver.com 형태의 도메인을 서브 도메인이라고 합니다. 서브 도메인은 **하나의 도메인 아래에서 여러 서비스를 구분하여 관리할** 때 사용합니다. 이 도메인들은 각각 따로 구매하지 않아도 됩니다. naver.com이라는 도메인 하나만 구매하면 __.naver.com 형태의 모든 서브 도메인을 사용할 수 있기 때문입니다.

> 🖐 **선생님, 질문 있어요!** **실무에서는 서브 도메인을 주로 어떻게 활용하나요?**
>
> 서브 도메인은 메인 웹 사이트, 관리자용 웹 사이트, 백엔드 서버 등의 구성 요소를 구분하기 위해 활용하는 편입니다. 만약 jscode.kr이라는 도메인을 구매했다고 가정해 보겠습니다. 그러면 메인 웹 사이트의 도메인으로는 www.jscode.kr과 jscode.kr을 사용하고, 관리자용 웹 사이트의 도메인으로는 admin.jscode.kr을, 백엔드 서버의 도메인으로는 api.jscode.kr을 사용할 수 있습니다. 이처럼 실무에서 서브 도메인을 활용하면 여러 서비스를 쉽게 나눠서 관리할 수 있어서 편리합니다.

## 웹 서비스에 도메인을 적용하는 이유

웹 사이트는 데이터를 받아 오기 위해 백엔드의 API 서버와 통신하는 경우가 많습니다. 이때 '도메인을 사용하지 않고 IP 주소로 통신해도 되지 않을까?'라고 생각할 수 있습니다. 하지만 실무에서는 대부분 도메인 주소를 사용하여 통신합니다.

IP 주소가 아닌 도메인 주소를 사용하는 이유는 여러 가지가 있습니다. 앞에서 언급한 것처럼 기억하기 쉽다는 점도 있지만, 또 다른 이유는 실무 환경에서 사용하는 중요한 보안 설정인 HTTPS를 적용해야 하기 때문입니다. 일반적으로 IP 주소에는 HTTPS를 적용할 수 없으므로 실무에서 서비스를 운영할 때는 도메인을 반드시 사용해야 합니다.

🌱 HTTPS의 의미와 역할은 4장에서 자세히 다룹니다.

## DNS

사람은 문자로 이루어진 도메인 주소를 더 쉽게 기억하는 반면, 컴퓨터는 숫자를 더 효율적으로 처리합니다. 그렇다면 컴퓨터는 다른 컴퓨터의 주소를 효율적으로 찾아가기 위해 도메인 주소가 아닌 IP 주소를 활용해야 할 것입니다. 이 딜레마를 어떻게 해결할 수 있을까요?

이 딜레마를 해결하기 위해 DNS<sup>Domain Name System</sup>가 만들어졌습니다. DNS란 **도메인 주소를 IP 주소로 변환하는 시스템**을 의미합니다. 이 시스템이 만들어진 후, 사람들은 특정 컴퓨터와 통신하기 위해 복잡한 IP 주소를 외울 필요가 없어졌습니다. 다음 그림을 보면서 원리를 이해해 봅시다.

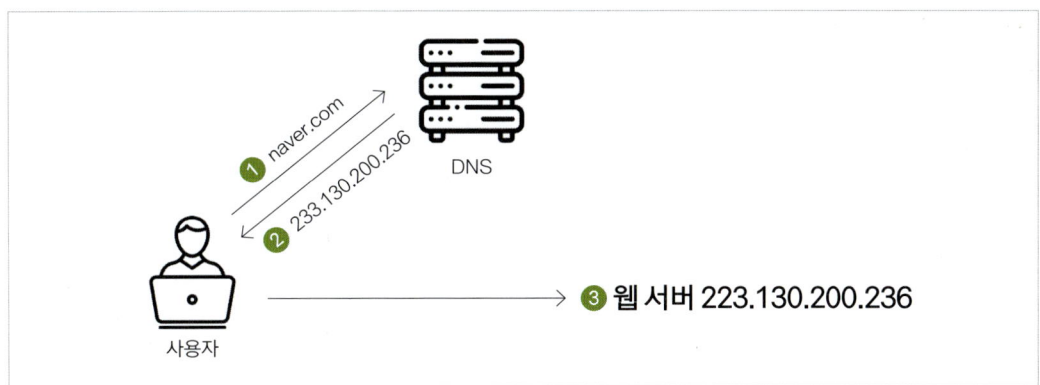

DNS의 작동 원리

❶ 어떤 사용자가 도메인 주소로 다른 컴퓨터와 통신을 하고 싶을 때 DNS에게 이렇게 물어봅니다. 'DNS야! 나 이 도메인 주소로 통신하고 싶은데, 이 도메인 주소에 해당하는 IP 주소를 알려 줄래?'

❷ 그러면 DNS는 보관하고 있던 IP 주소 중에서 요청받은 도메인에 매핑된 IP 주소를 찾아서 알려 줍니다.

❸ 사용자의 컴퓨터는 DNS로부터 전달받은 IP 주소를 활용해 통신하게 됩니다.

이 과정은 컴퓨터 내부에서 이루어지므로 사용자는 도메인 주소가 IP 주소로 변환되는 과정을 인식하지 못합니다. 하지만 DNS가 이러한 역할을 수행하는 덕분에 사용자는 도메인 주소를 사용해 웹 사이트에 접속할 수 있습니다.

### DNS 레코드

DNS에서 **도메인 이름과 연결된 정보를 저장하는 단위**를 레코드라고 합니다. 사용자가 도메인에 접속하면, DNS는 해당 도메인의 레코드를 조회하여 IP 주소 등 필요한 정보를 반환합니다. 이를 통해 사용자가 도메인만 입력해도 실제 서버로 연결할 수 있습니다.

레코드에는 다양한 유형이 있지만 자주 사용하는 다음 2가지 유형만 확실히 알아 두면 DNS를 활용하기에 충분합니다.

- A 레코드: 도메인을 특정 IPv4 주소에 연결할 때 사용합니다.
- CNAME 레코드: 도메인을 특정 도메인 주소에 연결할 때 사용합니다.

# Route 53

DNS는 도메인 주소를 IP 주소로 바꾸는 역할을 하는 컴퓨터라고 할 수 있습니다. 가비아, 후이즈와 같은 회사에서는 이러한 컴퓨터를 관리하고, 도메인을 구매하고 연결하는 기능을 제공하는데, 이들이 제공하는 서비스를 DNS 서비스라고 합니다.

AWS에서는 Route 53이라는 DNS 서비스를 제공합니다. Route 53은 AWS의 다른 서비스와 쉽게 연동할 수 있어서 도메인을 보다 효율적으로 관리할 수 있습니다. 실습에서는 Route 53을 이용해 도메인을 구매하고, 해당 도메인을 특정 IP 또는 AWS 시비스와 연결하여, 사용자가 도메인 주소를 입력하면 연결된 대상으로 접속할 수 있도록 구성할 것입니다.

> **선생님, 질문 있어요!** 도메인을 적용할 때 반드시 Route 53을 써야 하나요?
>
> 실무에서 Route 53을 고집하지는 않습니다. DNS 서비스마다 제공하는 도메인의 종류와 가격이 서로 다르기 때문입니다. 예를 들어 Route 53에는 naver.com은 없고 naver.kr과 naver.co.kr의 도메인만 있을 수도 있습니다. 이런 이유로 내가 원하는 도메인을 제공하는 서비스를 사용하기도 합니다. 설령 서비스를 전부 AWS로 구축했다고 하더라도 도메인 서비스는 외부 서비스를 사용하기도 합니다.

## 3-2 Route 53에서 도메인 구입하기

도메인 주소를 사용해서 백엔드 서버에 접속할 수 있도록 설정하려면 먼저 앞으로 사용할 도메인을 준비해야 합니다. 이번 절에서는 Route 53을 활용해서 도메인을 구입해 봅시다.

### Do it! 실습 도메인 구입하기

**1 Route 53 콘솔 들어가기**

AWS 콘솔의 검색 창에 **route53**이라고 입력한 후, [Route 53] 서비스를 클릭합니다.

**2 도메인 등록 화면으로 이동하기**

Route 53 콘솔에서 [도메인 등록] 버튼을 클릭합니다.

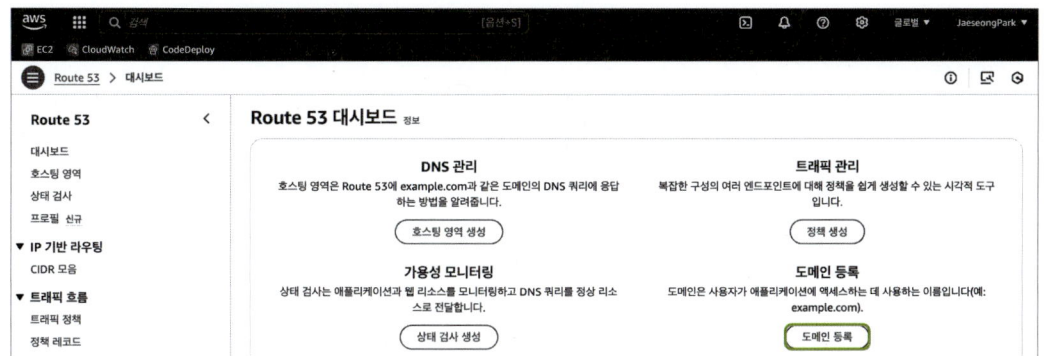

3장 → Route 53으로 도메인 주소 연결하기　**75**

### 3 등록할 도메인 검색하기

도메인을 구매할 수 있는지 확인하기 위해 등록할 도메인을 정해 검색합니다. 검색 결과에서는 비슷한 형태의 추천 도메인도 함께 표시됩니다. 이번 실습에서는 jscode-edu.com이라는 도메인을 선택해서 구매하겠습니다.

> 도메인은 중복을 허용하지 않으므로 각자 고유한 값으로 설정해야 합니다.

### 4 도메인 선택하기

도메인마다 가격이 다르니 가격을 고려해서 결정한 후, [결제 진행] 버튼을 클릭합니다.

> 도메인 구매 비용을 절약하고 싶다면, 3-4절에서 소개하는 무료로 도메인 등록하는 방법을 참고하세요.

### 5  도메인 등록 기간 선택하기

도메인 등록 기간을 상황에 맞게 선택한 후 [다음]을 클릭합니다. 도메인 등록 기간은 나중에 연장할 수 있으므로 여기에서는 최소 기간인 **1년**을 선택했습니다.

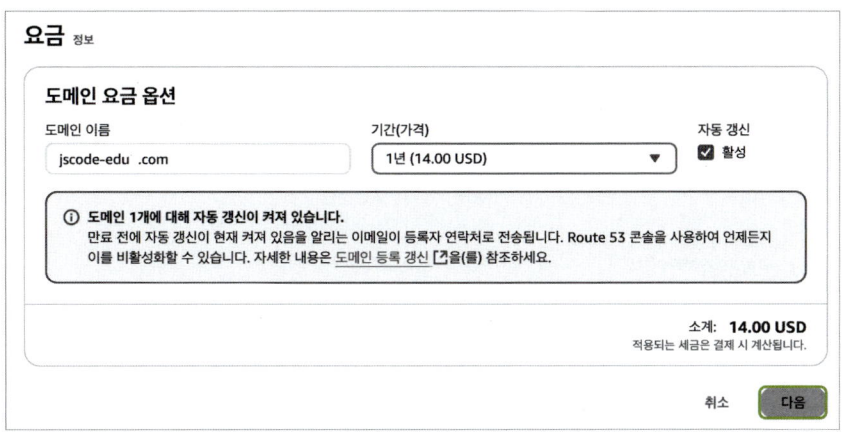

### 6  연락처 정보 입력하기

[등록 연락처]에서 도메인 구매에 필요한 정보를 입력하고 [다음]을 클릭합니다. 도메인 등록을 완료하고 나서 10~20분 지나면 확인 이메일이 발송되므로 이메일 정보를 정확히 입력해야 합니다.

### 7  입력한 정보 검토 및 제출하기

입력한 정보에 이상이 없다면 이용 약관에 체크 표시를 하고 [제출] 버튼을 클릭합니다. 이 단계까지 마치면 결제가 진행됩니다.

### 8  도메인 등록 진행 현황 확인하기

Route 53 콘솔의 왼쪽 메뉴에서 [도메인 → 요청]을 클릭합니다.

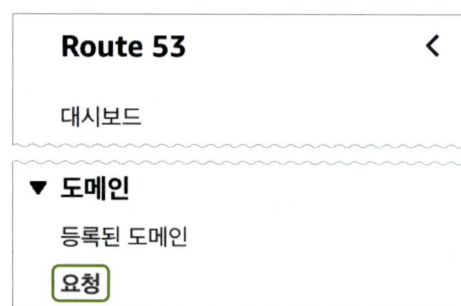

Route 53에서 도메인을 구매하면 등록까지 시간이 걸립니다. 도메인 등록은 빠르면 10~20분, 아무리 늦어도 12시간 안으로 완료됩니다.

도메인 등록이 완료되면 다음과 같이 요청한 도메인의 상태가 [성공]으로 표시됩니다.

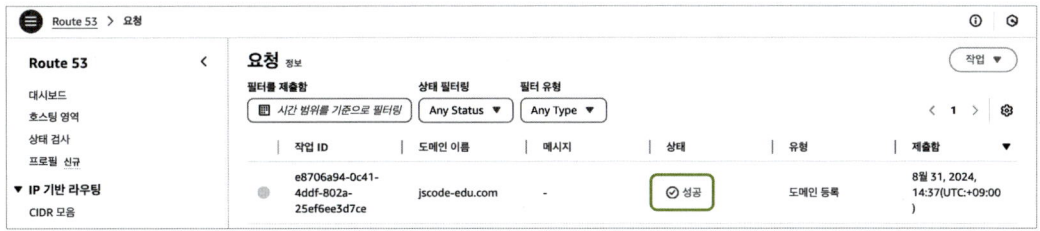

### 9  도메인 정상 등록 여부 확인하기

Route 53 콘솔의 왼쪽 메뉴에서 [도메인 → 등록된 도메인]을 클릭합니다.

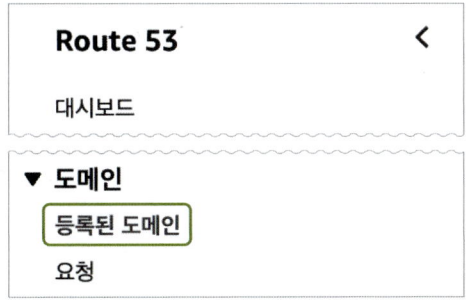

도메인이 잘 등록되었다면 다음과 같이 등록된 도메인이 조회됩니다.

## 3-3 EC2 인스턴스에 도메인 연결하기

3-2절에서는 백엔드 서버에 접속할 때 사용할 도메인 주소를 준비했습니다. 이 도메인 주소를 사용하여 백엔드 서버에 접속할 수 있도록 Route 53에서 EC2 인스턴스의 IP와 도메인을 연결하는 방법을 알아보겠습니다.

### Do it! 실습  레코드 생성하기

EC2 인스턴스의 IP와 도메인을 연결하는 정보를 저장하기 위해 레코드를 생성해 봅시다.

#### 1 레코드 생성 화면 들어가기

Route 53 콘솔의 왼쪽 메뉴에서 [호스팅 영역]을 클릭합니다.

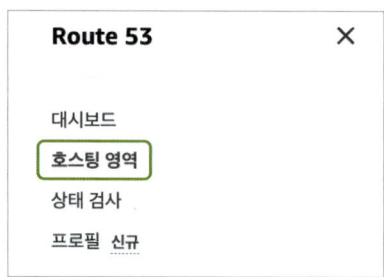

호스팅 영역 목록이 표시되면, 3-2절에서 구매한 도메인의 호스팅 영역 이름을 클릭합니다.

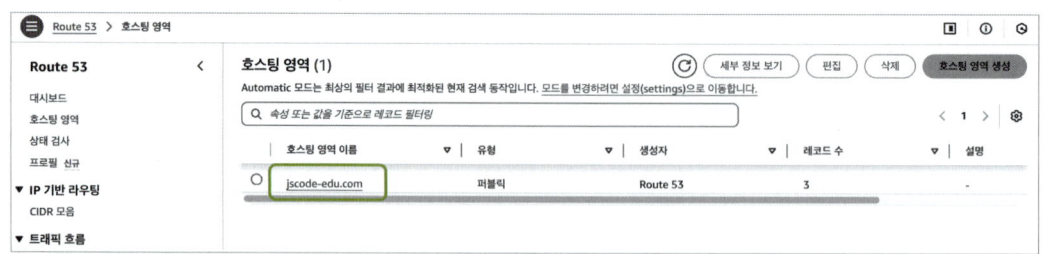

호스팅 영역의 레코드 목록이 표시되면 [레코드 생성] 버튼을 클릭해 새로운 레코드를 만들 수 있는 화면으로 이동합니다.

## 2  레코드 생성하기

레코드 생성 화면에서 레코드 생성을 위한 정보를 작성합니다. [레코드 이름], [레코드 유형], [값] 항목만 작성하고 나머지는 기본값 그대로 두고 [레코드 생성] 버튼을 클릭합니다.

❶ **[레코드 이름]**: 서브 도메인을 입력합니다. 예제에서는 백엔드 API 서버의 도메인 주소를 api.jscode-edu.com으로 설정하기 위해 **api**라고 입력했습니다.

❷ **[레코드 유형]**: 레코드와 EC2 인스턴스의 퍼블릭 IP를 연결하기 위해 **A** 레코드로 선택하겠습니다.

❸ **[값]**: 레코드 이름이 가리킬 IP 주소를 입력합니다. 이전 실습에서 생성한 **EC2 인스턴스의 퍼블릭 IP**인 3.38.49.219를 입력했습니다.

☁ EC2의 퍼블릭 IP 주소를 확인하는 방법이 기억나지 않는다면 47쪽을 참고하세요.

3장 → Route 53으로 도메인 주소 연결하기   **81**

### 3 추가한 레코드 확인하기

레코드가 정상으로 추가되었는지 확인합니다. 이제 사용자가 api.jscode-edu.com이라는 도메인 주소를 입력하면 DNS가 이 주소를 3.38.49.219라는 주소로 변환하므로, 사용자는 IP가 아닌 도메인 주소로 서버에 접속할 수 있습니다.

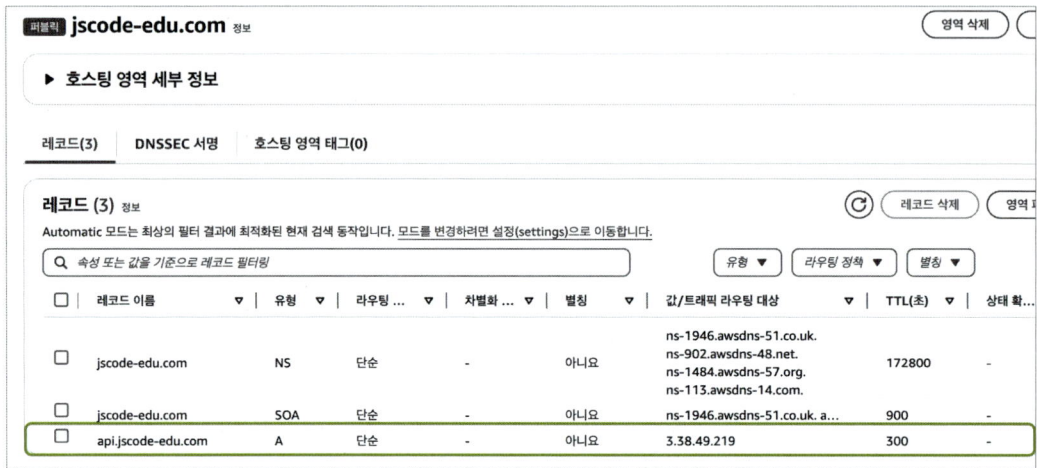

### 4 도메인 연결 확인하기

2-5절을 참고하여 EC2에서 스프링 부트 서버 또는 익스프레스 서버를 실행한 뒤에 도메인으로 접속해 보세요. 도메인이 정상으로 연결됐다면 EC2의 IP로 접속했을 때와 같은 화면이 표시됩니다.

☁ 레코드를 추가하고 나서 설정 내용이 적용되기까지 5~10분 걸립니다.

# 3-4 무료 도메인으로 백엔드 서버 접속하기

Route 53에서 도메인을 구매할 때 1년 기준으로 14달러 이상 들었는데 혼자 사용한다면 이 비용도 부담스러울 수 있습니다. 이 절에서는 도메인 구매 비용을 절약할 수 있도록 무료로 도메인을 발급받는 방법을 소개합니다.

### Do it! 실습  무료 도메인 발급받기

**1  내도메인.한국 웹 사이트 접속하기**

내도메인.한국 웹 사이트(https://내도메인.한국)에 접속합니다.

**2  회원 가입하고 로그인하기**

메인 화면의 오른쪽 위에서 [회원가입] 버튼을 클릭해 회원 가입 화면으로 이동한 후, 가입에 필요한 정보를 입력합니다.

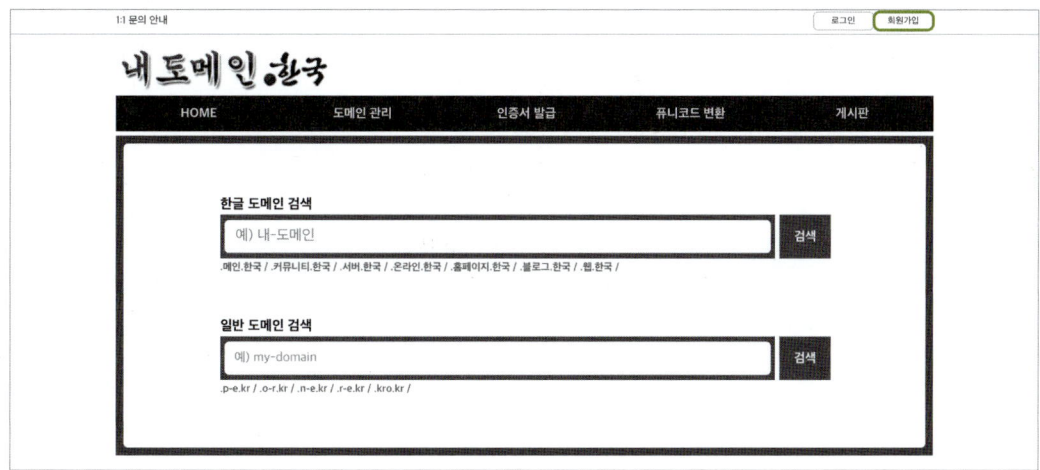

회원 가입을 완료했다면 [로그인]을 클릭해 가입한 계정으로 로그인합니다.

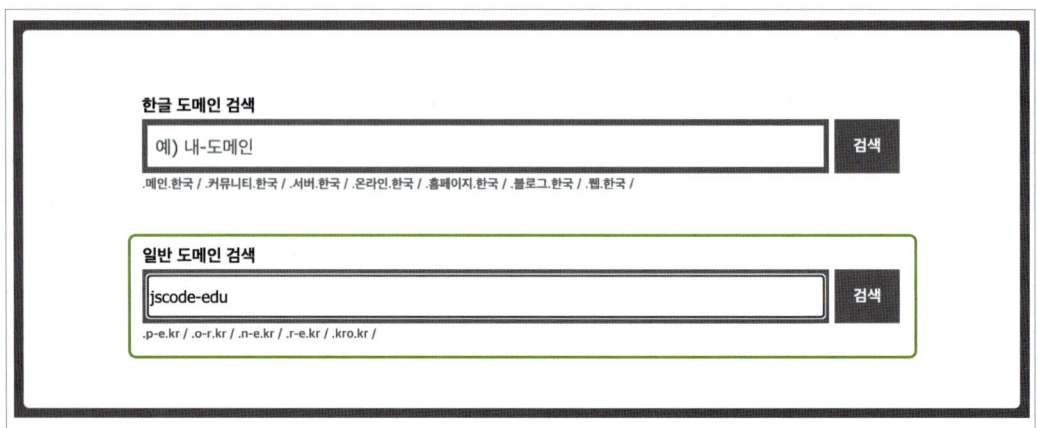

### 3 도메인 검색하기

메인 화면의 [일반 도메인 검색]에서 원하는 도메인을 검색합니다.

도메인을 검색하면 다음과 같이 등록할 수 있는 도메인이 조회됩니다. 희망하는 도메인을 선택해서 [등록하기]를 클릭합니다. 예제에서는 jscode-edu.p-e.kr을 선택했습니다.

☁ 무료로 사용할 수 있는 도메인은 .p-e.kr, .o-r.kr 등 일부 도메인으로 한정됩니다.

보안 코드를 입력한 후, [등록하기] 버튼을 클릭합니다.

### 4  DNS 레코드 설정하기

메인 화면의 왼쪽 위에서 [도메인 관리] 메뉴를 클릭합니다.

도메인이 정상으로 등록됐다면 다음과 같이 도메인이 보입니다. 도메인 앞의 [수정] 버튼을 클릭합니다.

Route 53에서 A 레코드를 추가한 것처럼, 다음 화면에서 A 레코드에 서브 도메인과 EC2 인스턴스의 퍼블릭 IP를 입력합니다. 보안 코드를 입력하고 [수정하기] 버튼을 클릭합니다.

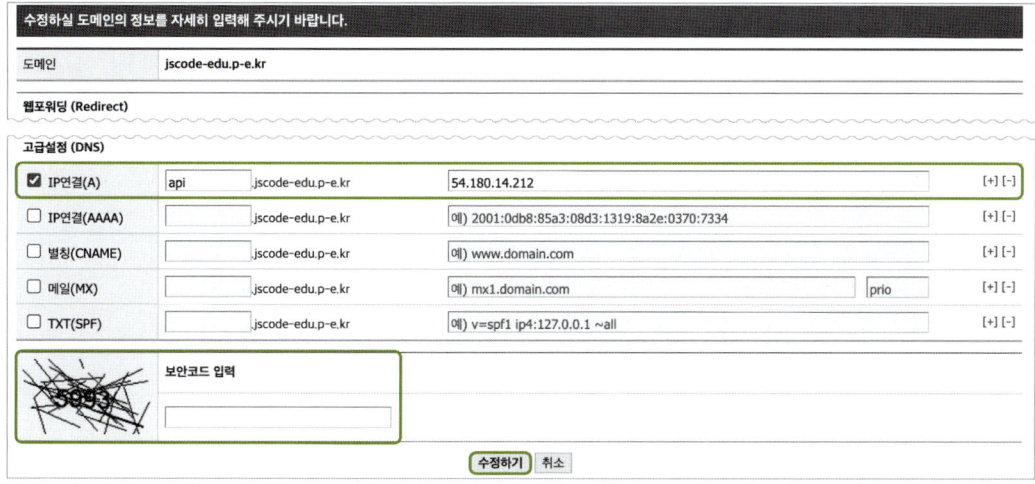

3장 → Route 53으로 도메인 주소 연결하기  **85**

## 5  도메인 연결 확인하기

설정한 도메인으로 접속해 보세요. 도메인이 정상으로 연결됐다면 EC2의 IP 주소로 접속했을 때와 같은 화면이 보입니다.

> **✋ 선생님, 질문 있어요! 　실제로 운영할 서비스에서 무료 도메인을 활용해도 괜찮나요?**
>
> 앞에서 소개한 무료 도메인을 실제로 운영할 서버에서 사용하는 것은 권장하지 않습니다. 무료 도메인은 불안정해서 도메인으로 접속되지 않는 경우도 있습니다. 즉, 서비스가 중단될 수 있다는 뜻입니다. 무료 도메인은 학습용으로만 사용하고, 실제 서비스를 운영할 때는 도메인을 구매하는 것을 추천합니다.

## 3장 되새김 문제

**1** Route 53의 주요 기능은 무엇입니까?
   A. 데이터 저장과 관리
   B. 사용자 인증 서비스 제공
   C. 도메인을 발급하고 관리
   D. 웹 사이트의 속도 향상

**2** 도메인의 주된 기능은 무엇입니까?
   A. 컴퓨터 주소를 기억하기 쉬운 문자 형식으로 제공하는 것
   B. 인터넷 속도를 높이는 것
   C. 웹 사이트의 보안을 강화하는 것
   D. 데이터를 암호화하는 것

**3** 서브 도메인에 대한 설명으로 옳은 것은 무엇입니까?
   A. 각 서브 도메인은 별도로 구매해야 사용할 수 있음
   B. 하나의 도메인 아래에서 여러 서비스를 구분하여 관리할 때 사용
   C. 반드시 www로 시작해야 함
   D. 최대 3개까지만 생성할 수 있음

**4** EC2 인스턴스의 퍼블릭 IP를 도메인과 연결할 때 사용하는 레코드 유형은 무엇입니까?
   A. A 레코드
   B. CNAME 레코드
   C. MX 레코드
   D. TXT 레코드

정답 1.C 2.A 3.B 4.A

# ELB로 안전한 백엔드 서버 만들기

보안이 중요한 웹 사이트에서는 백엔드 서버와 통신하는 내용을 보호하기 위해 HTTPS를 반드시 설정해야 합니다. AWS에서는 ELB를 활용하면 백엔드 서버에 HTTPS를 쉽게 적용할 수 있습니다. 이번 장에서는 ELB를 생성하고 백엔드 서버와 연결하는 방법을 배운 후, HTTPS를 적용하여 서버 환경을 안전하게 구축하는 방법을 익혀 보겠습니다.

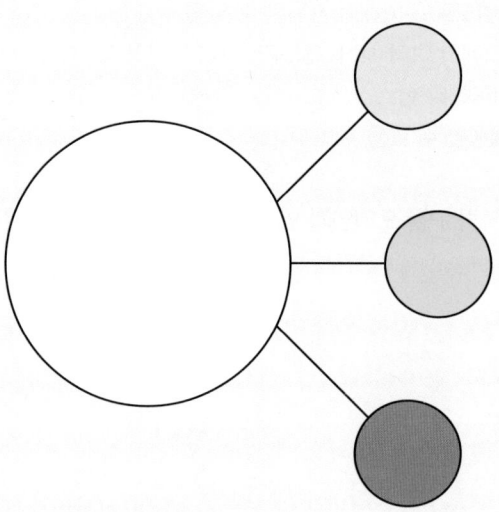

4-1 필수 개념과 함께 ELB 이해하기
4-2 ELB로 로드 밸런서 구성하기
4-3 상태 검사 API 추가하기
4-4 로드 밸런서에 도메인 연결하기
4-5 HTTPS 적용하기

## 4-1 필수 개념과 함께 ELB 이해하기

일반적으로 웹 서비스에서 백엔드 서버는 프런트엔드와 서로 데이터를 주고받으며 요청을 처리합니다. 이때 주고받는 데이터가 외부에 노출되지 않도록 하려면 HTTPS를 사용하여 통신할 수 있게 설정해야 합니다. 이 설정을 올바르게 적용하려면 HTTPS의 개념과 작동 방식을 이해하는 것이 중요합니다. 이 절에서는 안전한 웹 서비스를 만들기 전에 알아야 할 HTTPS를 이해하고, 백엔드 서버에 HTTPS를 적용하는 데 활용할 AWS의 ELB 서비스를 살펴보겠습니다.

### HTTP와 HTTPS

대부분의 웹 사이트는 HTTP<sup>Hypertext Transfer Protocol</sup>라는 방식을 사용해서 서버와 데이터를 주고받습니다. 그런데 HTTP는 주고받는 데이터를 암호화하지 않아서 중간에 누군가 데이터를 가로챌 수 있습니다. 예를 들어 로그인하려고 아이디와 비밀번호라는 데이터를 서버로 보낼 때, 해커가 이 데이터를 가로챈다면 아이디와 비밀번호가 그대로 노출되는 것입니다.

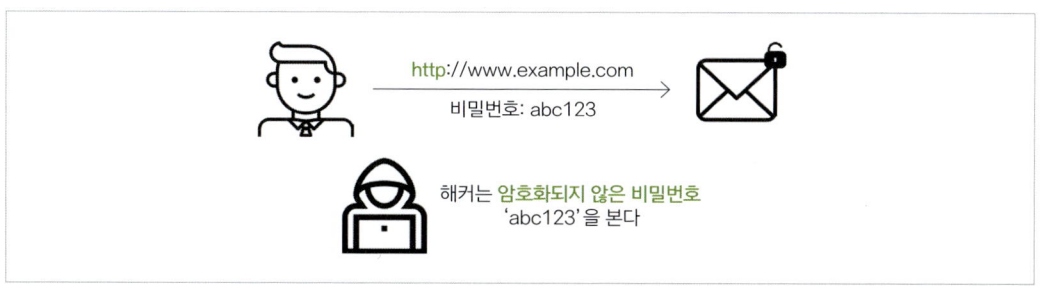

HTTP 작동 방식

이러한 보안 문제를 해결하기 위해 개발된 HTTP의 보안 버전이 HTTPS<sup>Hypertext Transfer Protocol Secure</sup>입니다. HTTPS가 HTTP와 크게 다른 점은 서버와 주고받을 데이터를 암호화한다는 점입니다. HTTPS를 사용하면 중간에 해커가 아이디, 패스워드와 같은 데이터를 가로채더라도 암호화된 값이므로 원래 아이디와 비밀번호의 값을 알 수 없습니다.

HTTPS 작동 방식

HTTPS의 의미를 한 문장으로 정리하면 다음과 같습니다.

> HTTPS는 클라이언트와 서버 간에 주고받는 데이터를 암호화해서 통신하는 방식입니다.

## HTTPS를 적용하는 이유

실무에서도 HTTPS를 필수로 적용합니다. 실제로 우리가 접속하는 대부분의 웹 사이트에는 HTTPS가 적용되어 있습니다. HTTPS를 적용하는 3가지 이유를 살펴봅시다.

### 보안 강화

앞에서도 설명했듯이 데이터를 암호화하지 않으면 누군가 중간에서 데이터를 가로챌 수 있으므로 HTTPS를 활용해 데이터를 암호화하여 통신합니다. 이렇게 HTTPS 인증을 받은 웹 사이트에서 백엔드 서버와 통신하려면, 백엔드 서버의 주소도 HTTPS 인증을 받아야 합니다. 따라서 데이터를 안전하게 주고받을 수 있도록 프런트엔드와 백엔드 서버 모두 HTTPS를 적용합니다.

### 검색 엔진 최적화

검색 엔진 최적화Search Engine Optimization, SEO는 웹사이트가 구글이나 네이버 같은 검색 엔진에서 더 높은 순위로 노출되도록 개선하는 작업입니다. 검색 엔진은 사용자에게 안전한 검색 환경을 제공하기 위해, HTTPS가 적용되지 않은 웹사이트는 검색 결과에서 상위에 노출되기 어렵도록 알고리즘을 설계합니다. 검색 결과에서 상위에 노출되지 않으면 사용자 유입이 줄어들 수 있고, 이는 곧 회사의 손실로 이어질 수 있습니다. 따라서 검색 결과에서 우선순위를 확보하기 위해 웹 사이트에 HTTPS를 적용합니다.

**사용자 이탈 방지**

어떤 웹 사이트에 접속했을 때 HTTPS가 적용되어 있지 않아서 다음과 같은 경고 문구가 보인다면 사용자는 믿음직스럽지 못한 사이트라고 생각할 것입니다. 이러한 이유로 사용자들이 이탈한다면 회사의 손실로 이어질 수 있습니다. 따라서 실무에서는 웹 사이트의 신뢰도를 높이고 사용자의 이탈을 방지하기 위해 HTTPS를 적용합니다.

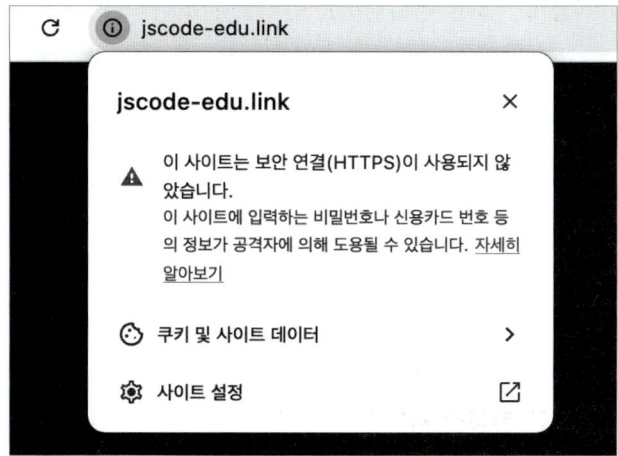

HTTPS 미사용 경고 문구

## ELB

ELB란 Elastic Load Balancing의 줄임말로 AWS에서 제공하는 로드 밸런서 서비스를 말합니다. 로드 밸런서load balancer는 트래픽을 여러 서버에 걸쳐 분산하는 장치로, 특정 서버에 트래픽이 집중되는 것을 방지하고, 장애가 발생하더라도 정상적인 서버로 트래픽을 전달할 수 있도록 합니다. 따라서 같은 역할을 하는 서버를 2대 이상 운영하는 경우 안정된 서비스를 제공하려면 ELB를 반드시 도입합니다.

또한 ELB에서는 특정 포트에서 HTTPS 요청을 처리하도록 설정할 수 있으므로 보안이 필요한 웹 사이트나 API 서버에서도 많이 사용합니다. 4-2절부터는 HTTPS 적용 기능을 중심으로 ELB의 활용 방법을 배워 보겠습니다.

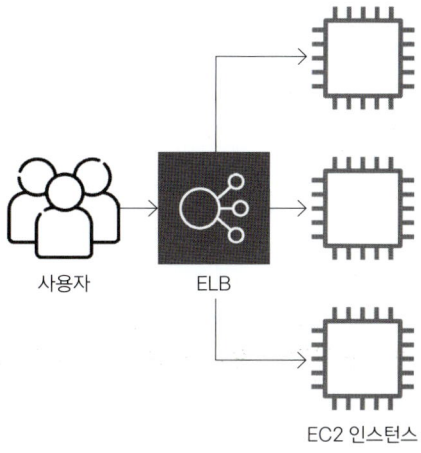

로드 밸런서를 활용한 아키텍처

## ELB의 구성 요소

ELB는 특정 요청을 어떤 대상에게 전달할지 어떻게 판단할 수 있을까요? ELB의 구성 요소인 리스너와 대상 그룹 덕분입니다. 각 구성 요소가 어떤 역할을 하는지 알아봅시다.

### 리스너

리스너<sup>listener</sup>는 **ELB로 들어오는 요청을 어떻게 처리할지 결정하는 규칙을 관리**합니다. 리스너는 특정 포트와 프로토콜을 사용하여 클라이언트의 요청을 기다리고, 해당 요청을 ELB에서 설정된 규칙에 따라 적절한 대상 그룹으로 전달합니다. 예를 들어 HTTPS 프로토콜을 사용하는 리스너는 443 포트에서 보안 연결을 통해 들어오는 트래픽을 수신하여 암호화된 상태로 처리합니다. 리스너를 잘못 설정하면 요청을 올바른 대상 그룹으로 전달하지 못할 수 있으므로 리스너 설정에 유의해야 합니다.

### 대상 그룹

대상 그룹<sup>target group</sup>은 **ELB가 수신한 트래픽을 전달할 서버들의 집합**을 의미합니다. 즉, ELB로 들어온 요청을 '어떤 곳'으로 전달할지 정해야 하는데, 여기서 '어떤 곳'을 ELB에서는 대상 그룹이라고 표현합니다. 만약 대상 그룹에 EC2 인스턴스를 추가한다면 ELB는 들어온 요청을 대상 그룹에 있는 EC2 인스턴스로 전달합니다. 이때 특정 EC2 인스턴스에서 예상치 못한 오류가 발생했다고 가정해 보겠습니다. 그럼 ELB 입장에서 고장 난 서버에게 요청을 계속해서 전달하는 것이 의미 없는 행동이 됩니다.

고장 난 서버에게 의미 없이 요청을 전달하지 않기 위해 ELB는 대상 그룹에 포함된 EC2 인스턴스에게 일정한 주기로 요청을 보냅니다. 요청을 보냈을 때 200번대 HTTP 상태 코드가 반환된다면 서버가 정상으로 작동한다고 판단합니다. 그 외의 상태 코드가 반환된다면 서버에 이상이 있다고 판단하고 해당 EC2 인스턴스로 요청을 전달하지 않습니다. 이렇게 **상태를 확인하는 요청을 일정한 주기로 보내는 것**을 상태 검사<sup>health check</sup>라고 합니다. 대상 그룹을 만들 때 상태 검사를 할 경로와 포트를 지정합니다.

> ☁ HTTP 상태 코드는 서버가 요청을 처리한 결과를 클라이언트에게 알려 주기 위해 사용하는 100번대부터 500번대까지의 숫자입니다. 일반적으로 200번대 코드를 정상으로 판단합니다.

## ELB를 활용한 아키텍처 구성

먼저 EC2를 활용해서 구성한 아키텍처를 살펴볼까요? 지금까지는 백엔드 서버가 실행되는 EC2의 IP 주소 또는 도메인 주소에 사용자가 요청을 직접 보내는 구조였습니다. 그림으로 표현하면 다음과 같습니다.

ELB를 도입하기 전 아키텍처

4-2절부터는 ELB를 추가하여 사용자가 EC2에 직접적으로 요청을 보내지 않고 ELB로 요청을 보내도록 구성할 것입니다. EC2에 연결한 도메인 주소를 ELB에 연결하여 백엔드 서버에 접속해 보겠습니다. 이 구성을 그림으로 표현하면 다음과 같습니다.

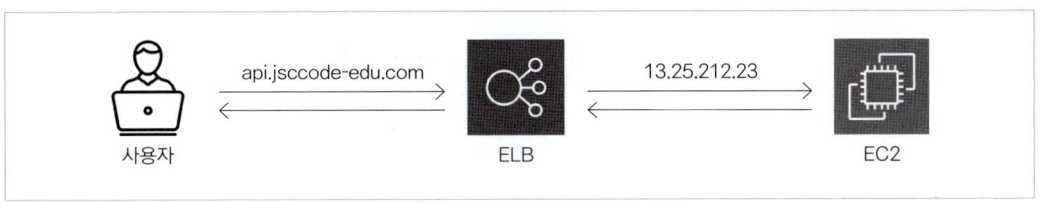

ELB를 도입한 후 아키텍처

## 4-2 ELB로 로드 밸런서 구성하기

ELB를 활용하여 HTTPS를 적용하려면 먼저 로드 밸런서를 생성해야 합니다. 하지만 로드 밸런서가 트래픽을 전달하려면 대상 그룹이 필요하므로, 이번 실습에서는 대상 그룹을 먼저 생성한 후 로드 밸런서를 생성해 봅시다.

### Do it! 실습 대상 그룹 만들기

#### 1 ELB 관리 화면 들어가기

EC2 콘솔을 통해 대상 그룹 관리 화면으로 이동할 수 있습니다. EC2 콘솔의 왼쪽 메뉴에서 [로드 밸런싱 → 대상 그룹]을 클릭합니다.

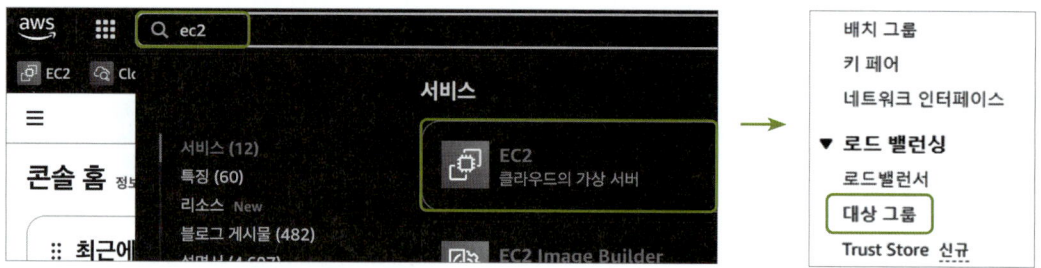

#### 2 리전 선택하기

리전 메뉴에서 [아시아 태평양 → 서울] 리전을 선택합니다.

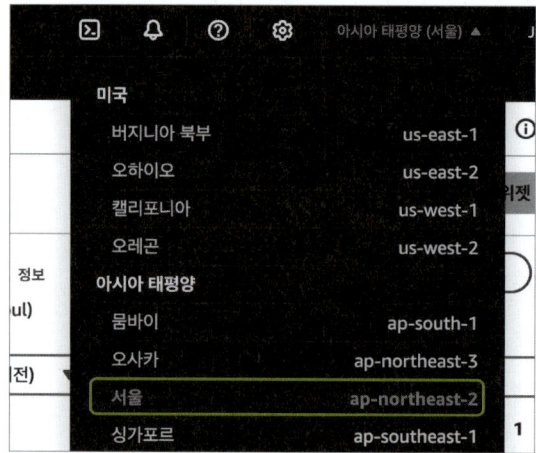

### 3 대상 그룹 생성 화면 들어가기

다음과 같이 대상 그룹 관리 화면이 표시됩니다. 화면 오른쪽 위에 있는 [대상 그룹 생성] 버튼을 클릭합니다.

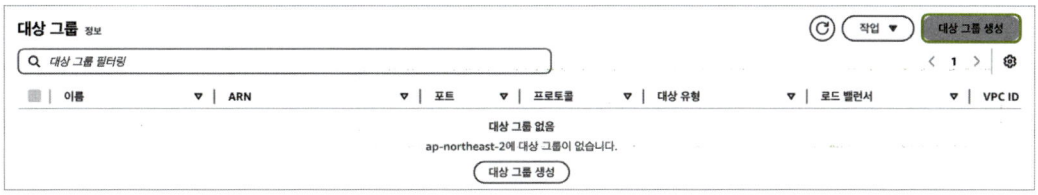

### 4 대상 유형 선택하기

ELB에서 어떤 대상으로 트래픽을 전달할지 정하는 단계입니다. 이번 실습에서는 2-3절에서 만든 EC2 인스턴스로 트래픽을 전달할 것이므로 **인스턴스**를 선택합니다.

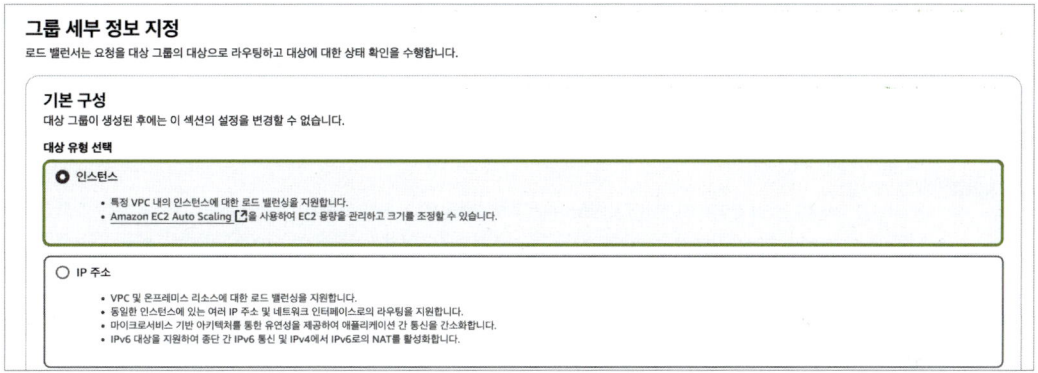

### 5 대상 그룹 이름 설정하기

[대상 그룹 이름]에는 다른 대상 그룹과 구별할 수 있는 이름을 입력합니다.

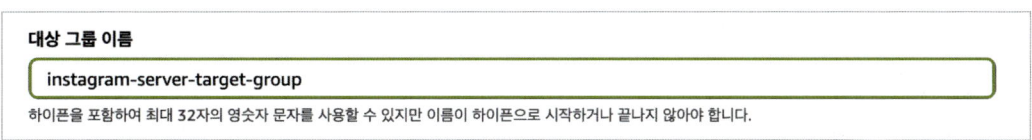

### 6 트래픽 전달 방식 설정하기

ELB가 사용자로부터 받은 트래픽을 대상 그룹에게 전달하는 방식을 설정하는 단계입니다. 대상 그룹에 등록할 EC2 인스턴스는 IPv4의 주소를 가지고 있으며, 백엔드 서버는 80번 포트에서 실행되고, HTTP로 통신하도록 구성되어 있습니다. 따라서 [프로토콜:포트]를 HTTP:80, [IP 주소 유형]을 IPv4, [프로토콜 버전]을 HTTP1로 설정합니다.

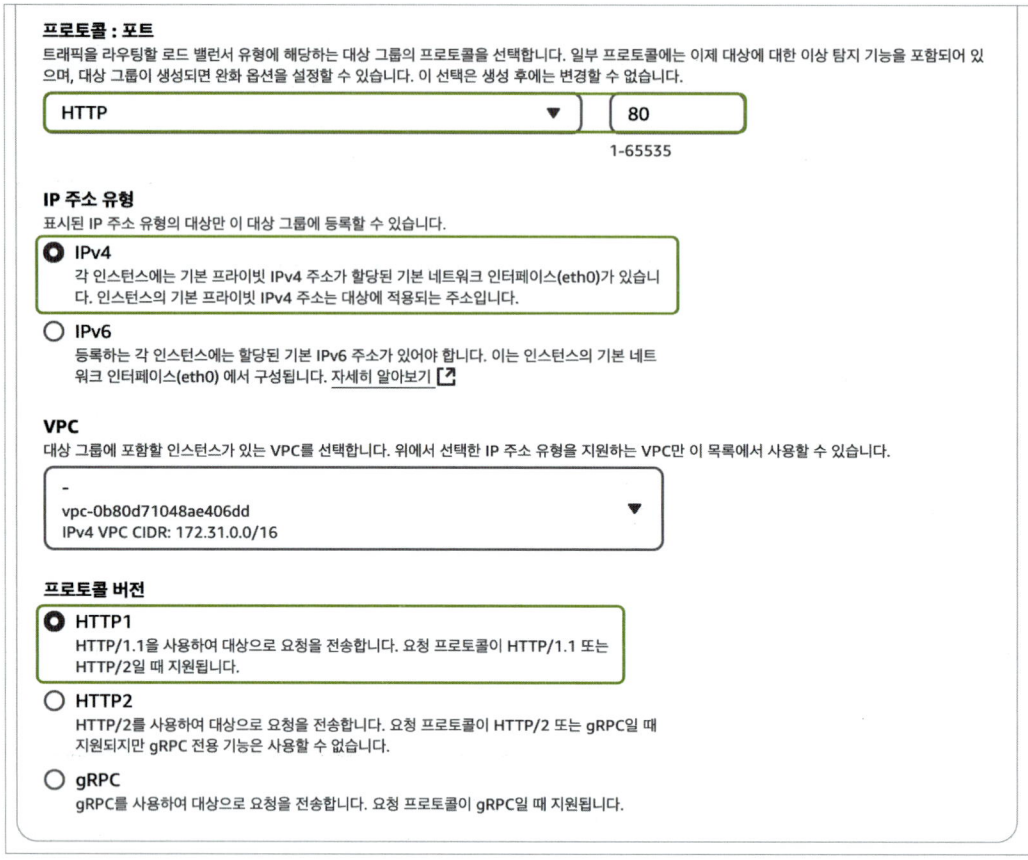

### 7  상태 검사 설정하기

대상에 일정한 주기로 전송할 상태 검사를 설정하는 단계입니다. [상태 검사 프로토콜]을 HTTP로 설정하고 [상태 검사 경로]를 /health라고 입력합니다.

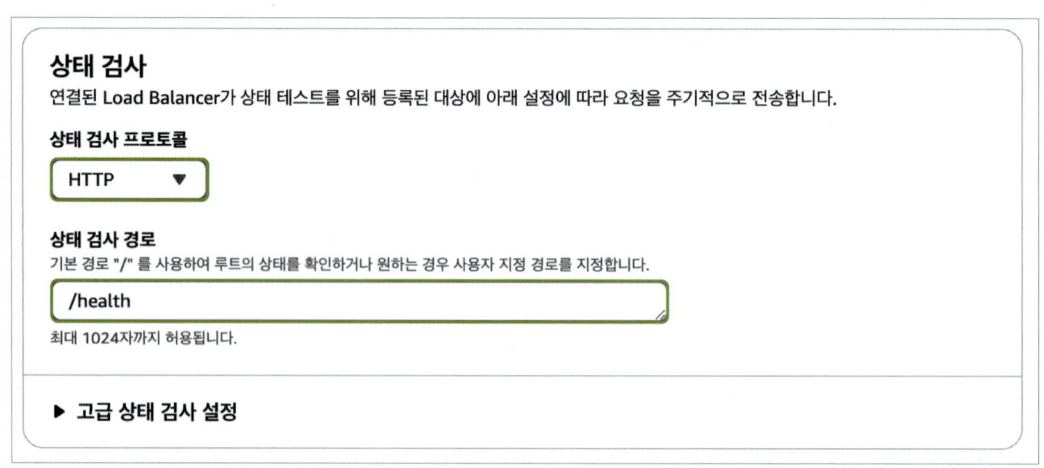

이렇게 설정하면 로드 밸런서가 대상 그룹의 EC2 인스턴스에 HTTP 프로토콜을 사용하여 GET /health 요청을 일정한 주기로 보냅니다.

☁ 상태 검사를 하기 위해서는 설정한 경로에 맞는 상태 검사용 API를 구성해야 합니다. 이 API는 4-3절의 실습에서 배포해 보겠습니다.

나머지 옵션은 그대로 두고 [다음] 버튼을 누릅니다.

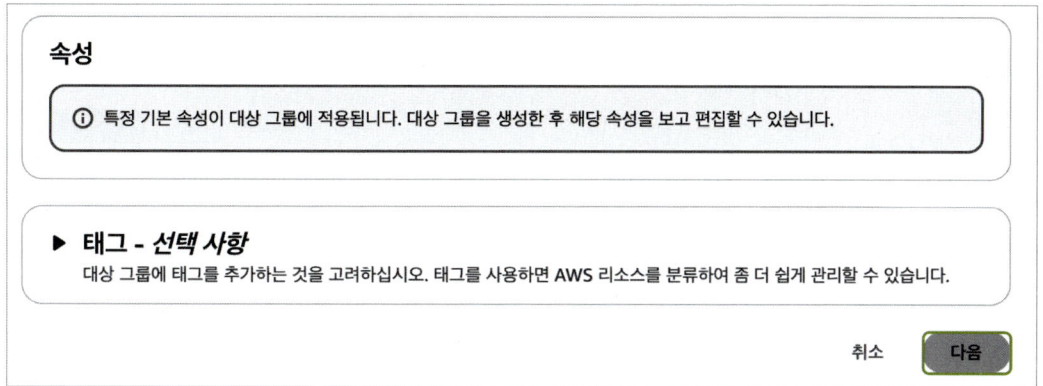

## 8 대상 등록하기

대상 그룹에 추가할 인스턴스를 선택하는 단계입니다. 대상 그룹에 추가할 인스턴스를 선택하고 [선택한 인스턴스를 위한 포트]를 80으로 입력합니다. [아래에 보류 중인 것으로 포함] 버튼을 클릭해 대상에 인스턴스를 추가합니다.

이 설정은 ELB로 들어온 요청을 대상에 추가한 인스턴스의 80번 포트로 전달하겠다는 의미입니다.

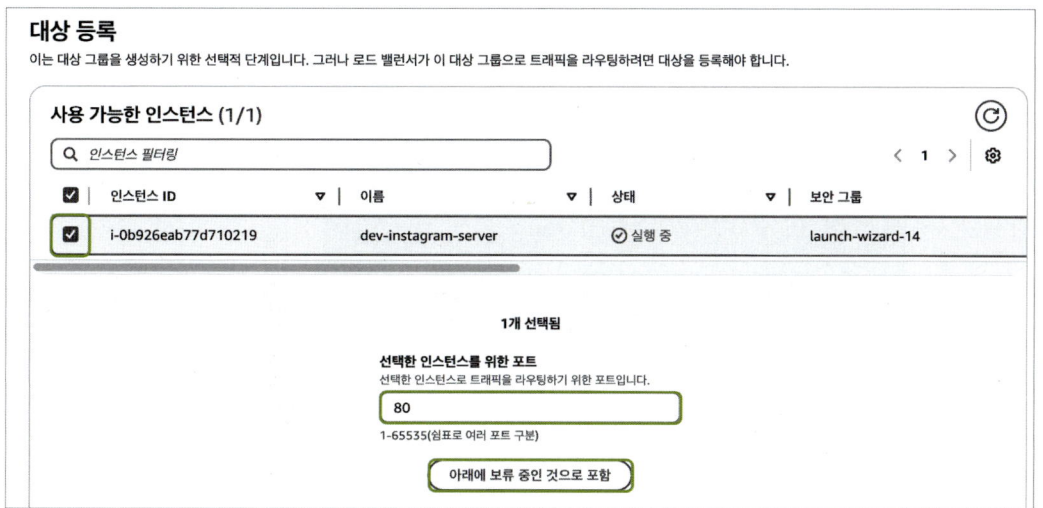

4장 → ELB로 안전한 백엔드 서버 만들기  **97**

인스턴스가 추가된 것을 확인한 뒤에 [대상 그룹 생성] 버튼을 클릭합니다.

### 9  대상 그룹 확인하기

대상 그룹이 정상으로 생성되었다면 다음과 같이 대상 그룹 관리 화면에서 확인할 수 있습니다.

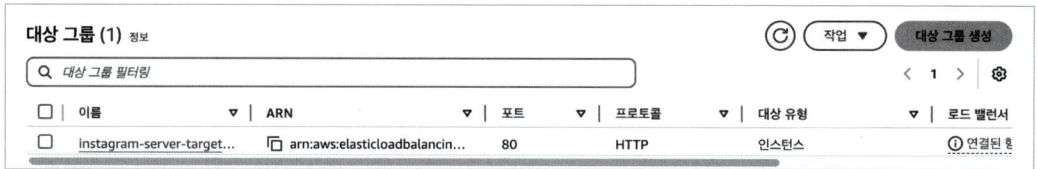

## Do it! 실습  ELB에서 로드 밸런서 생성하기

대상 그룹으로 트래픽을 전달하는 로드 밸런서를 생성해 보겠습니다.

### 1  로드 밸런서 관리 화면 들어가기

EC2 콘솔의 왼쪽 메뉴에서 [로드 밸런싱 → 로드밸런서]를 클릭합니다.

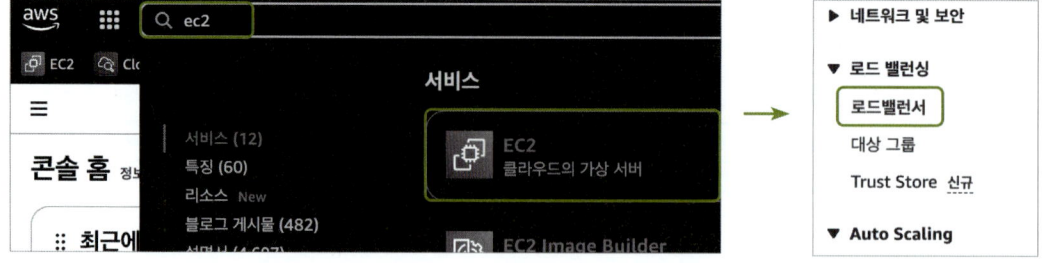

**2 리전 선택하기**

리전 메뉴에서 [아시아 태평양 → 서울] 리전을 선택합니다.

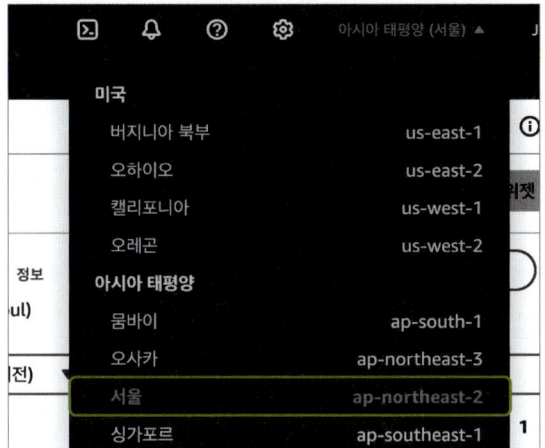

**3 로드 밸런서 생성하기**

로드 밸런서 관리 화면이 나타나면 오른쪽 위에서 [로드 밸런서 생성] 버튼을 클릭합니다.

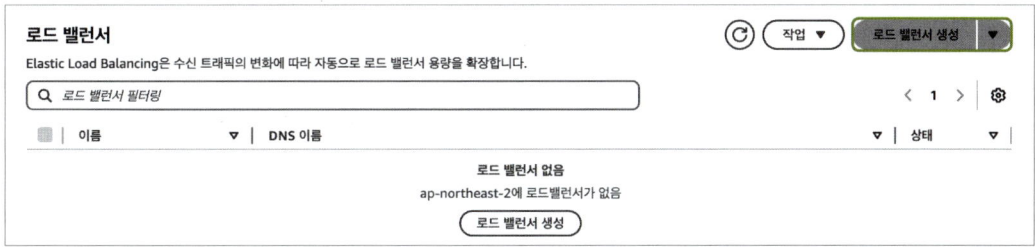

다음과 같이 다양한 로드 밸런서 유형이 표시됩니다. 여러 유형 중에서 HTTP와 HTTPS 요청을 기반으로 트래픽을 처리하고 분배하려면 Application Load Balancer를 선택해야 합니다. [로드 밸런서 유형] 3가지 중에서 왼쪽에 있는 Application Load Balancer의 [생성] 버튼을 클릭합니다.

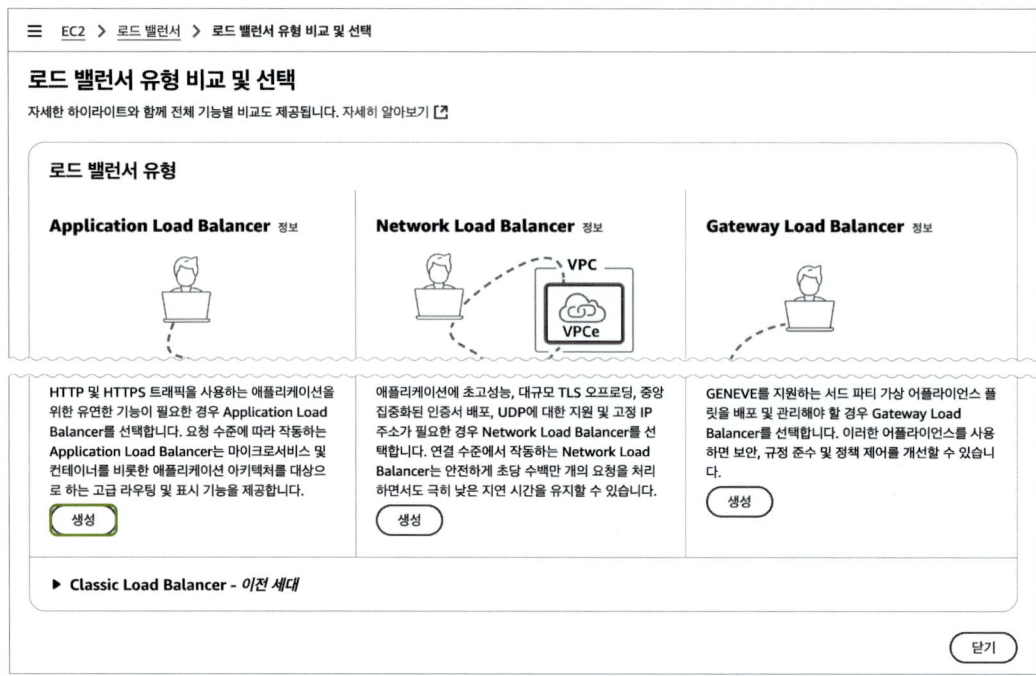

## 4 기본 구성 설정하기

[기본 구성]에서는 로드 밸런서의 이름만 입력하고, 나머지 옵션은 기본값을 사용합니다. 로드 밸런서 이름은 자유롭게 작성해도 됩니다. 이번 실습에서는 dev-instagram-elb라고 입력했습니다.

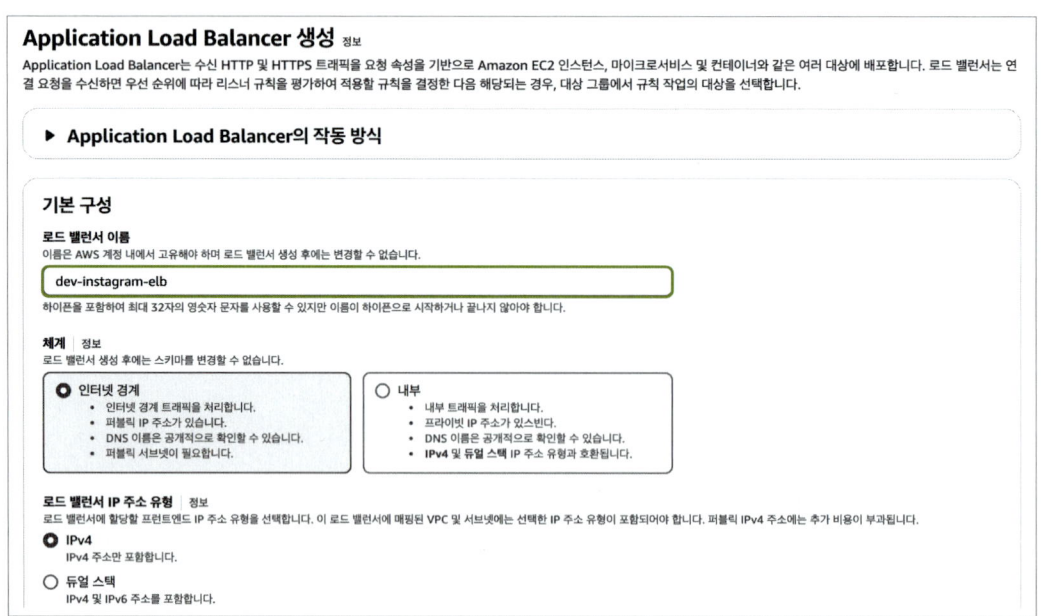

## 5  네트워크 매핑 설정하기

로드 밸런서가 트래픽을 보낼 가용 영역을 선택하는 단계입니다. 우선 실습에서는 모든 가용 영역으로 트래픽을 보내도록 [가용 영역 및 서브넷]의 항목을 모두 선택합니다.

☁ 가용 영역(Availability Zone)이란 같은 리전에서 서로 다른 위치에 있는 데이터 센터를 의미합니다. 한 데이터 센터에 문제가 생겨도 다른 가용 영역에서 계속 작동하므로 서비스를 중단 없이 운영할 수 있습니다.

## 6  보안 그룹 생성 화면 들어가기

[보안 그룹]에서는 [새 보안 그룹을 생성] 버튼을 클릭해 보안 그룹을 생성하는 화면으로 이동합니다.

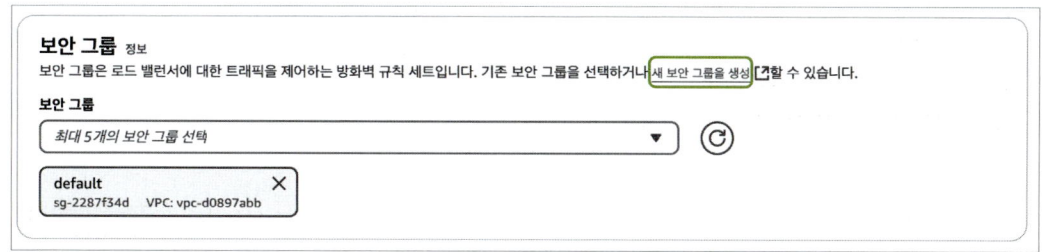

### 7  보안 그룹 생성을 위해 정보 입력하기

생성할 보안 그룹의 기본 세부 정보를 입력합니다. [보안 그룹 이름]과 [설명] 칸에는 다른 보안 그룹과 구별할 수 있는 값을 작성합니다. 이번 실습에서는 instagram-elb-security-group이라고 적었습니다. VPC는 처음 설정되어 있는 옵션을 그대로 사용합니다.

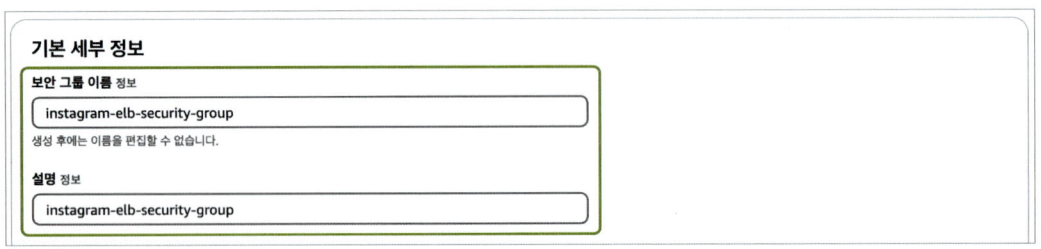

사용자가 보내는 HTTP와 HTTPS 트래픽을 허용하기 위해 인바운드 규칙을 2개 추가합니다. 첫 번째 규칙은 80번 포트로 들어오는 모든 IPv4 트래픽을 허용하도록 [유형]을 HTTP로, [소스 유형]을 Anywhere-IPv4로 설정합니다.

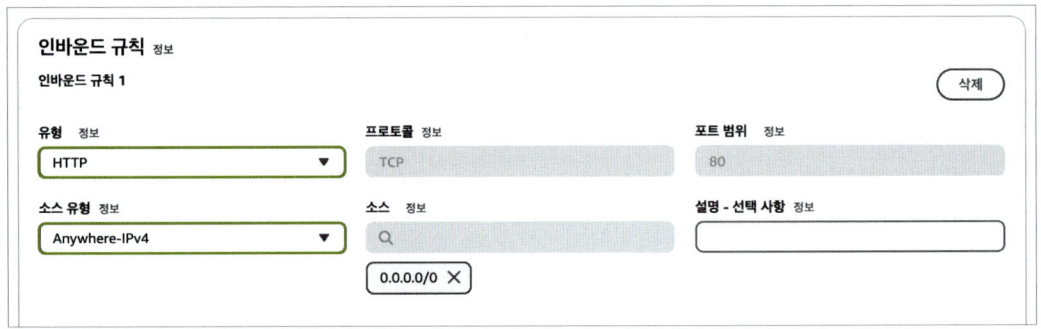

두 번째 규칙은 443번 포트로 들어오는 모든 IPv4 트래픽을 허용하도록 [유형]을 HTTPS로, [소스 유형]을 Anywhere-IPv4로 설정합니다. 나머지 설정은 그대로 두고 오른쪽 아래의 [보안 그룹 생성] 버튼을 클릭합니다.

### 8 보안 그룹 설정하기

로드 밸런서 생성 화면으로 돌아와서 새로 고침 버튼(◎)을 클릭합니다. 자동 선택된 default 보안 그룹은 선택 해제하고 **앞에서 생성한 보안 그룹**을 선택합니다.

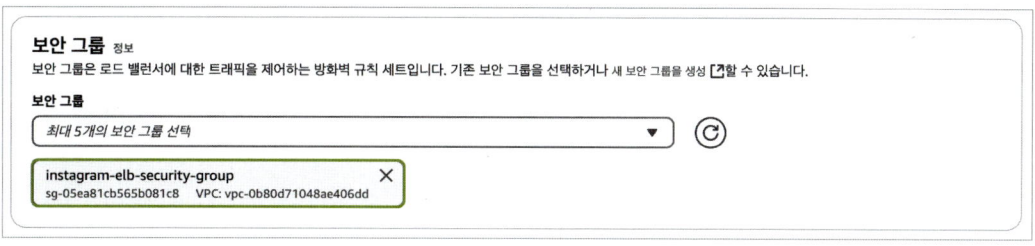

### 9 리스너 및 라우팅 설정하기

로드 밸런서로 들어온 요청을 어떤 대상 그룹에 전달할지 설정하는 부분입니다. 기존에 설정되어 있는 그대로 [프로토콜]은 HTTP, [포트]는 80으로 두고 **이전 실습에서 만든 대상 그룹**을 선택합니다.

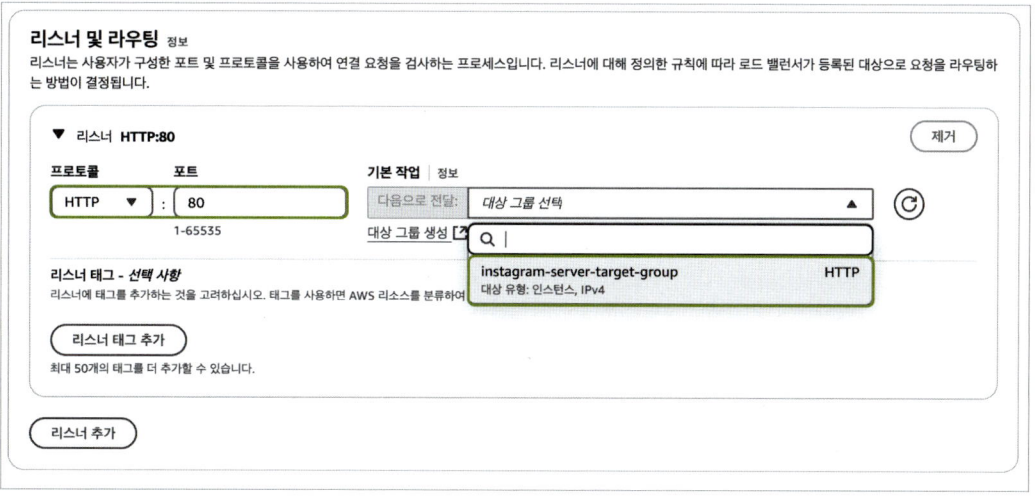

이 설정은 사용자가 HTTP를 활용하여 ELB의 80번 포트로 보낸 요청을 앞에서 선택한 대상 그룹으로 전달하겠다는 의미입니다.

## 10 로드 밸런서 생성하기

나머지 옵션은 그대로 두고 [로드 밸런서 생성] 버튼을 누릅니다.

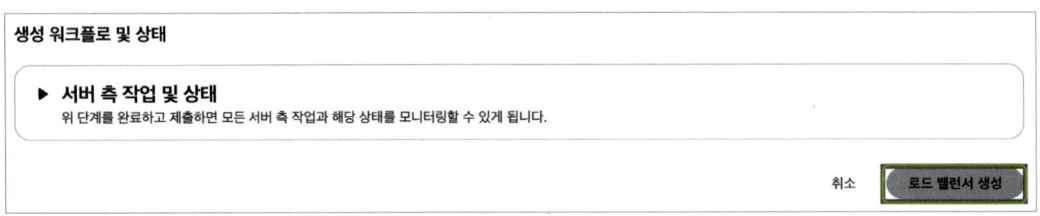

로드 밸런서가 정상으로 생성됐다면 EC2 콘솔의 [로드 밸런싱 → 로드밸런서] 메뉴로 들어갔을 때 앞에서 생성한 로드 밸런서가 표시됩니다.

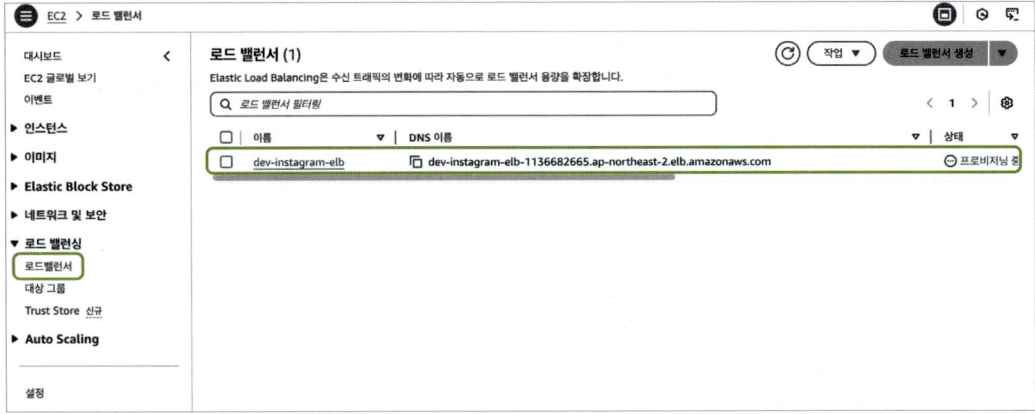

## 4-3 상태 검사 API 추가하기

4-2절의 실습에서 로드 밸런서를 만들 때 다음과 같이 상태 검사를 설정했습니다.

**상태 검사**
연결된 Load Balancer가 상태 테스트를 위해 등록된 대상에 아래 설정에 따라 요청을 주기적으로 전송합니다.

**상태 검사 프로토콜**
[ HTTP ▼ ]

**상태 검사 경로**
기본 경로 "/" 를 사용하여 루트의 상태를 확인하거나 원하는 경우 사용자 지정 경로를 지정합니다.
[ /health ]
최대 1024자까지 허용됩니다.

▶ 고급 상태 검사 설정

로드 밸런서의 상태 검사 설정

만약 설정에 맞는 상태 검사 API를 추가하지 않으면, 로드 밸런서는 백엔드 서버가 현재 정상적이지 않다고 판단합니다. 그러면 로드 밸런서로 아무리 요청을 보내도 EC2의 백엔드 서버로 요청을 전달하지 않으므로 응답을 받을 수 없습니다. ELB가 보내는 상태 검사 요청에 정상으로 응답하도록 GET /health API가 추가된 백엔드 서버를 배포해 보겠습니다.

☁ 익스프레스 서버를 사용할 경우 106쪽으로 이동하여 실습을 진행하세요.

### Do it! 실습 상태 검사용 스프링 부트 서버 배포하기
상태 검사에 응답할 수 있는 API가 추가된 스프링 부트 서버를 배포해 봅시다.

#### 1 스프링 부트 프로젝트 내려받기
2장에서 생성한 EC2 인스턴스에 접속한 후, 스프링 부트 프로젝트를 내려받습니다.

**T 터미널**
```
$ git clone https://github.com/JSCODE-BOOK/aws-elb-springboot.git
```

### 2  API 구현 코드 살펴보기

내려받은 프로젝트에는 다음과 같이 ELB의 상태 검사 요청에 응답할 수 있는 API가 추가되어 있습니다.

☁ 만약 직접 작성한 프로젝트가 있다면 상태 검사 요청에 응답할 수 있는 API를 추가로 만들어야 합니다.

AppController.java
```java
@RestController
public class AppController {
  // GET /health 요청 시 이 메서드 호출
  @GetMapping("health")
  public ResponseEntity<String> healthCheck() {
    // HTTP 200 OK 응답과 메시지 반환
    return ResponseEntity.ok().body("Success Health Check");
  }
}
```

### 3  스프링 부트 서버 실행하기

프로젝트를 내려받은 경로에서 다음 명령어를 입력하여 백엔드 서버를 실행하고 정상으로 실행되는지 확인합니다.

터미널
```
$ sudo lsof -i:80      # 80번 포트에서 실행되는 프로세스 확인
$ sudo kill {PID 값}   # 80번 포트에서 실행되는 프로세스가 있다면 종료
$ cd ~/aws-elb-springboot
$ ./gradlew clean build -x test  # 스프링 부트 프로젝트 빌드
$ cd build/libs
$ sudo nohup java -jar aws-elb-springboot-0.0.1-SNAPSHOT.jar &  # JAR 파일 실행
$ sudo lsof -i:80      # 80번 포트에서 실행되는 프로세스 조회
```

## Do it! 실습  상태 검사용 익스프레스 서버 배포하기

상태 검사에 응답할 수 있는 API를 추가한 익스프레스 서버를 배포해 봅시다.

### 1  익스프레스 프로젝트 내려받기

2장에서 생성한 EC2 인스턴스에 접속한 후, 익스프레스 프로젝트를 내려받습니다.

> **T 터미널**
>
> ```
> $ git clone https://github.com/JSCODE-BOOK/aws-elb-express.git
> ```

### 2 API 구현 코드 살펴보기

내려받은 프로젝트에는 다음과 같이 ELB의 상태 검사 요청에 응답할 수 있는 API가 추가되어 있습니다.

☁ 만약 직접 작성한 프로젝트가 있다면 상태 검사 요청에 응답할 수 있는 API를 추가로 만들어야 합니다.

**app.js**
```javascript
const express = require('express');
const app = express();
const port = 80;

(... 생략 ...)

// GET /health 요청 시 이 메서드 호출
app.get('/health', (req, res) => {
  // HTTP 200 OK 응답 반환
  res.status(200).send();
})

(... 생략 ...)
```

### 3 익스프레스 서버 실행하기

프로젝트를 내려받은 경로에서 다음 명령어를 입력하여 백엔드 서버를 실행하고 정상으로 실행되는지 확인합니다.

> **T 터미널**
>
> ```
> $ sudo lsof -i:80      # 80번 포트에서 실행되는 프로세스 확인
> $ sudo kill {PID 값}   # 80번 포트에서 실행되는 프로세스가 있다면 종료
> $ npm i
> $ sudo pm2 start app.js
> $ sudo pm2 list        # 익스프레스 서버의 실행 여부 확인
> ```

### Do it! 실습  상태 검사 API 동작 확인하기

상태 검사 API가 정상으로 동작하는지 IP 주소와 도메인 주소를 사용하여 확인해 봅시다.

#### 1  IP 주소로 확인하기

http://{EC2 Public IP 주소}/health로 접속해 상태 검사 API가 잘 작동하는지 확인합니다. 상태 검사 API가 정상으로 작동한다면 다음과 같이 Success Health Check라는 값이 표시됩니다.

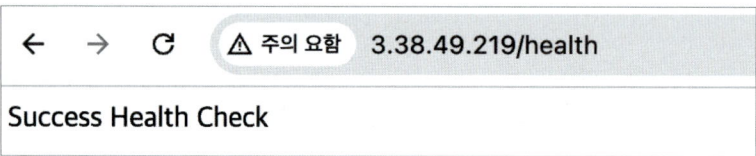

#### 2  도메인 주소로 확인하기

로드 밸런서의 도메인 주소를 사용하여 상태 검사 API를 확인합니다. 다음 그림과 같이 사용자가 ELB에 요청을 보내더라도 EC2에 요청을 보낸 것과 같은 응답이 반환되어야 합니다.

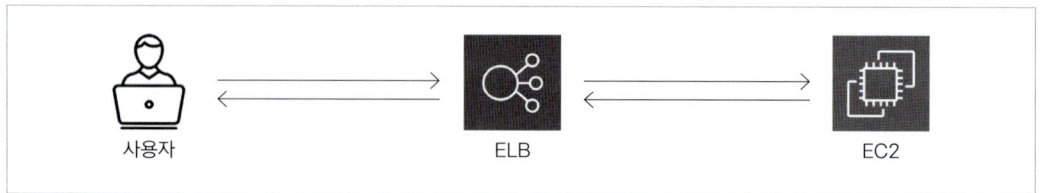

ELB를 도입한 후 아키텍처

직접 호출해서 확인해 보겠습니다. EC2 콘솔에서 [로드 밸런싱 → 로드밸런서] 메뉴로 들어간 후, 앞에서 생성한 로드 밸런서를 클릭해 봅시다.

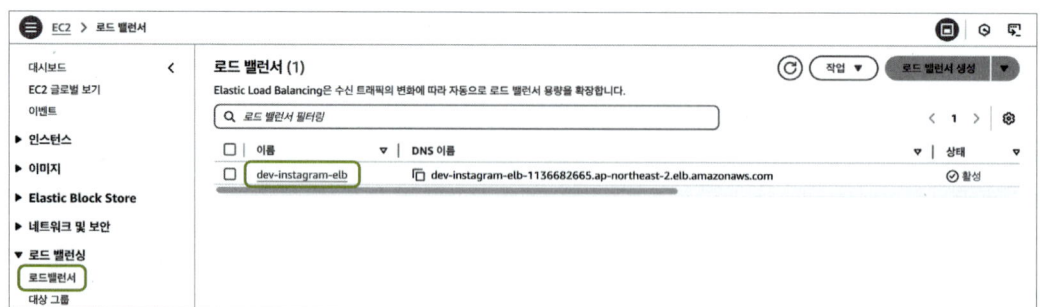

오른쪽 아래에 있는 [DNS 이름]이 이 로드 밸런서의 도메인 주소입니다.

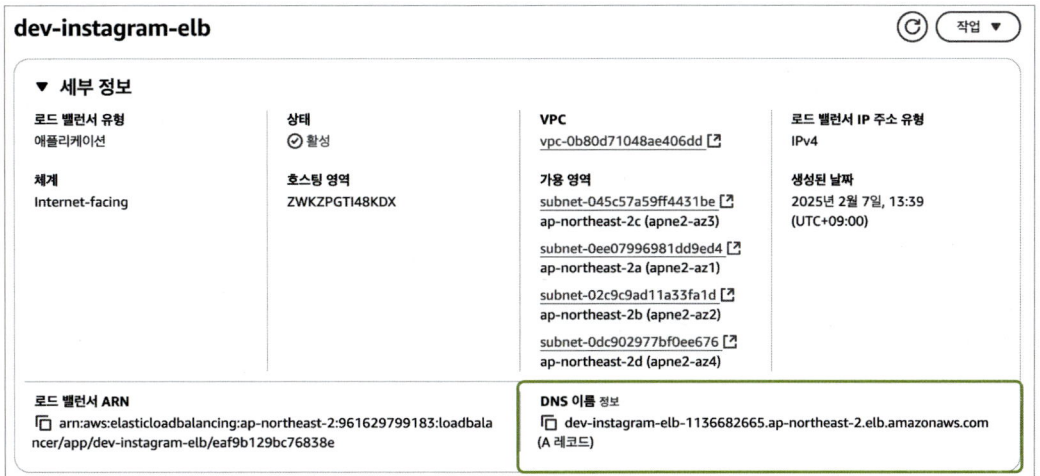

http://{로드 밸런서 주소}/health로 접속해 봅시다.

EC2의 주소로 접속했을 때와 동일한 화면이 표시된다면 로드 밸런서가 정상으로 연결된 것입니다.

## 4-4 로드 밸런서에 도메인 연결하기

ELB에서 제공하는 도메인 주소는 복잡해서 외우기가 쉽지 않습니다. 따라서 3장에서 배운 Route 53을 사용해서 도메인 주소를 변경해 보겠습니다.

### Do it! 실습  로드 밸런서로 연결되는 레코드 추가하기

#### 1  EC2와 연결된 Route 53 레코드 편집하기

Route 53 콘솔의 왼쪽 메뉴에서 [호스팅 영역]을 클릭합니다. 3장 실습에서 구매한 도메인의 이름을 클릭해 레코드 관리 화면으로 들어갑니다.

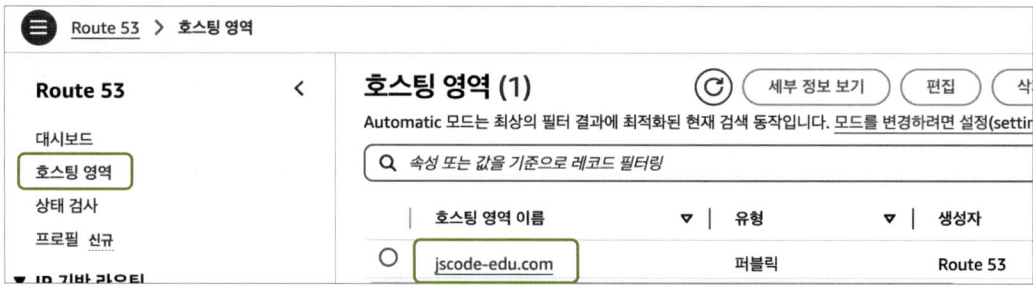

레코드 관리 화면이 나타나면 EC2의 IP에 연결한 레코드를 선택한 후 [레코드 편집] 버튼을 클릭합니다.

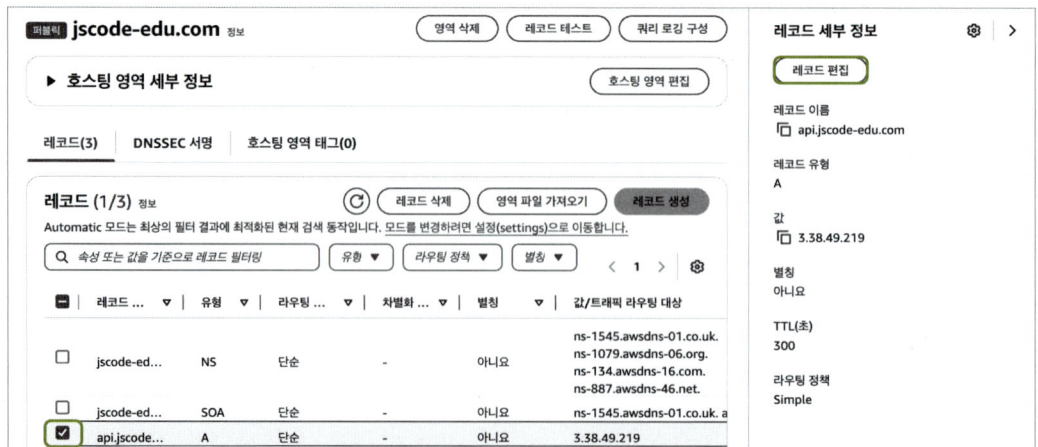

## 2 로드 밸런서에 도메인 연결하기

오른쪽 레코드 편집 화면에서 별칭 옵션을 활성화한 후, [트래픽 라우팅 대상]에서 [Application/Classic Load Balancer에 대한 별칭]을 클릭합니다. 리전은 로드 밸런서를 생성할 때 선택한 [아시아 태평양(서울)]로 지정합니다. 앞에서 생성한 로드 밸런서를 선택하고 나머지 옵션은 그대로 둔 채로 [저장] 버튼을 클릭합니다.

☁ A 레코드는 IP뿐 아니라 AWS 내부 서비스와 연결할 때도 사용합니다. AWS가 이미 내부 서비스에 할당된 IP를 알고 있기 때문입니다.

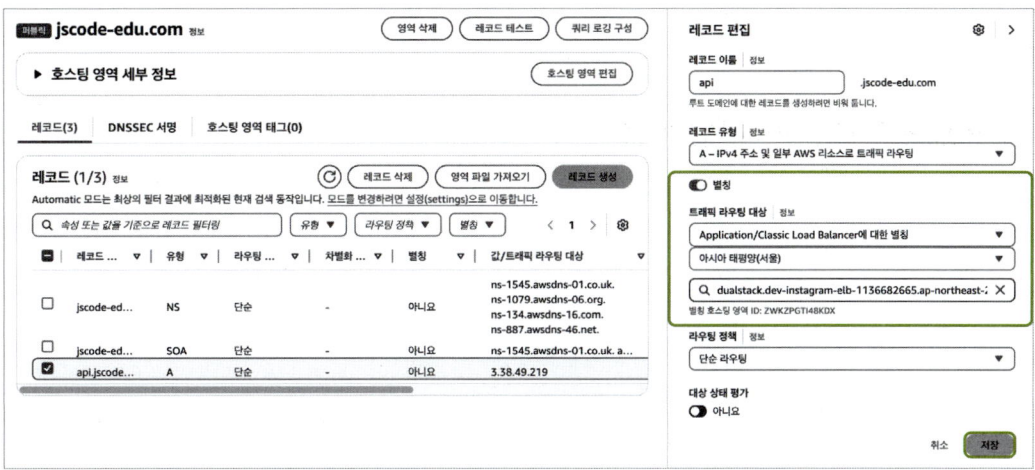

## 3 도메인 주소로 정상 접속 확인하기

http://{도메인 주소}/health로 접속해 보세요. ELB의 주소로 접속했을 때와 동일한 화면이 표시된다면 도메인이 잘 적용된 것입니다.

하지만 브라우저에 '주의 요함'이라는 문구가 표시됩니다. 주고받는 데이터를 안전하게 보호할 수 없다는 의미입니다. 다음 실습에서는 HTTPS를 적용해서 더욱 안전한 웹 서비스로 만들어 보겠습니다.

# 4-5 HTTPS 적용하기

이전 실습에서 연결한 도메인 주소로 접속해 보면 HTTPS가 적용되지 않은 것을 확인할 수 있습니다. HTTPS가 설정되어 있지 않다면 웹 사이트의 데이터 보안이 취약해질 수 있습니다. 이번 절에서는 로드 밸런서에 HTTPS를 적용하는 방법을 알아보고 직접 적용해 보겠습니다.

## ELB에 HTTPS 적용하는 방법

이번 실습에서는 3단계에 걸쳐 로드 밸런서에 HTTPS 설정을 적용할 것입니다.

- 1단계: SSL/TLS 인증서 발급받기
- 2단계: 로드 밸런서에 HTTPS용 리스너 추가하기
- 3단계: HTTP에서 HTTPS로 리디렉션 설정하기

위의 순서에 따라 각 단계를 하나씩 실습해 보며, 로드 밸런서에 HTTPS를 설정하는 전체 과정을 직접 따라 해 보겠습니다.

### Do it! 실습 | 1단계: SSL/TLS 인증서 발급받기

HTTPS를 적용하려면 가장 먼저 SSL/TLS 인증서를 발급받아야 합니다. 이 인증서는 웹 사이트의 신뢰성을 검증하는 역할을 합니다. AWS에서는 ACM^AWS Certificate Manager이라는 서비스를 활용해서 인증서를 발급받을 수 있습니다.

#### 1 ACM 콘솔 들어가기

검색 창에 **certificate**라고 입력한 후, [Certificate Manager] 서비스를 클릭합니다.

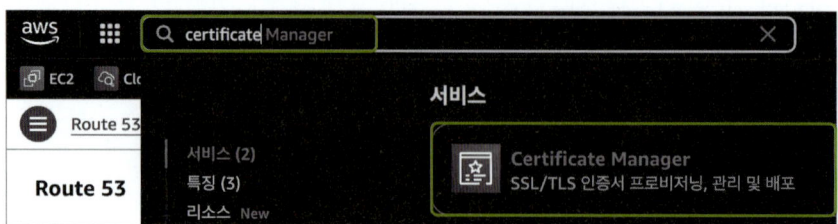

## 2  리전 선택하기

리전 메뉴에서 [아시아 태평양 → 서울] 리전을 선택합니다.

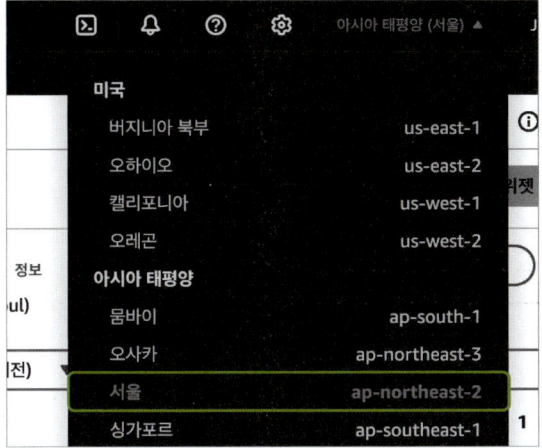

## 3  인증서 요청하기

ACM 콘솔에서 [요청] 버튼을 클릭합니다.

다음 인증서 요청 화면에서 설정되어 있는 옵션을 그대로 두고 [다음] 버튼을 클릭합니다.

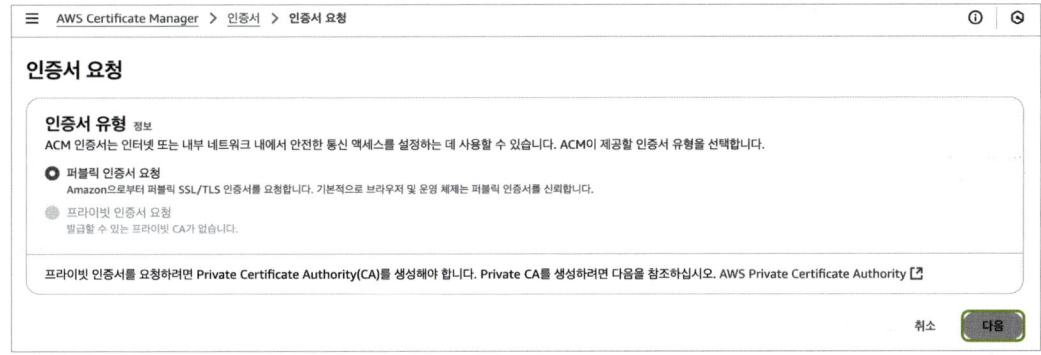

퍼블릭 인증서 요청 화면에서 [완전히 정규화된 도메인 이름]에 SSL/TLS 인증서를 발급받을 도메인 이름을 작성합니다. 4-4절의 실습에서 **로드 밸런서에 연결한 도메인 이름**을 작성하면 됩니다.

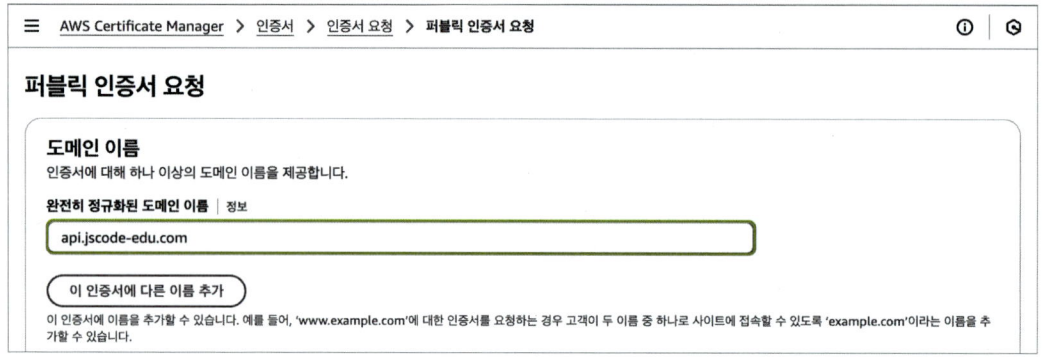

나머지 옵션은 그대로 두고 [요청] 버튼을 클릭합니다.

### 4  인증서 검증하기

인증서 요청을 완료했다면 왼쪽 메뉴에서 [인증서 나열]을 클릭하여 인증서 목록으로 이동합니다.

요청한 인증서의 상태가 [검증 대기 중]이라고 표시되어 있는데요. 단순히 인증서를 요청했다고 해서 바로 발급되지 않기 때문입니다. 해커가 아닌 실제 도메인 소유자가 인증서를 요청했는지 인증하는 절차가 필요합니다. 절차를 수행하기 위해 인증서 ID를 클릭해서 인증서 상세 화면으로 이동합니다.

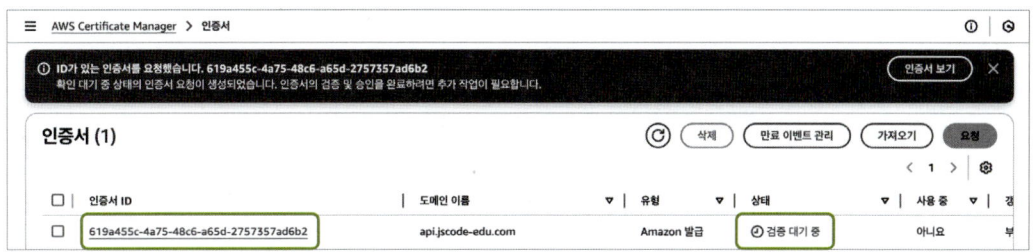

도메인 소유자라는 사실을 인증하기 위해 ACM에서 제공하는 CNAME 이름과 값을 도메인의 레코드에 입력해야 합니다. 다음 화면에서 [Route 53에서 레코드 생성]을 사용하면 레코드를 훨씬 쉽게 생성할 수 있지만, 직접 레코드를 생성하는 방법을 익히기 위해 여기서는 레코드를 수동으로 생성해 보겠습니다.

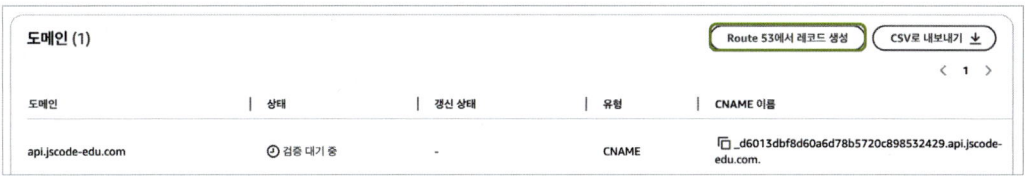

### 5  인증서를 검증하는 레코드 생성하기

Route 53 콘솔의 왼쪽 메뉴에서 [호스팅 영역]을 클릭하고 소유를 인증할 도메인을 선택합니다. 선택한 도메인의 레코드 목록 화면에서 [레코드 생성] 버튼을 클릭합니다.

Route 53 콘솔의 왼쪽 메뉴에서 [호스팅 영역]을 클릭하고 소유를 인증할 도메인을 선택합니다.

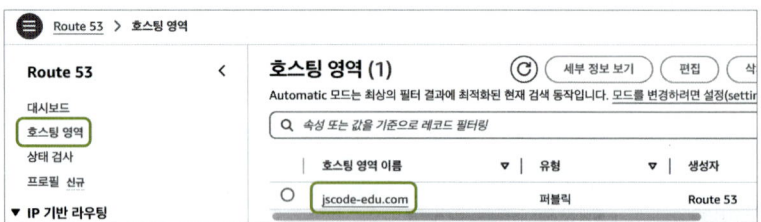

선택한 도메인의 레코드 목록 화면에서 [레코드 생성] 버튼을 클릭합니다.

레코드 생성 화면이 표시되면 [레코드 유형]을 CNAME으로 선택합니다. ACM에서 제공한 CNAME의 이름과 값을 각각 [레코드 이름]과 [값]에 입력한 후 레코드를 생성합니다.

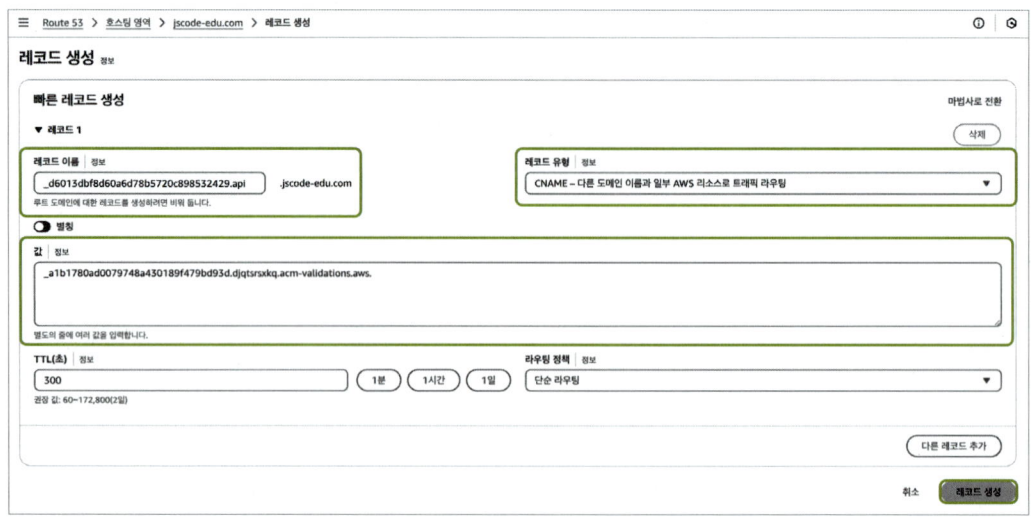

### 6  검증이 완료되었는지 확인하기

검증은 10분 이내로 완료됩니다. 만약 10분이 지났는데도 검증이 완료되지 않는다면 CNAME 의 이름과 값을 제대로 입력했는지 확인해 보세요.

### Do it! 실습  2단계: 로드 밸런서에 HTTPS용 리스너 추가하기

로드 밸런서를 처음 만들 때 HTTP 요청을 받을 수 있는 리스너를 만든 것처럼 HTTPS 요청을 받을 수 있는 리스너를 추가해야 합니다. 앞에서 발급받은 인증서를 이 리스너에 추가하여 HTTPS 기반으로 통신할 수 있도록 설정합니다.

### 1  HTTPS 리스너 추가하기

EC2 콘솔에서 [로드 밸런싱 → 로드밸런서] 메뉴로 이동합니다. 앞에서 생성한 로드 밸런서를 클릭합니다.

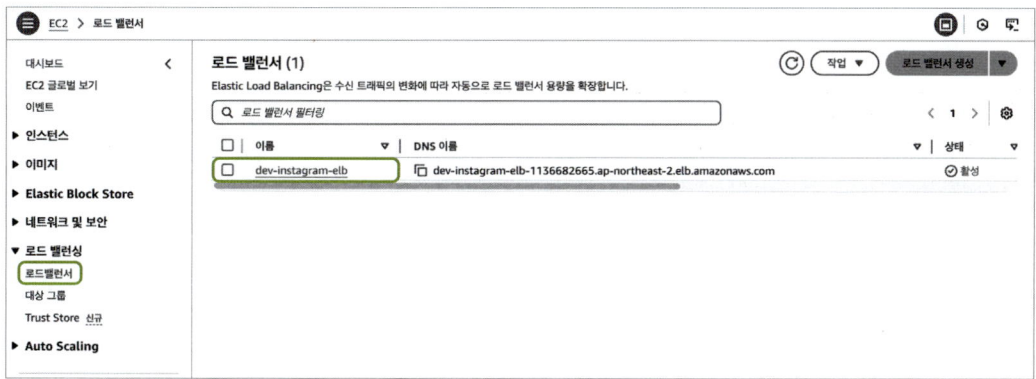

화면 아래에 있는 [리스너 및 규칙] 탭에서 [리스너 추가] 버튼을 클릭합니다.

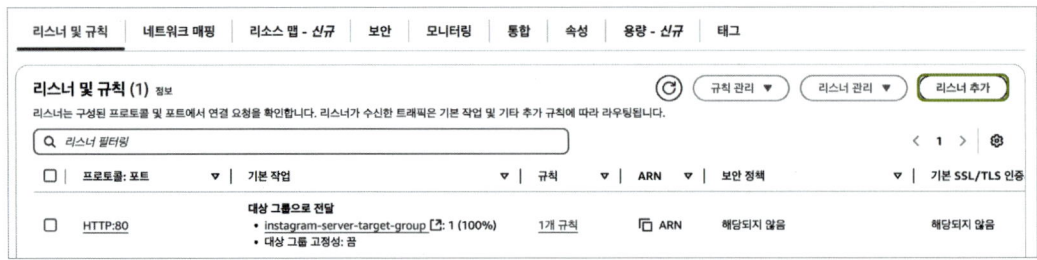

## 2  리스너 구성 설정하기

HTTPS 방식을 사용하여 443번 포트로 들어오는 트래픽을 특정 대상 그룹으로 전달하도록 설정합니다. [프로토콜]은 HTTPS로 선택하고, [포트]는 443으로 입력합니다. 이전에 만든 대상 그룹을 선택합니다. 나머지 옵션은 그대로 둡니다.

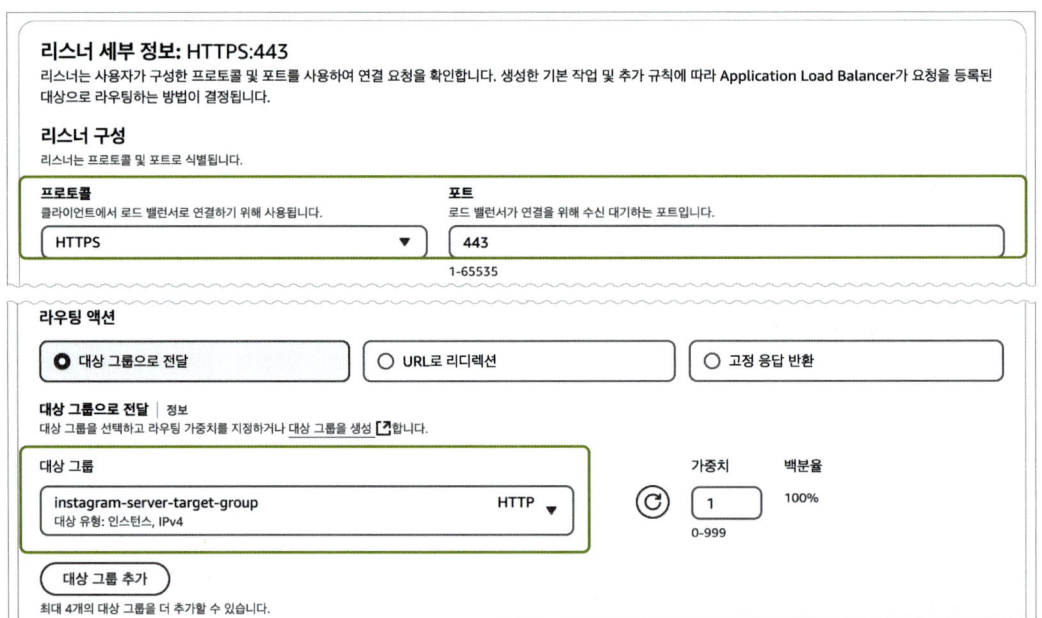

## 3  보안 리스너 설정하기

이전에 생성한 인증서를 선택합니다. 이번 실습에서는 앞서 발급받은 api.jscode-edu.com 도메인 인증서를 선택했습니다. 나머지 옵션은 그대로 둡니다.

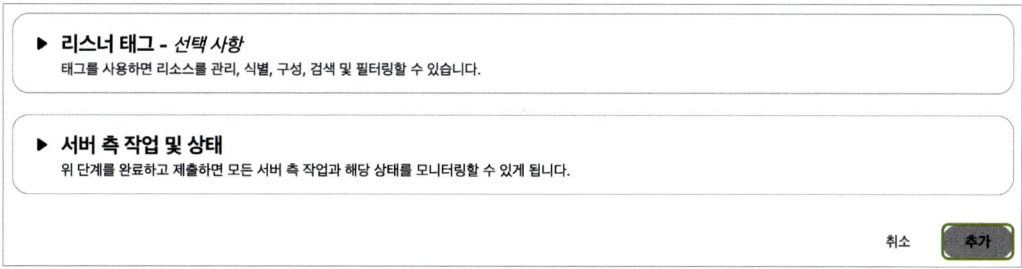

오른쪽 아래에서 [추가] 버튼을 클릭해 리스너를 추가합니다.

### 4  HTTPS 적용 여부 확인하기

ELB의 [리스너 및 규칙]을 보면 리스너가 추가된 것을 확인할 수 있습니다.

그러면 도메인으로 접속해도 HTTPS가 적용되는지 확인해 볼까요?

앞서 로드 밸런서와 연결한 도메인에 https를 붙여서 https://{도메인 주소}/health로 접속해 봅시다. 다음과 같이 Success Health Check라는 응답도 잘 반환되고, HTTPS가 정상으로 적용된 것도 확인할 수 있습니다.

> 정상으로 접속되지 않는다면 5~10분 기다린 후에 다시 접속해 보세요. HTTPS가 적용되기까지 5~10분 걸릴 수 있습니다.

### Do it! 실습  3단계: HTTP에서 HTTPS로 리디렉션 설정하기

HTTPS용 리스너를 추가했더라도 HTTP용 리스너가 그대로 있다면 http를 사용하여 접속할 수 있습니다. 이렇게 하면 보안 취약점이 해커에게 고스란히 노출될 수 있습니다. 사용자가 실수로라도 http를 사용해 접속하지 못하도록, 즉 http로 접속하면 URL이 강제로 https로 전환되도록 만들어 보겠습니다. 이렇게 URL이 전환되는 것을 **리디렉션**이라고 합니다.

#### 1  기존 HTTP:80 리스너 삭제하기

로드 밸런서에 추가한 리스너 중 [HTTP:80] 리스너를 삭제합니다. 리스너 및 규칙 목록에서 [HTTP:80]를 선택하고 [리스너 관리 → 리스너 삭제]를 클릭합니다.

## 2 리스너 추가하기

리스너 규칙을 추가하기 위해 [리스너 추가] 버튼을 클릭합니다.

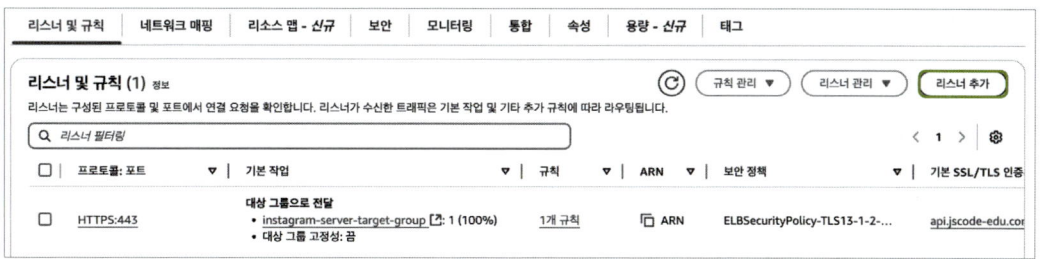

HTTP 방식을 사용하여 80번 포트로 들어오는 트래픽을 HTTPS로 리다이렉트하도록 설정합니다. 리스너 구성 아래의 [프로토콜]을 HTTP, [포트]를 80으로 입력하고, 라우팅 액션의 옵션에서 URL로 리디렉션을 선택합니다. 라우팅 액션 아래에 있는 [프로토콜]을 HTTPS, [포트]를 443으로 설정합니다. 이 설정을 추가하면 사용자가 실수로 HTTP(80번 포트)로 접속하더라도 HTTPS(443번 포트)로 연결하여 통신하게 됩니다. 즉, HTTP의 보안 취약점에 노출되는 것을 막을 수 있다는 뜻입니다.

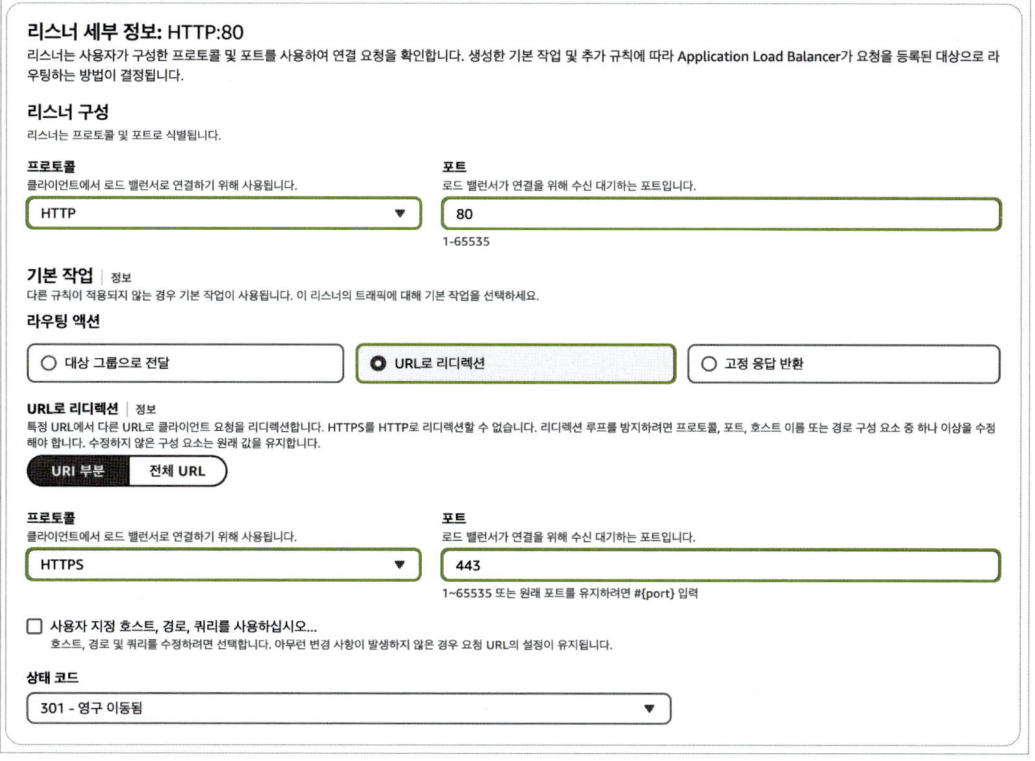

4장 → ELB로 안전한 백엔드 서버 만들기

나머지 옵션은 그대로 두고 오른쪽 아래에 있는 [추가] 버튼을 클릭해 리스너를 추가합니다.

▶ 리스너 태그 - *선택 사항*
　태그를 사용하면 리소스를 관리, 식별, 구성, 검색 및 필터링할 수 있습니다.

▶ 서버 측 작업 및 상태
　위 단계를 완료하고 제출하면 모든 서버 측 작업과 해당 상태를 모니터링할 수 있게 됩니다.

취소　추가

### 3　HTTPS 리디렉션 동작 확인하기

http://{도메인 주소}를 입력해서 http 방식으로 접속해 봅시다. 사용자가 http 방식을 사용하도록 주소를 입력했더라도 다음 화면과 같이 https로 전환되어 접속된 것을 확인할 수 있습니다.

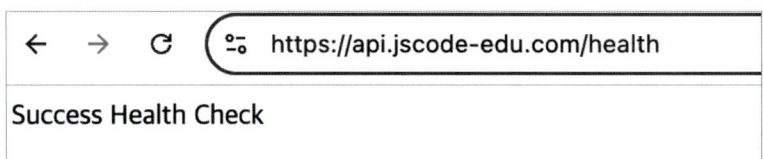

| 선생님, 질문 있어요! | 백엔드 서버에 HTTPS를 적용할 때 반드시 ELB를 사용해야 하나요? |

반드시 ELB를 활용해야 하는 것은 아닙니다. 엔진엑스<sup>Nginx</sup>와 서트봇<sup>Certbot</sup>을 활용하는 경우도 있습니다. 그렇다면 실무에서는 어떤 방법을 더 많이 사용할까요? 실무에서는 ELB를 활용해서 HTTPS를 적용하는 경우가 많습니다. 설정도 간편하게 할 수 있고 SSL/TLS 인증서 갱신도 자동으로 해주기 때문입니다.

그러면 엔진엑스와 서트봇을 사용하는 이유는 무엇일까요? 엔진엑스와 서트봇을 활용해서 HTTPS를 적용하는 가장 큰 이유는 비용입니다. HTTPS를 적용하는 데 비용이 전혀 들지 않기 때문이에요. 반면 ELB는 로드 밸런서를 생성하는 것 자체만으로도 비용이 듭니다. 따라서 비용이 부담스러운 기업 또는 학생은 백엔드 서버와 엔진엑스, 서트봇을 하나의 EC2에 설치해서 사용하는 경우도 많습니다.

## 4장 되새김 문제

**1** ELB<sup>Elastic Load Balancing</sup>의 주요 기능은 무엇입니까?
   A. 트래픽(부하)을 적절하게 분배하고, HTTPS를 통한 보안 향상을 제공
   B. 데이터를 암호화하고 전체적인 서버 보안을 유지
   C. 웹 페이지의 로딩 속도를 최적화
   D. 데이터의 자동 백업 및 복구 처리

**2** HTTPS를 사용하는 주된 이유는 무엇입니까?
   A. 웹 사이트의 로딩 속도를 향상하기 위해
   B. 데이터를 암호화하여 통신하는 방식으로 보안을 강화하기 위해
   C. 서버의 처리 능력을 향상하기 위해
   D. 웹 사이트의 유지 보수를 용이하게 하기 위해

**3** HTTPS 적용이 검색 엔진 최적화(SEO)에 미치는 영향은 무엇입니까?
   A. HTTPS 적용은 검색 엔진 최적화와 관련이 없음
   B. HTTPS가 적용되지 않은 웹 사이트는 검색 결과에서 더 낮게 평가받을 수 있음
   C. 모든 검색 엔진은 HTTPS를 반드시 요구함
   D. HTTPS는 웹 사이트의 디자인에만 영향을 미침

**4** 상태 검사<sup>health check</sup> API를 추가해야 하는 주된 이유는 무엇입니까?
   A. 서버의 부하를 줄이기 위해
   B. 로드 밸런서에 연결된 서버가 정상적으로 작동하고 있는지 파악하기 위해
   C. 웹 페이지의 디자인을 개선하기 위해
   D. 데이터베이스의 성능을 높이기 위해

**5** ELB에서 리스너<sup>listener</sup>의 역할로 올바른 것은 무엇입니까?
   A. 서버의 상태를 모니터링하고 장애를 감지하는 역할
   B. 들어오는 요청을 대기하고, 설정된 규칙에 따라 요청을 적절한 대상 그룹으로 전달
   C. ELB에 연결된 모든 EC2 인스턴스의 부하를 자동으로 줄여 줌
   D. 네트워크 속도를 최적화하여 요청을 빠르게 처리

정답 1.A 2.B 3.B 4.B 5.B

# 5장

# RDS로 데이터베이스 손쉽게 만들기

백엔드 서버가 데이터를 안정적으로 저장하고 처리하려면 데이터베이스가 필요합니다. AWS에서는 관계형 데이터베이스 서비스인 RDS를 사용하여 데이터베이스를 쉽게 만들고 관리할 수 있습니다. 이번 장에서는 RDS를 사용해서 데이터베이스를 생성하고 백엔드 서버에 연결하는 방법을 알아보겠습니다.

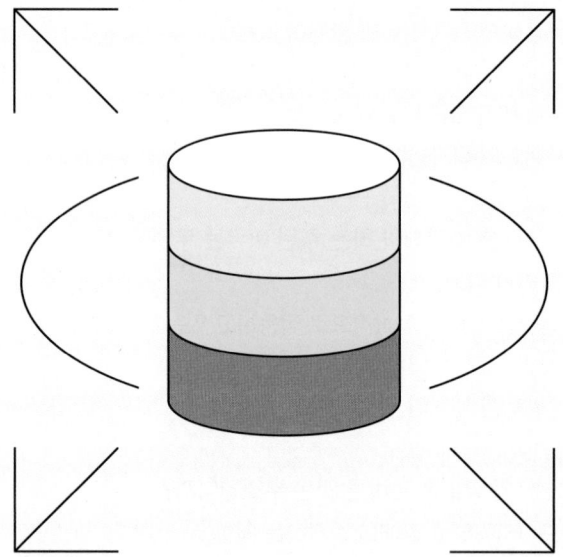

5-1 필수 개념과 함께 RDS 이해하기
5-2 RDS 인스턴스 생성하기
5-3 파라미터 그룹 설정하기
5-4 백엔드 서버에 RDS 연결하기

## 5-1 필수 개념과 함께 RDS 이해하기

대부분의 백엔드 서버는 데이터를 저장하고 불러오기 위해 데이터베이스를 사용합니다. 하지만 이를 직접 설치하고 운영하는 일은 쉽지 않습니다. AWS의 RDS를 사용하면 데이터베이스를 보다 간편하게 만들고 관리할 수 있습니다. 이번 절에서는 RDS를 사용하기 전에 알아야 할 필수 개념과 함께 활용 방법을 살펴보겠습니다.

### RDS

RDS는 Relational Database Service의 줄임말로, AWS로부터 **관계형 데이터베이스를 빌려서 사용할 수 있는 서비스**입니다. MySQL, PostgreSQL, MariaDB 등 다양한 데이터베이스를 지원하며, 사용자는 원하는 유형을 선택해서 사용할 수 있습니다. 또한 RDS는 데이터베이스를 안정적으로 유지하고 관리할 수 있도록 백업, 업데이트, 자동 확장 기능을 제공합니다.

### RDS 인스턴스

AWS로부터 빌린 데이터베이스가 설치되어 있는 컴퓨터 한 대를 RDS 인스턴스라고 합니다. RDS 인스턴스를 생성할 때는 다음 3가지 옵션을 설정합니다.

#### 엔진 유형

엔진 유형은 데이터베이스의 종류라고 이해하면 됩니다. AWS RDS에서 지원하는 주요 데이터베이스의 엔진은 MySQL, PostgreSQL, MariaDB, 아마존 오로라<sup>Amazon Aurora</sup> 등이 있습니다.

#### 인스턴스 클래스

RDS에서 인스턴스 클래스란 컴퓨터의 성능을 뜻합니다. EC2 서비스에서 인스턴스 유형과 비슷한 뜻입니다. 고성능 컴퓨터일수록 많은 양의 데이터를 처리할 수 있습니다.

#### 스토리지

RDS 인스턴스도 하나의 컴퓨터이므로 데이터베이스에 데이터를 저장할 공간이 필요합니다. 이러한 저장 공간을 스토리지라고 합니다.

## RDS를 사용하는 이유

로컬 환경에서 개발할 때는 데이터베이스를 노트북에 설치한 뒤 백엔드 서버와 연결해서 사용합니다. 그러나 백엔드 서버를 EC2에 배포하면 해당 서버는 로컬 환경에 설치된 데이터베이스에 접근할 수 없습니다. 이는 노트북이 외부에서 접근할 수 없게 구성되어 있기 때문입니다. 따라서 운영 환경에서는 RDS를 활용하여 AWS로부터 데이터베이스를 빌려서 사용합니다.

또한 RDS를 이용하면 데이터베이스 설정, 패치 적용, 백업 등의 데이터베이스 관리 작업이 자동화되어 운영 부담이 줄어들고 장애가 발생하더라도 더 안정적으로 운영할 수 있습니다. 실무에서는 이렇게 효율성과 안정성을 고려해서 RDS를 많이 활용하는 편입니다.

> 🖐 선생님, 질문 있어요! **EC2 인스턴스에서 백엔드 서버와 데이터베이스를 함께 운영하면 안 되나요?**
>
> 반드시 RDS를 활용하여 관계형 데이터베이스를 구성할 필요는 없습니다. 학습용 환경에서는 비용 절감을 위해 하나의 EC2 인스턴스에 백엔드 서버와 데이터베이스를 함께 설치하는 경우가 있습니다. 하지만 실무에서는 권장하지 않는 구성입니다. 백엔드 서버에 장애가 발생하여 EC2 인스턴스에 이상이 생길 경우, 인스턴스를 함께 사용하는 데이터베이스도 영향을 받을 수 있기 때문입니다.

## RDS를 활용한 아키텍처 구성

RDS를 활용하여 구성할 아키텍처를 그림으로 살펴봅시다. 4장에서는 사용자가 ELB로 요청을 보내면 대상 그룹에 등록되어 있는 EC2에 요청을 전달하도록 아키텍처를 구성했습니다. 이렇게 요청을 전달받은 EC2 인스턴스에는 백엔드 서버가 구동되고 있습니다. 백엔드 서버는 데이터베이스를 통해 데이터 읽기 및 쓰기 작업을 하는 경우가 대부분입니다. 이러한 작업을 수행할 수 있도록 RDS 인스턴스를 생성하고 EC2 내부에서 실행되는 백엔드 서버와 연결할 수 있도록 구성할 것입니다. 이 구성을 그림으로 표현하면 다음과 같습니다.

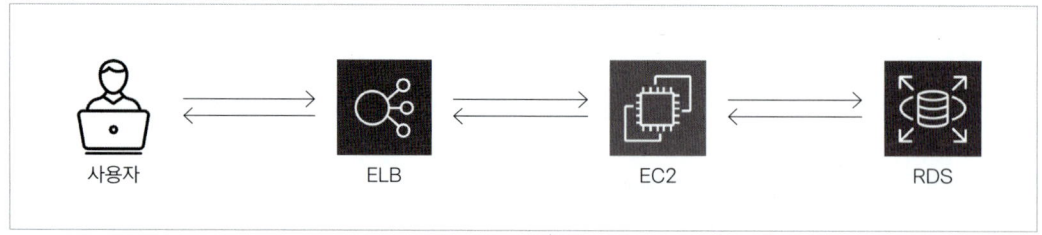

RDS를 도입한 후 아키텍처

## 5-2 RDS 인스턴스 생성하기

RDS를 사용하면 데이터베이스를 쉽게 생성하고 관리할 수 있습니다. 이번 절에서는 백엔드 서버와 연결하여 사용할 데이터베이스를 생성합니다. RDS를 사용하여 데이터베이스를 생성하는 과정을 단계별로 살펴보고, 데이터베이스에 직접 접속해 보겠습니다.

### Do it! 실습 RDS 인스턴스 생성하기

#### 1 RDS 콘솔 들어가기

AWS 콘솔의 검색 창에 **rds**라고 입력한 후, [RDS] 서비스를 클릭합니다.

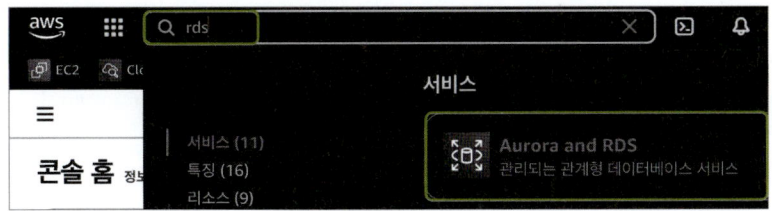

#### 2 리전 선택하기

리전 메뉴에서 [아시아 태평양 → 서울] 리전을 선택합니다.

### 3  데이터베이스 생성 시작하기

RDS 콘솔의 중앙에서 [데이터베이스 생성] 버튼을 클릭해 데이터베이스 생성 화면으로 이동합니다.

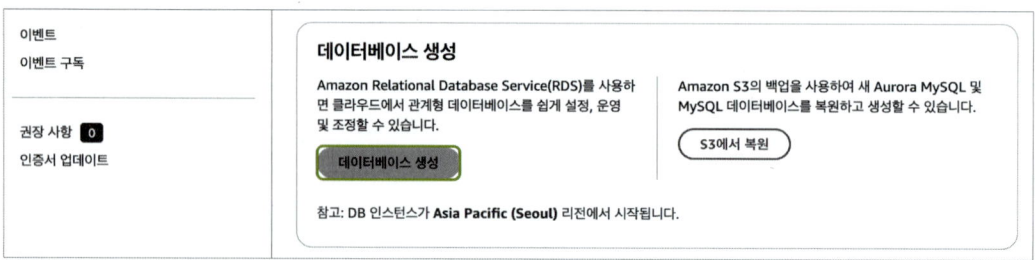

데이터베이스 생성 화면에서 [데이터베이스 생성 방식 선택]을 **표준 생성**으로 선택합니다.

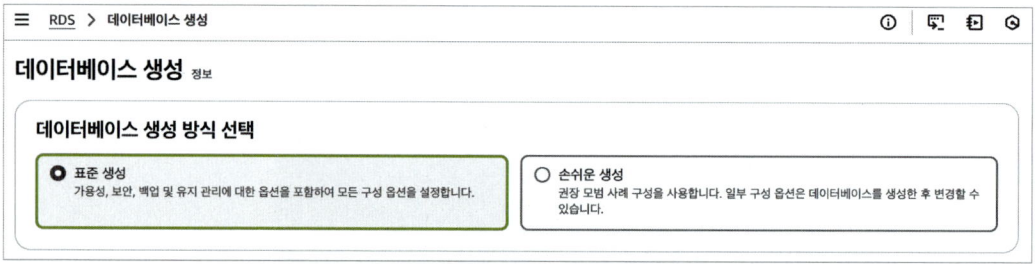

### 4  엔진 옵션 설정하기

RDS로부터 빌려올 데이터베이스 엔진의 유형과 버전을 설정하는 단계입니다. [엔진 유형]으로는 MySQL을 선택합니다.

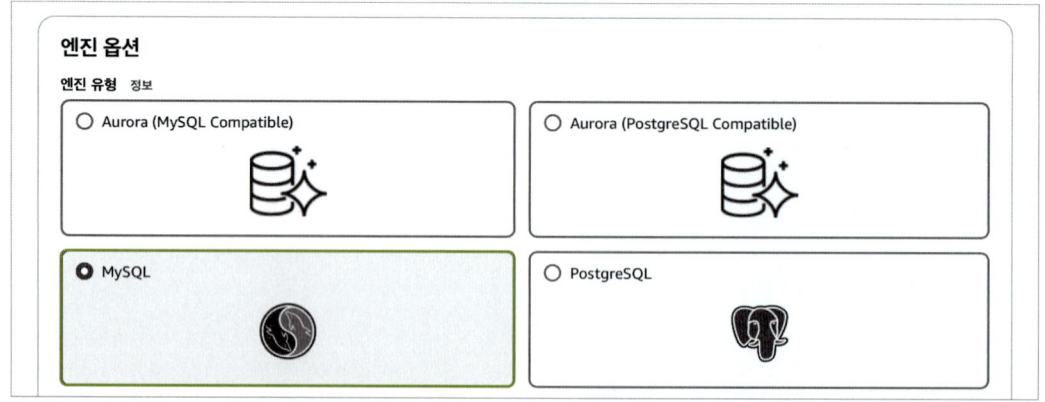

[엔진 버전]을 MySQL 8.0.40으로 선택하고 나머지 옵션은 그대로 둡니다.

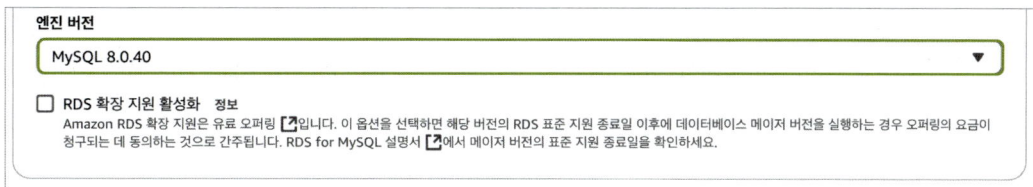

## 5 템플릿 선택하기

무료로 제공되는 범위 내에서 RDS 자원을 사용하기 위해 [템플릿]을 **프리 티어**로 선택합니다. 이 템플릿을 선택하면 [가용성 및 내구성]의 [배포 옵션]에서 여러 가용 영역을 사용하는 옵션이 비활성화되지만, 이는 실무에서 데이터베이스를 안정적으로 운영할 때 사용하는 설정이므로 실습에서는 사용하지 않아도 괜찮습니다.

☁ [가용성 및 내구성]에서는 데이터베이스를 여러 가용 영역에 배치하는 옵션을 선택해서 장애를 방지하고 데이터를 자동으로 복구하도록 구성할 수 있습니다.

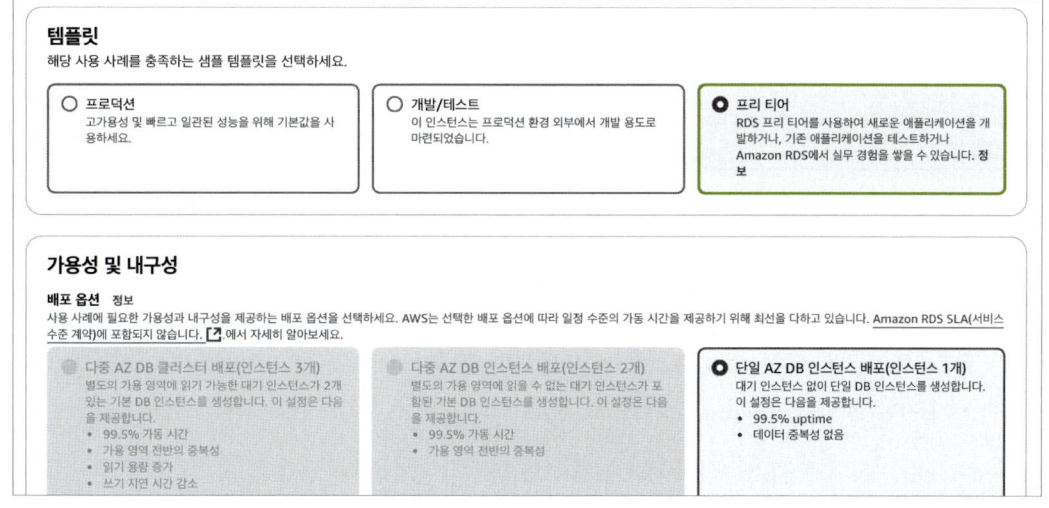

## 6 설정 정보 입력하기

[DB 인스턴스 식별자]는 여러 RDS 인스턴스 중에서 특정 인스턴스를 구별하는 이름입니다. 실습에서는 **dev-instagram-rds**라고 입력했습니다.

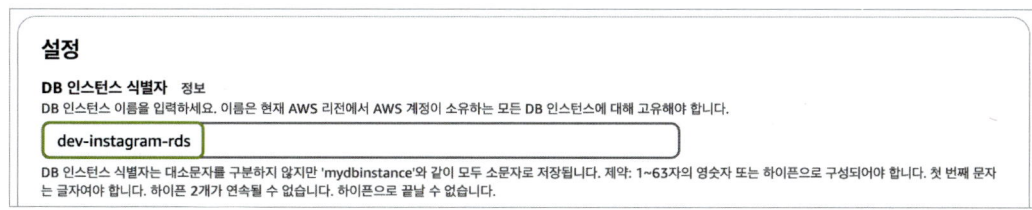

5장 → RDS로 데이터베이스 손쉽게 만들기  **129**

[마스터 사용자 이름]과 [마스터 암호]는 데이터베이스에 접근하기 위한 아이디와 비밀번호입니다. 실습에서는 [마스터 사용자 이름]을 admin, [마스터 암호]를 password라고 입력했습니다.

☁ 마스터 사용자 이름과 암호가 유출되면 데이터베이스가 침해될 수 있으므로 안전한 장소에 보관하고, 예측하기 어려운 값을 사용하기 바랍니다.

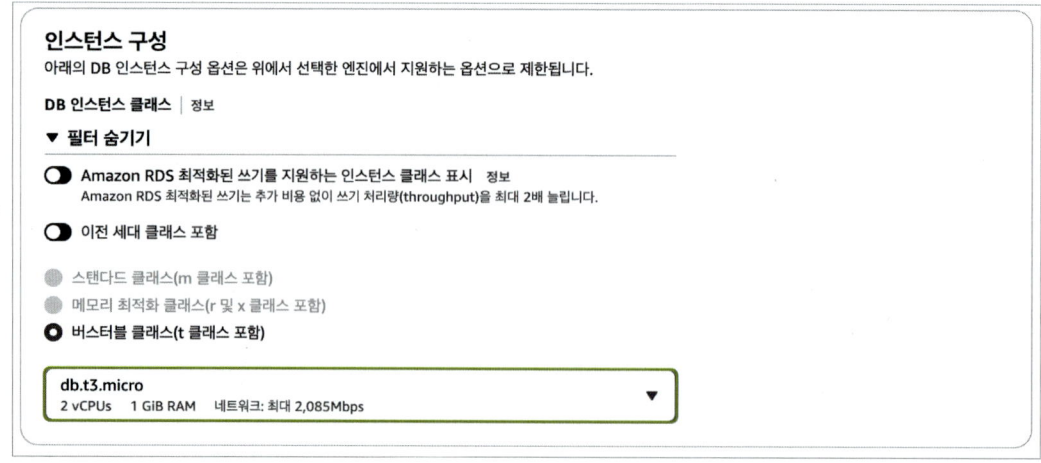

### 7  인스턴스 구성 입력하기

데이터베이스를 실행할 컴퓨터의 성능을 결정하는 [인스턴스 클래스]를 설정합니다. 실습에서는 프리 티어에 해당하는 db.t3.micro를 선택했습니다.

☁ 프리 티어는 실제 서비스에서 활용해도 될 정도로 성능이 괜찮은 편입니다. 서비스 규모가 커져 데이터베이스에 부담이 생기기 전까지는 너무 걱정하지 않아도 됩니다.

## 8 스토리지 설정하기

데이터베이스에서 사용할 스토리지를 설정합니다. [스토리지 유형]은 일반적으로 많이 사용하는 유형인 **범용 SSD(gp2)**를 선택합니다. [할당된 스토리지]는 저장 공간의 크기를 정하는 항목으로, 이번 실습에서는 최솟값인 **20**으로 설정합니다.

## 9 연결 설정하기

> 2024년 2월부터 RDS에서 퍼블릭 액세스를 허용할 경우 시간당 0.005달러가 부과됩니다. RDS 인스턴스를 사용하지 않을 때는 불필요한 비용이 발생하지 않도록 인스턴스를 삭제하는 것이 좋습니다. 인스턴스를 삭제하는 방법은 213쪽을 참고하세요.

데이터베이스의 네트워크를 설정하는 단계입니다. 실습에서는 이 중에서 퍼블릭 액세스와 보안 그룹만 변경합니다.

퍼블릭 액세스란 외부에서 데이터베이스에 접근할 수 있게 만들지 물어보는 옵션입니다. 실습에서는 외부에서 RDS로 접근할 것이므로 [퍼블릭 액세스]를 **예**로 선택합니다.

> 실무에서는 보안성 강화를 위해 [아니요]를 선택하기도 합니다. AWS의 네트워크 서비스를 배우기 전까지는 [예] 옵션을 사용해도 괜찮습니다.

다음으로 데이터베이스에 접근하는 트래픽을 허용하기 위해 보안 그룹을 새로 생성합니다. **새로 생성** 옵션을 선택한 후, [새 VPC 보안 그룹 이름]에 다른 보안 그룹과 구별할 수 있는 이름을 입력합니다. 이번 실습에서는 instagram-rds-security-group이라고 입력했습니다.

> 이 보안 그룹을 그대로 사용하면 EC2에서 RDS에 접근할 수 없습니다. 다음 [Do it! 실습]에서는 이 보안 그룹의 규칙을 수정합니다.

## 10 초기 데이터베이스 이름 설정하기

화면 아래쪽으로 이동하여 [추가 구성]을 확장하고 [초기 데이터베이스 이름]을 설정합니다. 이 이름을 설정하면 RDS 인스턴스가 생성되는 동시에 초기 데이터베이스도 같이 생성됩니다. 5-4절 실습에서 instagram이라는 데이터베이스를 사용할 예정이므로 [초기 데이터베이스 이름]을 instagram이라고 입력합니다.

## 11 데이터베이스 생성하기

화면 아래쪽의 [데이터베이스 생성] 버튼을 클릭해 RDS 인스턴스를 생성합니다.

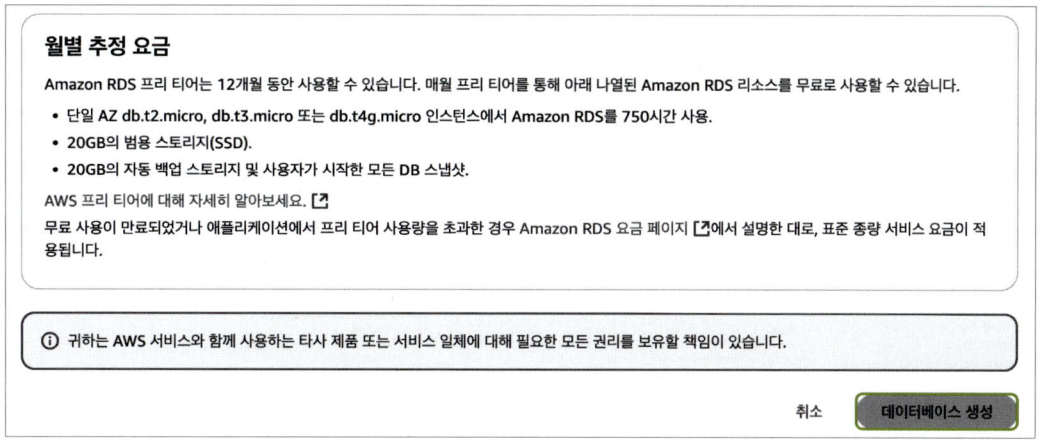

### 12 생성된 데이터베이스 확인하기

데이터베이스가 생성되려면 5~10분 소요됩니다. RDS 콘솔의 데이터베이스 목록에서 인스턴스의 상태가 [사용 가능]으로 표시되면 생성이 완료된 것입니다. 이 데이터베이스의 [DB 식별자]를 클릭하면 데이터베이스 상세 화면으로 이동할 수 있습니다

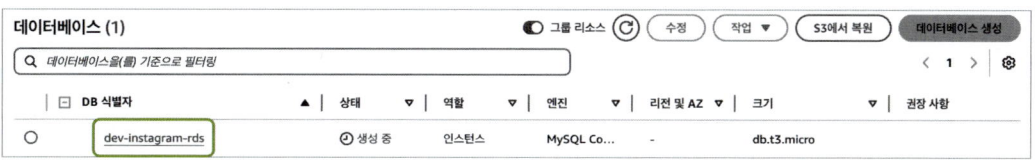

## Do it! 실습 RDS 보안 그룹 수정하기

데이터베이스와 함께 만들어진 보안 그룹의 규칙을 수정하여 백엔드 서버에서 접근할 수 있도록 설정해 봅시다.

### 1 RDS 보안 그룹 확인하기

데이터베이스 상세 화면에서 [연결 및 보안] 탭 아래에 있는 [VPC 보안 그룹]을 확인합니다. 이 보안 그룹을 클릭하여 보안 그룹 목록으로 이동합니다.

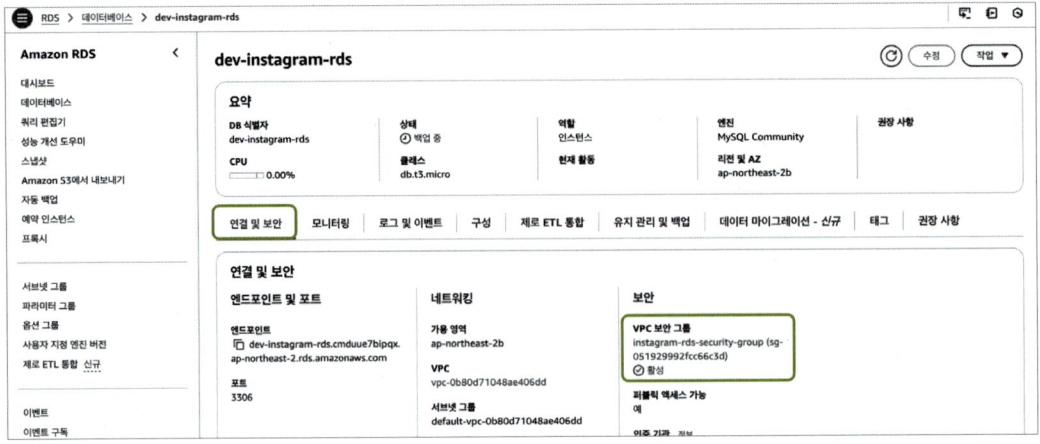

### 2  인바운드 규칙 편집 화면 들어가기

보안 그룹을 선택해 체크하고 오른쪽 위에 있는 [작업] 메뉴에서 [인바운드 규칙 편집]을 클릭합니다.

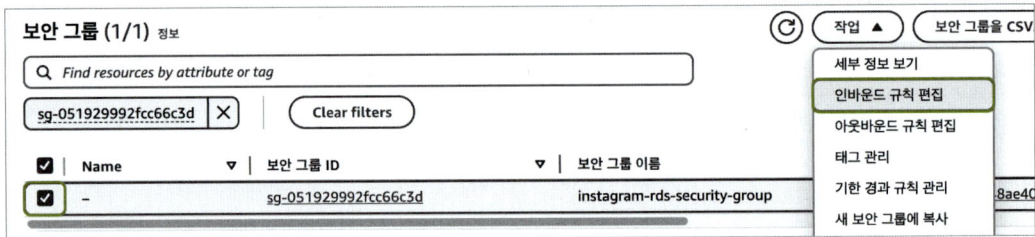

### 3  인바운드 규칙 수정하기

[소스]를 Anywhere-IPv4로 설정합니다. 오른쪽 아래에서 [규칙 저장]을 클릭하여 변경 사항을 저장합니다. 이렇게 설정하면 관리자와 백엔드 서버가 MySQL의 기본 포트인 3306번 포트를 사용하여 데이터베이스에 접근할 수 있습니다.

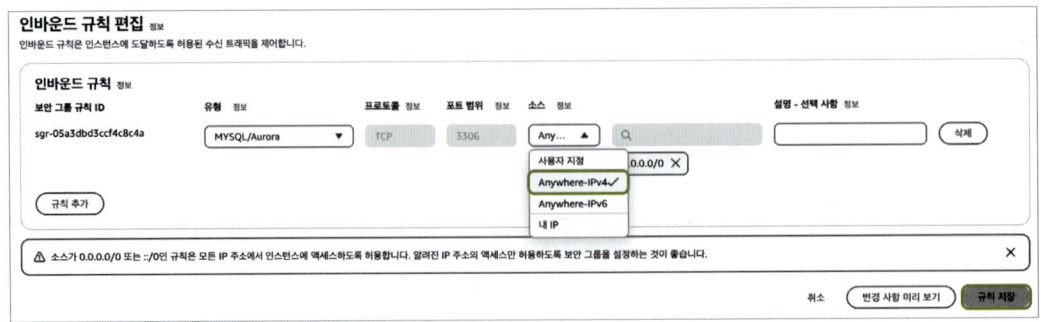

## Do it! 실습  RDS 인스턴스 접속하기

데이터베이스 관리 툴인 디비버$^{DBeaver}$를 활용해서 RDS 인스턴스에 접속해 봅시다. 디비버는 공식 웹 사이트(https://dbeaver.io/)에서 설치 파일을 내려받아서 사용할 수 있습니다.

☁ 디비버 외에도 다른 데이터베이스 관리 툴인 MySQL 워크벤치(Workbench)나 데이터그립(DataGrip)을 써도 괜찮습니다.

### 1  RDS 인스턴스 주소 복사하기

앞에서 생성한 RDS의 인스턴스에 접속하려면 엔드포인트와 포트를 알고 있어야 합니다. 여기서 엔드포인트란 데이터베이스가 실행되는 컴퓨터의 주소를 뜻하며 도메인 주소로 구성되어 있습니다. RDS 인스턴스에 접속하기 위해 이 [엔드포인트] 주소를 복사합니다. 그리고 RDS 인스턴스에 설정되어 있는 [포트]도 같이 기억해 둡니다.

### 2  디비버로 데이터베이스에 접속하기

디비버를 실행하여 왼쪽 위에 있는 새 데이터베이스 연결 버튼(🐾)을 클릭합니다.

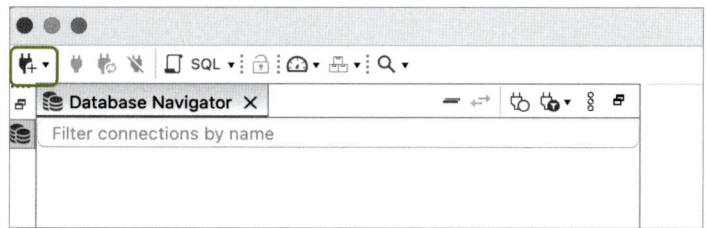

### 3  데이터베이스 유형 선택하기

데이터베이스 목록에서 [MySQL]을 선택한 뒤 [다음(N)] 버튼을 클릭합니다.

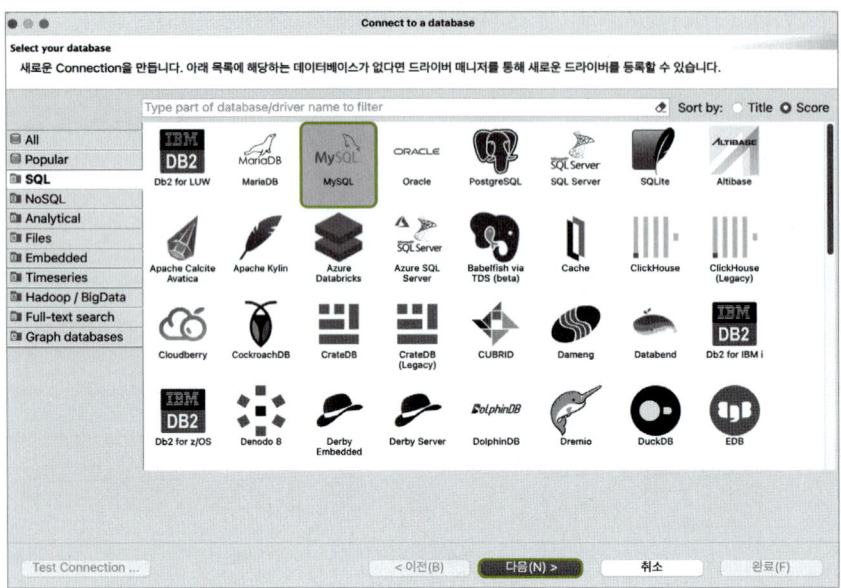

### 4  연결 정보 입력하기

[Connection Settings] 창이 표시되면 [Server Host]에는 앞에서 복사한 **RDS 인스턴스의 엔드포인트**를 붙여 넣습니다. 그리고 [Username]과 [Password]에는 RDS 인스턴스를 생성할 때 설정한 **마스터 사용자 이름**과 **마스터 암호**를 입력합니다. 그리고 [Port]도 **3306**으로 입력되어 있는지 확인합니다.

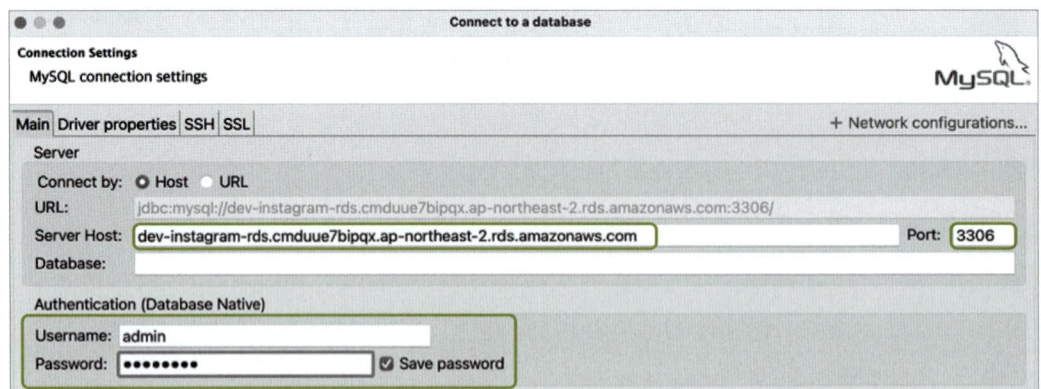

## 5  연결 확인하기

[Connection Settings] 창의 왼쪽 아래에서 [Test Connection...] 버튼을 클릭합니다.

☁ 윈도우를 사용하는 경우 이 단계에서 드라이버를 설치할 수도 있습니다. 필요한 드라이버를 설치하고 이어서 진행하면 됩니다.

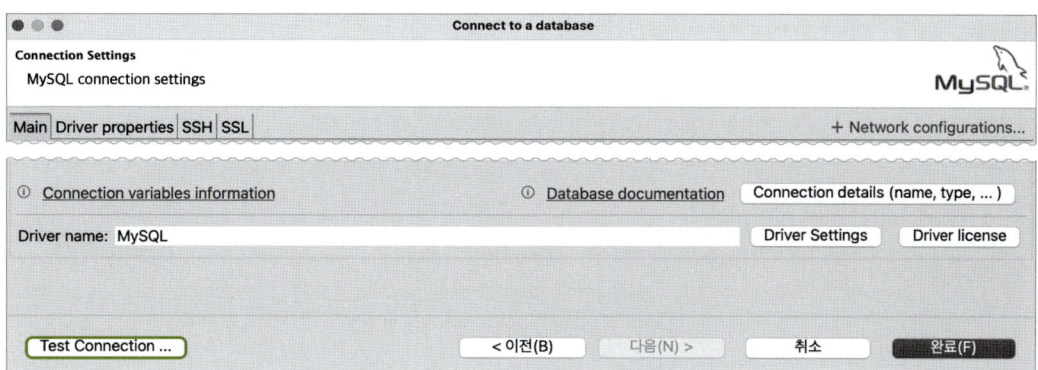

정상으로 연결됐다면 다음과 같이 Connected라는 팝업 창이 표시됩니다. 만약 다음과 같은 팝업 창이 표시되지 않는다면 이전 단계에서 [Server Host], [Username], [Password], [Port]의 값을 올바르게 입력했는지 확인합니다. 만약 값을 올바르게 입력했는데도 이 창이 표시되지 않는다면 RDS 인스턴스 보안 그룹의 인바운드 규칙에서 3306번 포트를 허용하고 있는지 확인하기 바랍니다.

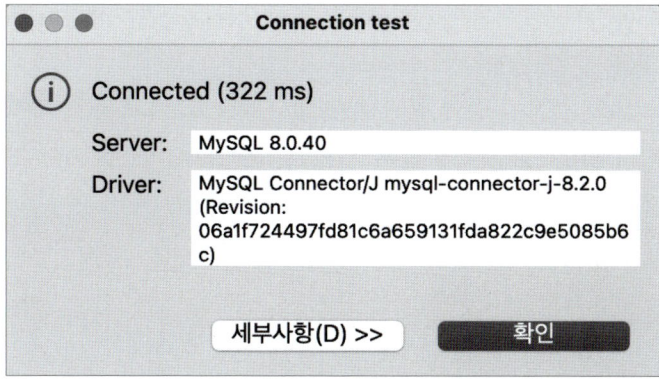

6  데이터베이스 연결 추가하기

Test Connection을 통해 정상으로 연결된 것을 확인했다면 [Connection Settings] 창의 오른쪽 아래에서 [완료(F)] 버튼을 클릭합니다.

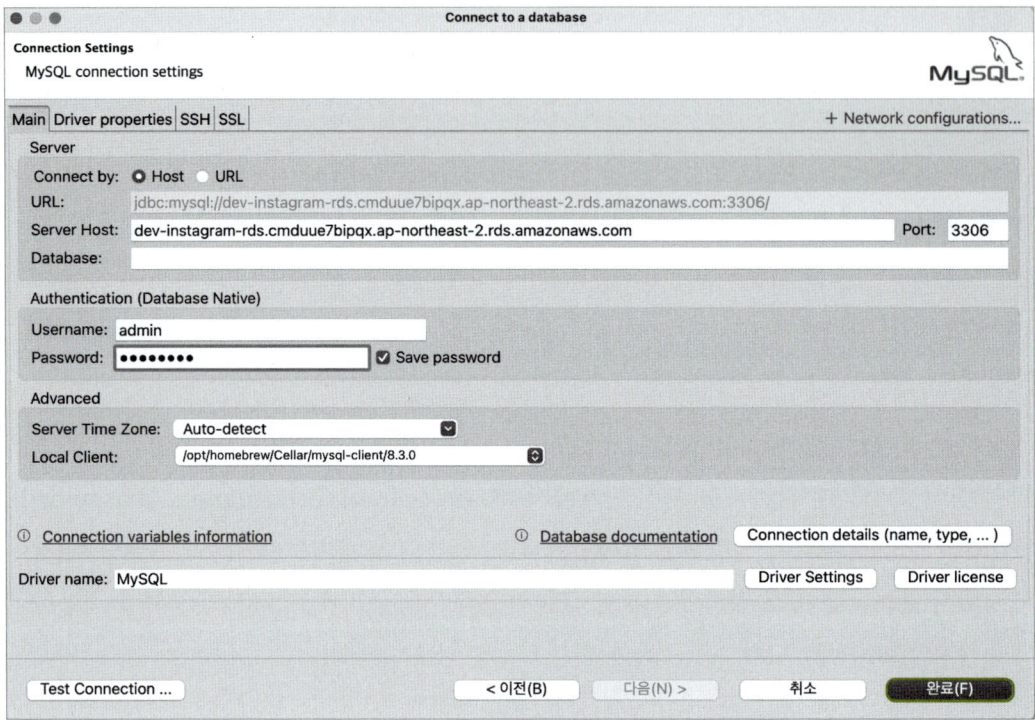

화면 왼쪽에 방금 연결한 Connection이 추가된 것을 확인할 수 있습니다. 그리고 초기 데이터베이스로 설정한 instagram 데이터베이스도 생성되었습니다. 즉, 데이터베이스에 성공적으로 연결한 것입니다.

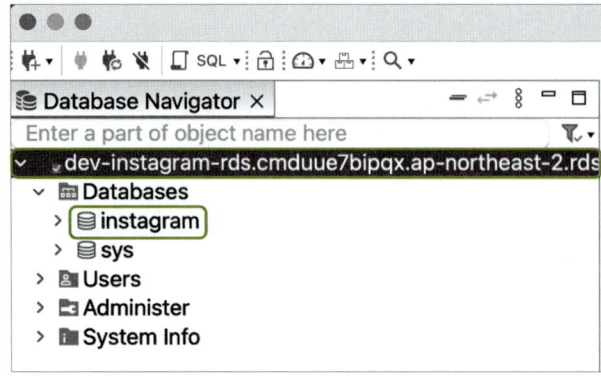

## 5-3 파라미터 그룹 설정하기

데이터베이스를 사용하다 보면 상황에 맞게 설정을 조정하고 싶을 때가 있습니다. 예를 들면 데이터베이스에 저장되는 날짜 데이터를 우리나라 시간을 기준으로 저장해야 하거나, 인코딩 방식을 UTF-8로 적용하고 싶은 경우가 있습니다. RDS에서는 파라미터 그룹을 사용해서 데이터베이스의 설정을 수정할 수 있습니다. 지금부터 실무에서 RDS의 MySQL을 사용할 때 많이 적용하는 파라미터를 같이 설정해 보겠습니다.

☁ 인코딩이란 사용자가 입력한 문자를 컴퓨터가 이해하기 쉬운 값으로 바꾸는 것을 말합니다. 인코딩 방식을 잘못 설정하면 데이터가 손상될 수 있습니다.

### Do it! 실습 파라미터 그룹 생성 및 설정하기

#### 1 파라미터 그룹 생성하기

RDS 콘솔의 왼쪽 메뉴에서 [파라미터 그룹]을 선택해 파라미터 그룹 관리 화면으로 들어갑니다. 화면 오른쪽 위에 있는 [파라미터 그룹 생성] 버튼을 클릭합니다.

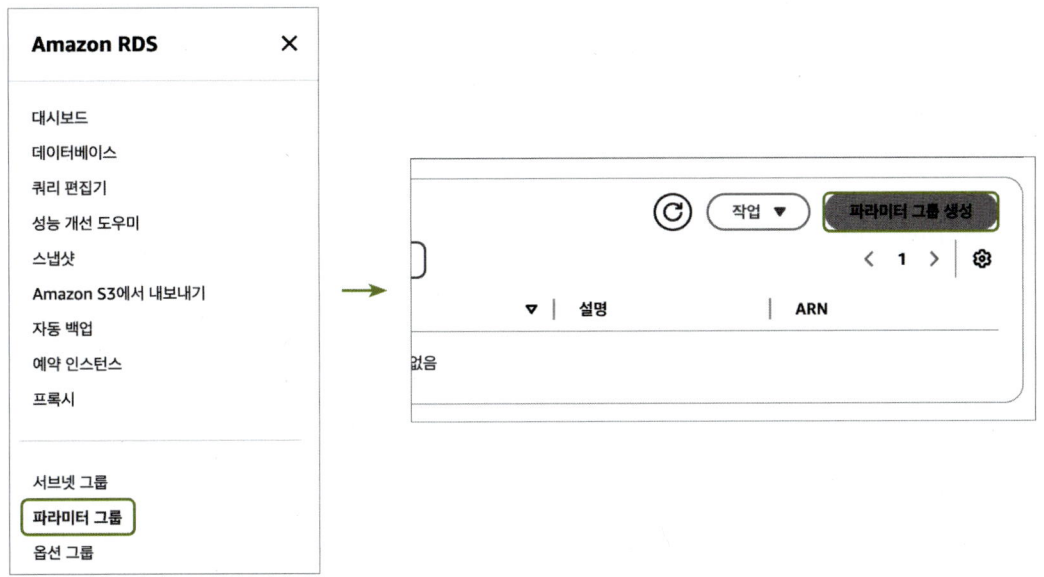

2 파라미터 그룹 세부 정보 입력하기

다른 파라미터 그룹과 식별할 수 있도록 [파라미터 그룹 이름]과 [설명]을 입력합니다. 이번 실습에서는 instagram-rds-parameter-group이라고 입력했습니다. 데이터베이스를 생성할 때 엔진을 MySQL 8.0.40으로 선택했으므로 [엔진 유형]을 MySQL Community로, [파라미터 그룹 패밀리]를 mysql8.0으로 선택합니다. [유형]은 DB Parameter Group을 선택합니다. 선택을 모두 완료했다면 [생성] 버튼을 클릭합니다.

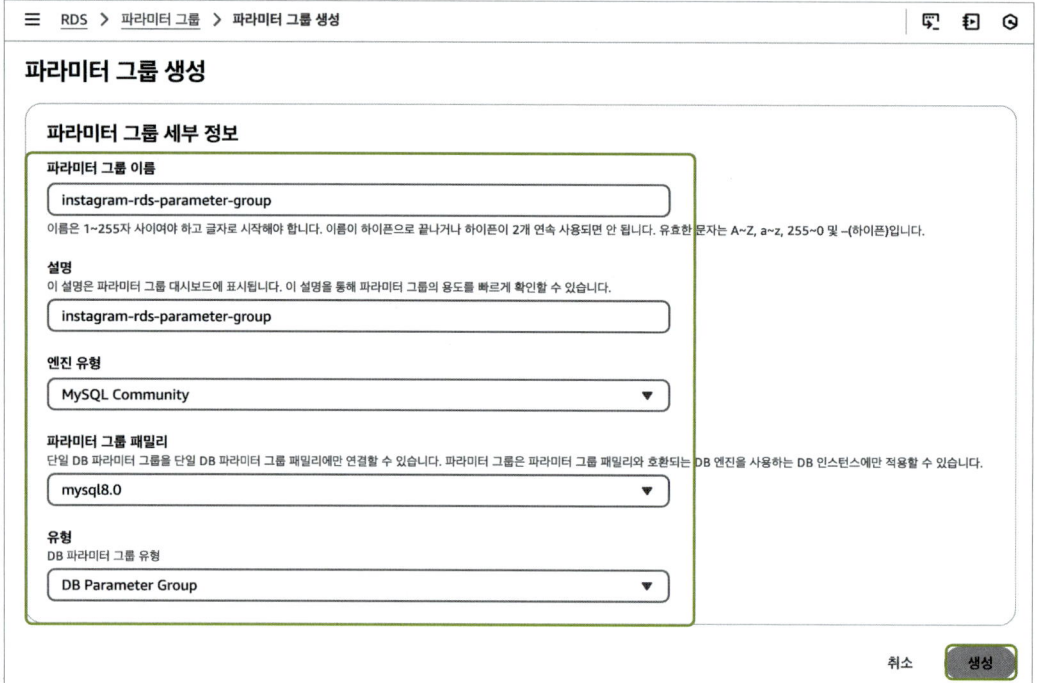

3 파라미터 그룹 수정하기

생성된 파라미터 그룹의 [이름]을 클릭해서 상세 화면으로 들어갑니다.

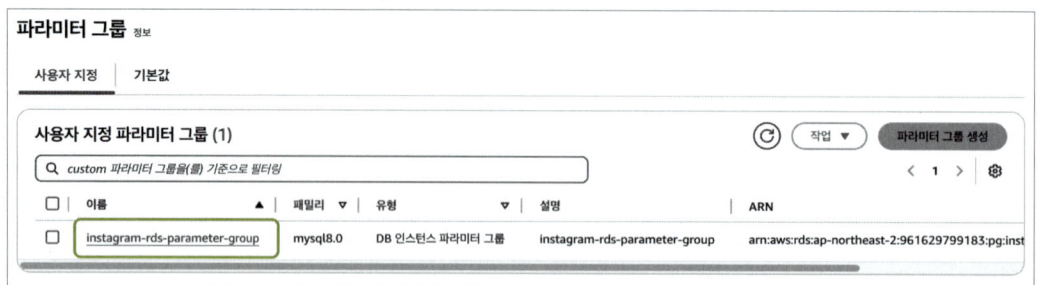

다음과 같이 MySQL 8 버전의 데이터베이스 설정값을 확인할 수 있는 화면이 표시됩니다. 이 중 일부 설정값을 수정하기 위해 오른쪽 위에 있는 [편집] 버튼을 클릭합니다.

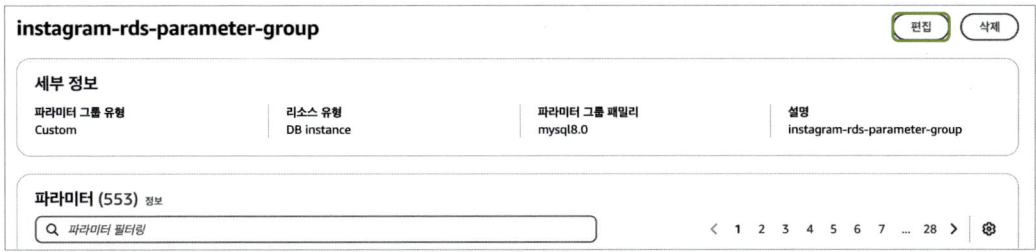

### 4  인코딩 방식 변경하기

데이터베이스에 데이터를 저장할 때 사용할 인코딩 방식을 설정해 보겠습니다. 실무에서는 한글을 포함한 여러 문자를 저장하고 싶은 경우에 utf8mb4라는 인코딩 방식을 활용합니다. 예전에는 한글을 지원하는 utf8이라는 인코딩 방식을 활용했는데, 최근에는 한글뿐 아니라 😀💪🍌와 같은 이모티콘도 같이 지원하는 utf8mb4를 많이 사용하는 편입니다. 앞에서 생성한 RDS 인스턴스에도 이 방식을 적용하겠습니다.

[수정 가능한 파라미터]의 검색 창에 character_set을 입력해 검색합니다.

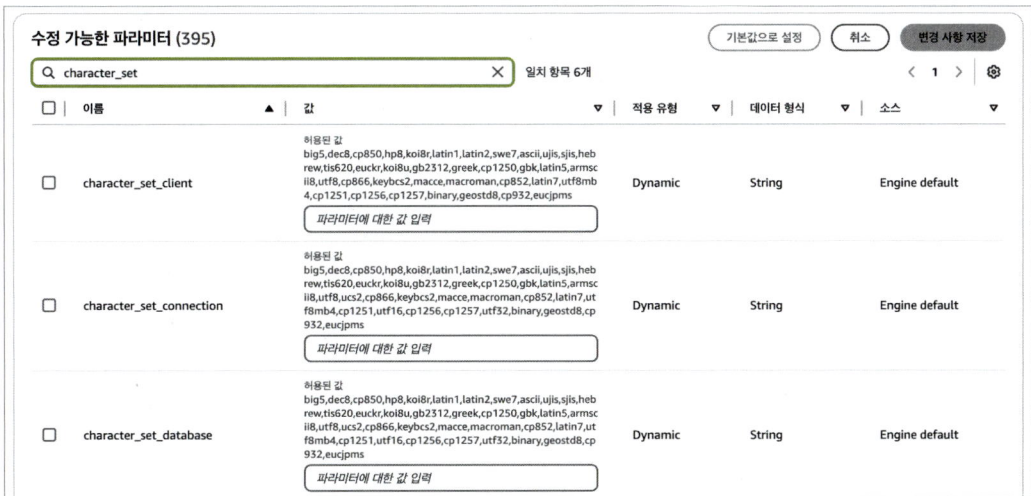

총 6가지의 속성이 조회됩니다.

```
character_set_client
character_set_connection
character_set_database
characater_set_filesystem
characater_set_results
character_set_server
```

이 6가지 속성의 [값]에 전부 utf8mb4라고 입력합니다.

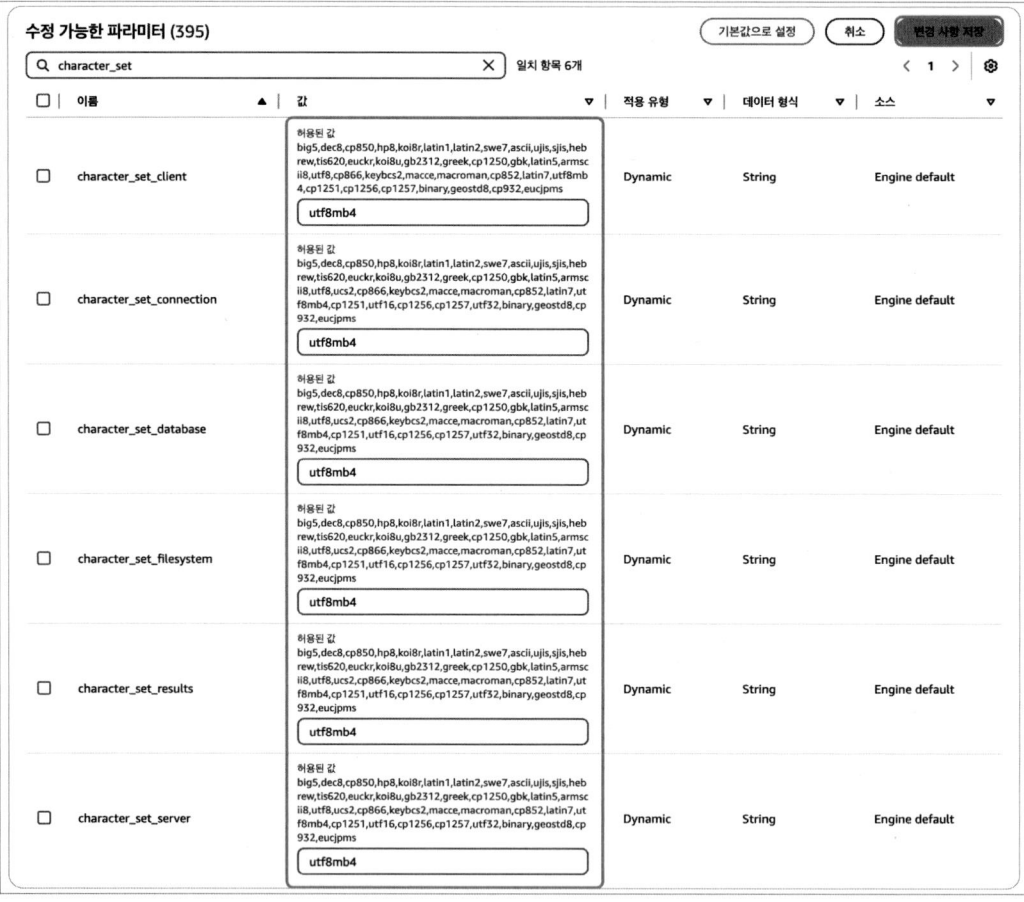

이번에는 [수정 가능한 파라미터] 검색 창에 **collation**을 입력해 검색합니다.

다음처럼 2가지 속성이 조회됩니다.

```
collation_connection
collation_server
```

이 2가지 속성의 [값]에 **utf8mb4_unicode_ci**라고 입력합니다.

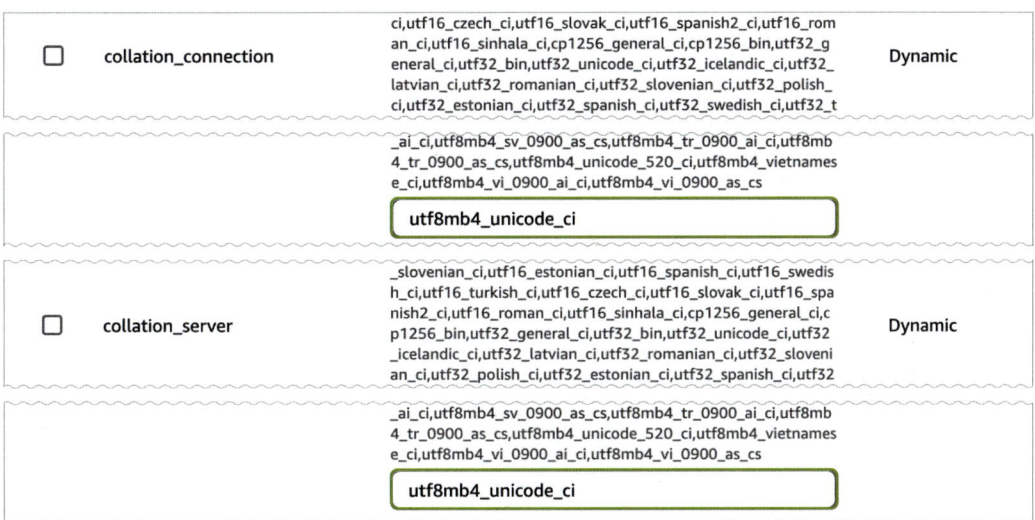

[변경 사항 저장] 버튼을 클릭해서 수정 사항을 저장합니다.

## 5 날짜 데이터 기준을 한국 시간으로 변경하기

파라미터를 수정해서 날짜 데이터가 한국 시간을 기준으로 저장되고 조회될 수 있도록 설정하겠습니다. 파라미터 그룹에서 [편집] 버튼을 다시 클릭합니다.

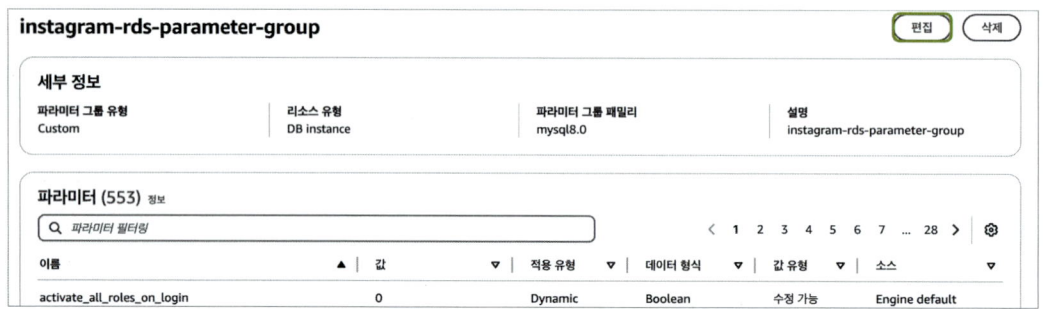

검색 창에 time_zone을 입력해 검색하면 속성 1개가 조회됩니다.

```
time_zone
```

이 속성의 [값]에 Asia/Seoul이라고 입력합니다. [변경 사항 저장] 버튼을 눌러 수정 사항을 저장합니다.

다음처럼 알림 창이 표시되면 파라미터 그룹 수정이 완료되었다는 의미입니다.

파라미터 그룹은 성공적으로 수정했지만, 이 파라미터 그룹을 이전에 생성한 RDS 인스턴스에 적용하지는 않은 상태입니다. 그럼 RDS 인스턴스에 파라미터 그룹을 적용해 볼까요?

### 6 RDS의 파라미터 그룹 변경하기

RDS 콘솔의 [데이터베이스] 메뉴에서 이전에 생성한 RDS 인스턴스를 선택한 뒤에 [수정] 버튼을 클릭합니다.

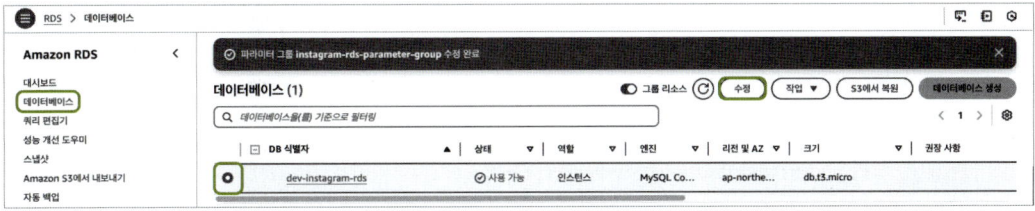

인스턴스 수정 화면의 [추가 구성]에서 [DB 파라미터 그룹]을 이전에 만들었던 파라미터 그룹으로 설정하고, 스크롤을 맨 아래로 내려서 [계속] 버튼을 클릭합니다.

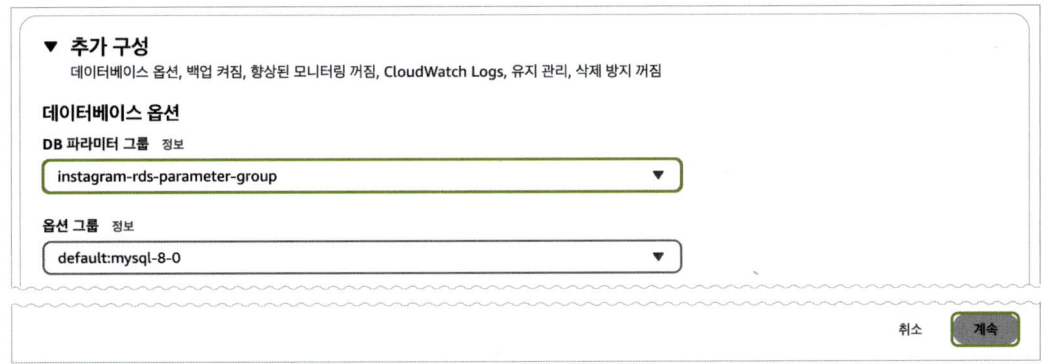

5장 → RDS로 데이터베이스 손쉽게 만들기  **145**

[수정 예약]에서 **즉시 적용**을 선택하고 [DB 인스턴스 수정] 버튼을 클릭합니다.

☁️ [예약된 다음 유지 관리 기간 적용]을 선택하면 설정을 원하는 시간에 적용되도록 조정할 수 있습니다. 실무에서는 서비스 운영에 미치는 영향을 줄일 수 있도록 이 옵션을 선택하기도 합니다.

RDS 인스턴스의 상태가 [수정 중]으로 표시되어 있을 것입니다. 이 상태가 [사용 가능]으로 변경될 때까지 기다립니다.

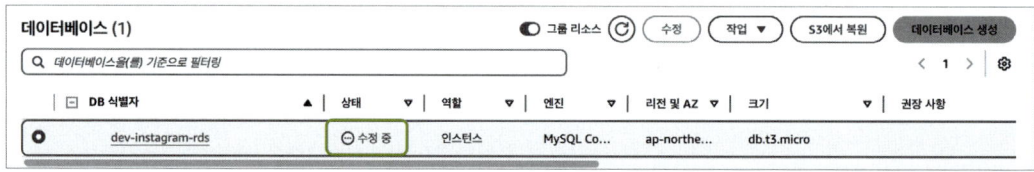

### 7 RDS 인스턴스 재부팅하기

다음 그림과 같이 RDS 인스턴스의 상태가 [수정 중]에서 [사용 가능]으로 변경되었다면 인스턴스를 선택한 후 [작업] 메뉴에서 [재부팅]을 클릭합니다. DB 파라미터 그룹은 RDS 인스턴스를 재부팅해야만 적용되므로 이 과정을 반드시 진행해 주세요.

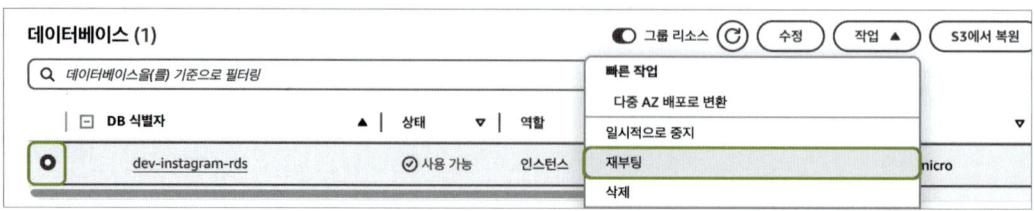

## 8  적용된 파라미터 그룹 확인하기

재부팅이 완료되어 RDS 인스턴스의 상태가 [재부팅 중]에서 [사용 가능]으로 변경되었다면, 데이터베이스의 [DB 식별자]를 클릭합니다.

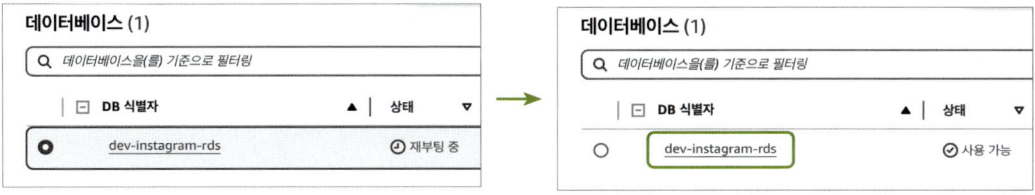

데이터베이스 상세 화면에서 [구성] 탭을 클릭한 뒤 [DB 인스턴스 파라미터 그룹] 항목에서 적용된 파라미터 그룹을 확인할 수 있습니다.

## 5-4 백엔드 서버에 RDS 연결하기

백엔드 애플리케이션이 데이터를 저장하고 처리하려면 데이터베이스와 연결해야 합니다. 이번 절에서는 백엔드 서버와 RDS를 연결하는 방법을 알아보겠습니다.

☁ 익스프레스 서버를 사용할 경우 150쪽으로 이동하여 실습을 진행하세요.

### Do it! 실습  RDS를 활용하는 스프링 부트 서버 배포하기

스프링 부트 서버에서 RDS를 활용할 수 있도록 설정을 변경하고 배포해 봅시다.

**1  스프링 부트 프로젝트 내려받기**

데이터베이스를 활용하는 스프링 부트 프로젝트를 깃허브에서 가져옵니다. EC2 인스턴스에서 다음 명령어를 실행하면 필자가 만들어 둔 예제 프로젝트를 사용할 수 있습니다.

> 터미널

```
$ git clone https://github.com/JSCODE-BOOK/aws-rds-springboot.git
```

**2  application.yml 파일 수정하기**

데이터베이스와 연결하려면 application.yml 파일에 데이터베이스 정보를 입력해야 합니다. 다음 명령어를 실행하여 application.yml 파일을 엽니다.

> 터미널

```
$ cd aws-rds-springboot/src/main/resources
$ vi application.yml
```

다음과 같이 밑줄로 표시한 부분에 RDS 인스턴스 정보를 입력합니다.

```yaml
# application.yml
server:
  port: 80
spring:
  datasource:
    url: jdbc:mysql://_____:3306/instagram  # RDS 인스턴스 엔드포인트
    username: _____                              # RDS 마스터 사용자 이름
    password: _____                              # RDS 마스터 암호
    driver-class-name: com.mysql.cj.jdbc.Driver
  jpa:
    hibernate:
      ddl-auto: update
    show-sql: true
```

예제에서는 다음과 같이 수정했습니다.

```yaml
# application.yml
server:
  port: 80
spring:
  datasource:
    url: jdbc:mysql://dev-instagram-rds.cmduue7bipqx.ap-northeast-2.rds.amazonaws.com:3306/instagram
    username: admin
    password: password
    driver-class-name: com.mysql.cj.jdbc.Driver
  jpa:
    hibernate:
      ddl-auto: update
    show-sql: true
```

> 실습에서는 편의를 위해 application.yml 파일을 리포지토리에 업로드했습니다. 만약 자신의 스프링 부트 프로젝트를 퍼블릭 깃허브 리포지토리에 업로드한다면 .gitignore를 활용하여 application.yml 파일을 제외해야 합니다.

### 3 스프링 부트 서버 실행하기

프로젝트를 내려받은 경로에서 다음 명령어를 입력하여 백엔드 서버를 실행하고, 정상으로 실행되는지 확인합니다.

> **T** 터미널

```
$ sudo lsof -i:80      # 80번 포트에서 실행되는 프로세스 확인
$ sudo kill {PID 값}   # 80번 포트에서 실행되는 프로세스가 있다면 종료
$ cd ~/aws-rds-springboot
$ ./gradlew clean build -x test # 스프링 부트 프로젝트 빌드
$ cd build/libs
$ sudo nohup java -jar aws-rds-springboot-0.0.1-SNAPSHOT.jar & # JAR 파일 실행
$ sudo lsof -i:80      # 80번 포트에서 실행되는 프로세스 조회
```

```
ubuntu@ip-172-31-7-171:~/aws-rds-springboot/build/libs$ sudo lsof -i:80
COMMAND   PID  USER   FD    TYPE DEVICE SIZE/OFF NODE NAME
java     1440  root   19u   IPv6   9027      0t0  TCP *:http (LISTEN)
```

☁ 인스턴스 사양이 낮으면 애플리케이션 빌드 과정에서 EC2 인스턴스가 멈출 수 있습니다. 이 경우 66쪽을 참고하여 인스턴스 사양을 변경한 후 다시 진행해 보세요.

### 4 스프링 부트 서버로 요청 보내기

다음과 같이 웹 브라우저를 사용해 ELB에 연결해 둔 도메인 주소로 요청을 보내서 백엔드 서버가 정상으로 응답하는지 확인해 보겠습니다. 이번에 내려받은 프로젝트에는 데이터베이스에 게시글 데이터를 저장한 뒤에 데이터를 불러오는 로직의 GET /boards API를 추가해 두었습니다. 그러므로 다음과 같은 형태로 응답이 반환된다면 스프링 부트 서버가 RDS 인스턴스와 정상으로 연결된 것입니다.

```
← → C  ⊙ api.jscode-edu.com/boards
pretty print 적용 ☐
[{"id":1,"title":"게시글 제목","content":"게시글 내용"}]
```

### Do it! 실습  RDS를 활용하는 익스프레스 서버 배포하기

익스프레스 서버에서 RDS를 활용할 수 있도록 설정을 변경하고 배포해 봅시다.

### 1 익스프레스 프로젝트 내려받기

데이터베이스를 활용하는 익스프레스 프로젝트를 깃허브에서 가져옵니다. EC2 인스턴스에서 다음 명령어를 실행하면 필자가 만들어 둔 예제 프로젝트를 사용할 수 있습니다.

> **터미널**
>
> ```
> $ git clone https://github.com/JSCODE-BOOK/aws-rds-express.git
> ```

### 2 .env 파일 수정하기

.env 파일은 익스프레스를 실행할 때 필요한 환경 변수를 저장합니다. 데이터베이스와 연결하려면 이 파일에 데이터베이스 정보를 입력해야 합니다. 다음 명령어를 실행하여 .env 파일을 엽니다.

> **터미널**
>
> ```
> $ cd aws-rds-express
> $ vi .env
> ```

수정해야 하는 부분은 다음과 같이 밑줄로 표시되어 있습니다. 앞에서 생성한 RDS 인스턴스의 정보에 맞게 파일을 수정합니다.

📄 .env
```
DATABASE_NAME=instagram
DATABASE_USERNAME=_____    # RDS 마스터 사용자 이름
DATABASE_PASSWORD=_____    # RDS 마스터 암호
DATABASE_HOST=_____    # RDS 인스턴스 엔드포인트
```

예제에서는 다음과 같이 수정했습니다.

📄 .env
```
DATABASE_NAME=instagram
DATABASE_USERNAME=admin
DATABASE_PASSWORD=password
DATABASE_HOST=dev-instagram-rds.cmduue7bipqx.ap-northeast-2.rds.amazonaws.com
```

💬 실습에서는 편의를 위해 .env 파일을 리포지토리에 업로드했습니다. 만약 자신의 익스프레스 프로젝트를 퍼블릭 깃허브 리포지토리에 업로드한다면 .gitignore를 활용하여 .env 파일을 제외해야 합니다.

### 3 익스프레스 서버 실행하기

프로젝트를 내려받은 경로에서 다음 명령어를 입력하여 백엔드 서버를 실행해 정상으로 실행되는지 확인합니다.

> **터미널**
>
> ```
> $ sudo lsof -i:80      # 80번 포트에서 실행되는 프로세스 확인
> $ sudo kill {PID 값}   # 80번 포트에서 실행되는 프로세스가 있다면 종료
> $ npm i
> $ sudo pm2 start app.js
> $ sudo pm2 list        # 익스프레스 서버의 실행 여부 확인
> ```

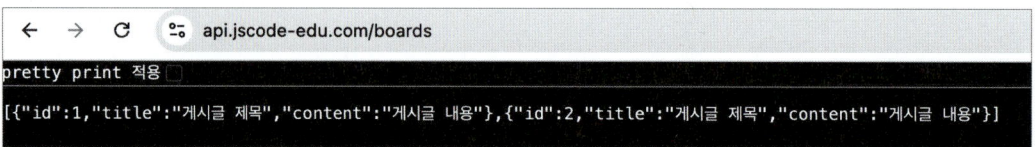

### 4 익스프레스 서버로 요청 보내기

다음과 같이 웹 브라우저를 사용해 ELB에 연결한 도메인 주소로 요청을 보내서 백엔드 서버가 정상으로 응답하는지 확인해 보겠습니다. 이번에 내려받은 프로젝트에는 데이터베이스에 게시글 데이터를 저장한 뒤에 데이터를 불러오는 로직의 GET /boards API를 추가해 두었습니다. 그러므로 다음과 같은 형태로 응답이 반환된다면 익스프레스 서버가 RDS 인스턴스와 정상으로 연결된 것입니다.

```
← → C   api.jscode-edu.com/boards
pretty print 적용
[{"id":1,"title":"게시글 제목","content":"게시글 내용"},{"id":2,"title":"게시글 제목","content":"게시글 내용"}]
```

## 5장 되새김 문제

**1** EC2 인스턴스에 관계형 데이터베이스를 직접 설치하지 않고 RDS를 사용할 때 장점은 무엇입니까?
   A. AWS RDS가 더 저렴함
   B. 몽고DB(MongoDB)와 같은 비관계형 데이터베이스 엔진도 지원함
   C. 패치 관리, 백업 등의 데이터베이스 관리 작업을 자동으로 처리할 수 있음
   D. EC2에 직접 설치한 경우보다 성능 최적화가 어렵고 유연성이 낮음

**2** RDS에서 파라미터 그룹이 필요한 이유는 무엇입니까?
   A. 데이터베이스의 성능을 자동으로 향상하기 위해
   B. 데이터베이스 설정을 사용자의 요구 사항에 맞게 조정하기 위해
   C. 데이터베이스에 저장된 데이터를 자동으로 백업하기 위해
   D. 보안 규칙을 강화하기 위해

**3** RDS에서 스토리지가 필요한 이유는 무엇입니까?
   A. 네트워크 속도를 향상하기 위해
   B. 데이터베이스에 데이터를 저장하기 위해
   C. 사용자 인터페이스를 개선하기 위해
   D. 데이터베이스 소프트웨어를 설치하기 위해

**4** RDS 인스턴스에 사용할 수 있는 엔진 유형으로 올바르지 않은 것은 무엇입니까?
   A. MySQL
   B. PostgreSQL
   C. MariaDB
   D. 몽고DB

정답 1. C 2. B 3. B 4. D

# S3로 이미지 저장소 만들기

웹 서비스에서 파일이나 이미지를 저장하는 기능은 매우 중요합니다. S3는 웹 서비스에서 사용하는 파일을 안전하고 효율적으로 저장할 수 있는 서비스입니다. 이번 장에서는 S3를 사용해서 파일을 업로드하고 내려받는 과정을 살펴보고, 이를 활용해 파일 업로드 기능을 구축하는 방법을 알아보겠습니다.

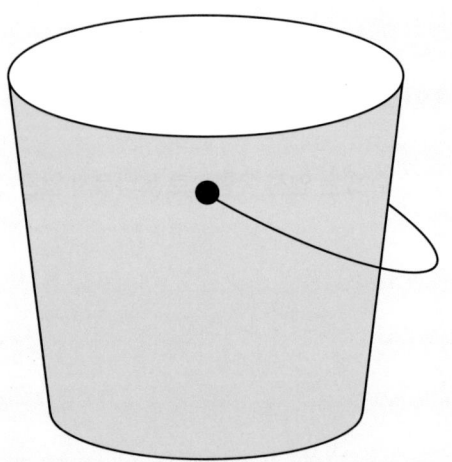

6-1 필수 개념과 함께 S3 이해하기
6-2 이미지 저장용 S3 버킷 생성하기
6-3 버킷 사용을 위한 정책 설정하기
6-4 IAM으로 S3 사용 권한 준비하기
6-5 백엔드 서버에서 S3 활용하기

## 6-1 필수 개념과 함께 S3 이해하기

백엔드 서버에서 이미지나 문서 같은 파일을 저장하고 관리하려면 안정적인 저장소가 필요합니다. AWS에서는 이러한 파일 저장소로 S3를 많이 활용합니다. 이번 절에서는 S3를 배우기 전에 꼭 알아야 할 기본 개념을 정리해 보겠습니다.

### S3

S3를 한 줄로 요약하면 파일 저장 서비스라고 할 수 있습니다. 일상생활에서 스마트폰으로 찍은 사진이나 동영상을 구글 드라이브나 아이클라우드에 저장하곤 합니다. S3는 이러한 클라우드 저장소와 비슷한 서비스라고 생각하면 됩니다. S3에서는 파일 저장소와 파일을 가리키는 용어가 있습니다. 이 용어는 S3를 생성하고 활용하면서 많이 쓰는 단어이니 기억해 둡시다.

#### 버킷

구글 드라이브에서 공유 드라이브를 여러 개 만들 수 있는 것처럼 S3에서도 저장소를 여러 개 만들 수 있습니다. S3에서는 이렇게 만들어진 저장소를 버킷 bucket 이라고 합니다.

#### 객체

S3에서는 버킷에 업로드한 파일을 객체 object 라고 합니다. 객체는 키-값으로 이루어지는데, 여기서 키는 객체에 할당한 이름을, 값은 업로드한 콘텐츠 자체를 의미합니다. 객체의 값은 바이트 형태로 저장됩니다.

### S3를 사용하는 이유

백엔드 서버를 개발하다 보면 파일을 저장하고 관리하는 상황이 자주 발생합니다. 대표적으로 이미지 업로드 기능을 예로 들 수 있습니다. 업로드된 이미지 파일은 백엔드 서버가 실행되는 EC2 인스턴스 내부에 저장할 수도 있지만, 서비스를 운영하는 과정에서 파일 개수가 많아지면 관리가 어려울 수 있습니다. 파일을 저장할 공간이 한정되어 있고, 인스턴스에 이상이 생기는 경우 데이터가 손실될 위험도 있기 때문입니다.

S3는 파일 용량에 제한이 없고 사용자의 필요에 따라 자동으로 확장됩니다. 또한 데이터를 여러 물리적 위치에 분산하여 저장하기 때문에 데이터가 손실될 확률이 0.000000001%로 아주 희박합니다. 이러한 이유로 S3는 실무에서도 많이 활용합니다.

## 이미지 파일 업로드 과정

S3에 이미지 파일을 업로드하는 과정을 살펴봅시다. ❶ 먼저 사용자가 이미지를 업로드하려면 이미지 파일을 EC2 인스턴스에서 실행되는 백엔드 서버로 전달해야 합니다. 즉, 백엔드 서버에 구현해 놓은 이미지 업로드 API에 요청을 보냅니다. ❷ 백엔드 서버는 이미지 파일을 전달받아 S3에 업로드합니다. ❸ S3는 이미지가 저장된 URL 주소를 반환합니다. ❹ 백엔드 서버는 이미지가 저장된 URL 주소를 데이터베이스에 저장합니다.

🌥 이미지가 아닌 다른 종류 파일을 업로드할 때도 같은 과정을 거칩니다.

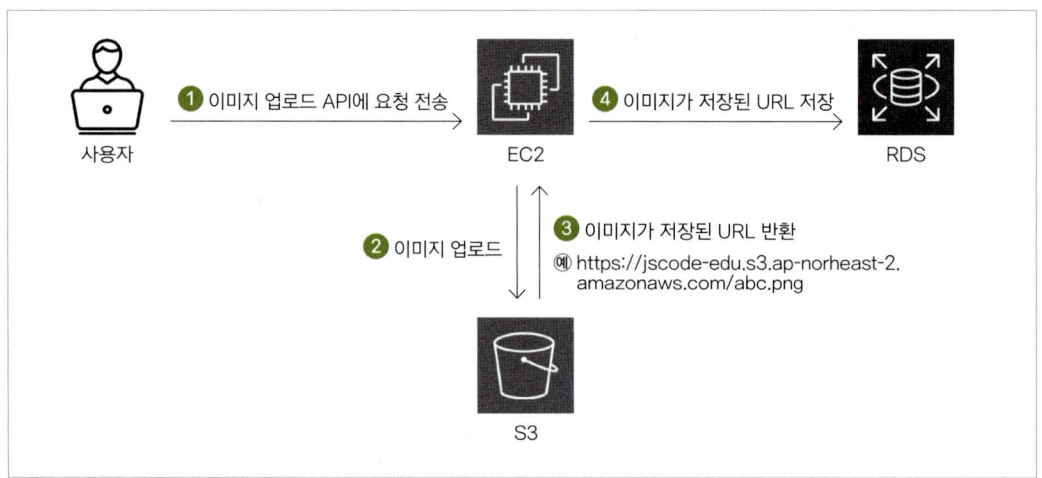

S3를 활용한 이미지 업로드 과정

## 이미지 파일 다운로드 과정

이번에는 이미지 파일을 내려받는 과정을 살펴봅시다. ❶ 사용자가 백엔드 서버의 이미지 조회 API에 요청을 보냅니다. ❷ 백엔드 서버는 데이터베이스에 저장된 이미지 URL을 조회하는 SQL문을 전송합니다. ❸ 데이터베이스는 이미지가 저장된 URL을 응답합니다. ❹ 백엔드 서버는 그 URL을 사용자에게 반환합니다. 이때 이미지 파일 자체가 아니라 이미지가 저장된 URL 주소를 전달합니다.

❺ 사용자의 웹 브라우저는 HTML 코드의 〈img src="___"〉 태그를 만나는 순간 이미지를 렌더링하기 위해 S3로부터 이미지를 내려받습니다. 사용자는 이렇게 내려받은 이미지를 보게 되는 것입니다.

여기서 백엔드 서버로부터 이미지 자체를 전달받는 것으로 오해하는 경우가 있습니다. 실제로는 백엔드 서버로부터 이미지가 저장된 URL 주소만 전달받고, 전달받은 URL 주소로 웹 브라우저가 S3로부터 이미지를 내려받는 것입니다.

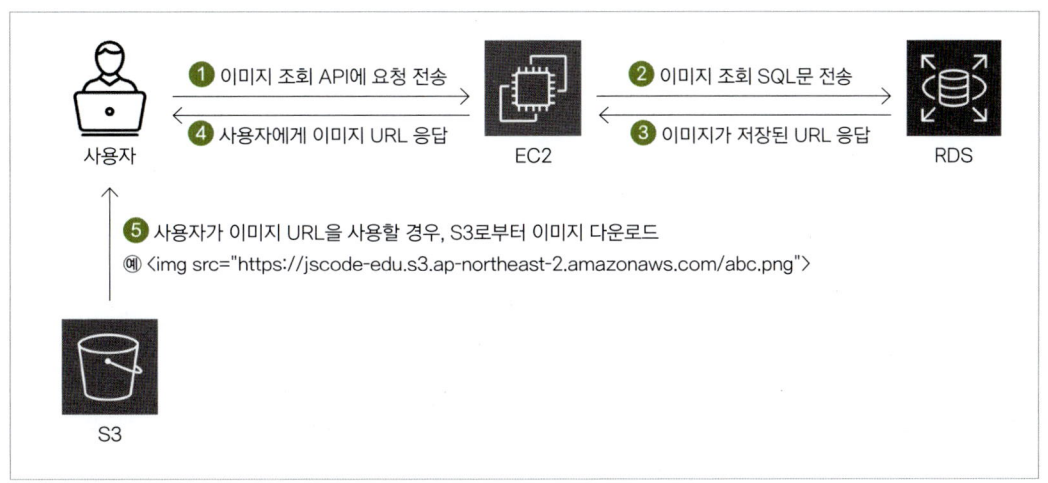

S3를 활용한 이미지 다운로드 과정

## 6-2 이미지 저장용 S3 버킷 생성하기

S3에서 데이터를 저장하려면 먼저 버킷을 생성해야 합니다. 이번 절에서는 S3 버킷을 생성하는 방법과 그 과정에서 알아야 할 기본 설정을 알아보겠습니다.

### Do it! 실습 | S3 버킷 만들기

#### 1 S3 콘솔 들어가기

AWS 콘솔의 검색 창에 **s3**를 입력한 후, [S3] 서비스를 클릭합니다.

#### 2 리전 선택하기

리전 메뉴에서 [아시아 태평양 → 서울] 리전을 선택합니다.

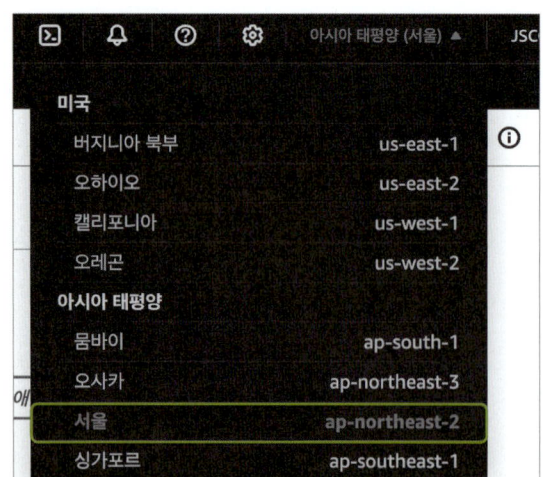

### 3 버킷 생성 화면으로 이동하기

S3 콘솔에서 [버킷 만들기] 버튼을 클릭합니다.

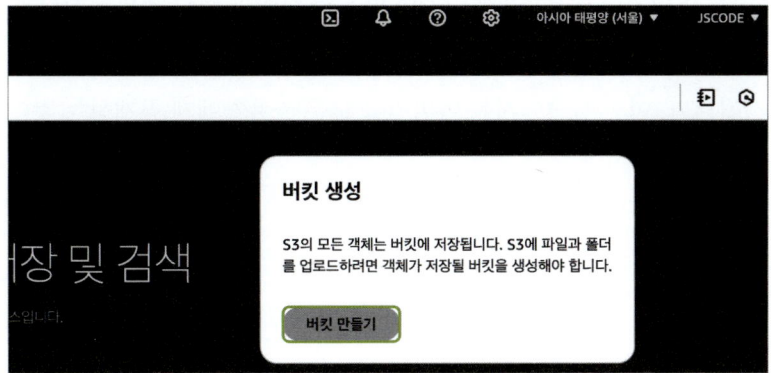

### 4 버킷 이름 설정하기

버킷을 식별할 수 있도록 이름을 설정합니다. [버킷 이름]은 AWS 전체에서 중복을 허용하지 않으므로 고유한 값으로 설정해야 합니다. 실습에서는 dev-instagram-uploaded-files라고 작성하겠습니다. 여러분은 다른 고유한 이름으로 설정하기 바랍니다.

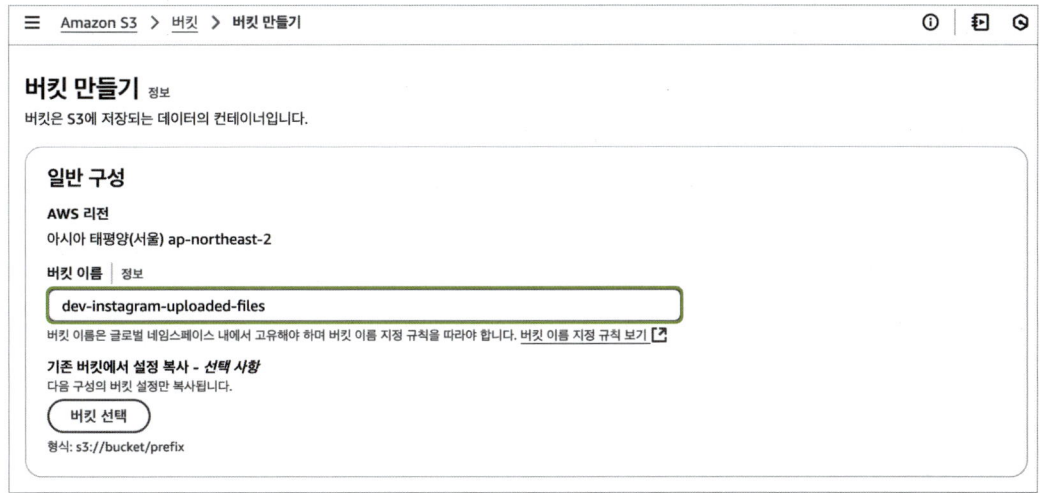

### 5  퍼블릭 액세스 차단 해제하기

퍼블릭 액세스란 익명의 사용자도 S3의 객체를 내려받을 수 있게 한다는 뜻입니다. 사용자들이 웹 브라우저에서 S3에 있는 이미지를 볼 수 있게 하려면 다음과 같이 **퍼블릭 액세스 차단 설정을 모두 해제**해야 합니다. 이 설정을 해제하면, 버킷과 객체가 퍼블릭 상태가 된다는 내용을 확인하는 체크 박스가 표시됩니다. 이번 실습에서는 이미지를 모든 사용자에게 공개하는 것이 목적이므로, 체크 표시를 하고 넘어갑니다.

☁ 우리가 웹 브라우저에서 이미지를 볼 수 있는 것도 퍼블릭 액세스가 가능했기 때문입니다.

**이 버킷의 퍼블릭 액세스 차단 설정**

퍼블릭 액세스는 ACL(액세스 제어 목록), 버킷 정책, 액세스 지점 정책 또는 모두를 통해 버킷 및 객체에 부여됩니다. 이 버킷 및 해당 객체에 대한 퍼블릭 액세스가 차단되었는지 확인하려면 모든 퍼블릭 액세스 차단을 활성화합니다. 이 설정은 이 버킷 및 해당 액세스 지점에만 적용됩니다. AWS에서는 모든 퍼블릭 액세스 차단을 활성화하도록 권장하지만, 이 설정을 적용하기 전에 퍼블릭 액세스가 없어도 애플리케이션이 올바르게 작동하는지 확인합니다. 이 버킷 또는 내부 객체에 대한 어느 정도 수준의 퍼블릭 액세스가 필요한 경우 특정 스토리지 사용 사례에 맞게 아래 개별 설정을 사용자 지정할 수 있습니다. 자세히 알아보기 ↗

☐ **모든 퍼블릭 액세스 차단**
　이 설정을 활성화하면 아래 4개의 설정을 모두 활성화한 것과 같습니다. 다음 설정 각각은 서로 독립적입니다.

　☐ **새 ACL(액세스 제어 목록)을 통해 부여된 버킷 및 객체에 대한 퍼블릭 액세스 차단**
　　S3은 새로 추가된 버킷 또는 객체에 적용되는 퍼블릭 액세스 권한을 차단하며, 기존 버킷 및 객체에 대한 새 퍼블릭 액세스 ACL 생성을 금지합니다. 이 설정은 ACL을 사용하여 S3 리소스에 대한 퍼블릭 액세스를 허용하는 기존 권한을 변경하지 않습니다.

　☐ **임의의 ACL(액세스 제어 목록)을 통해 부여된 버킷 및 객체에 대한 퍼블릭 액세스 차단**
　　S3은 버킷 및 객체에 대한 퍼블릭 액세스를 부여하는 모든 ACL을 무시합니다.

　☐ **새 퍼블릭 버킷 또는 액세스 지점 정책을 통해 부여된 버킷 및 객체에 대한 퍼블릭 액세스 차단**
　　S3은 버킷 및 객체에 대한 퍼블릭 액세스를 부여하는 새 버킷 및 액세스 지점 정책을 차단합니다. 이 설정은 S3 리소스에 대한 퍼블릭 액세스를 허용하는 기존 정책을 변경하지 않습니다.

　☐ **임의의 퍼블릭 버킷 또는 액세스 지점 정책을 통해 부여된 버킷 및 객체에 대한 퍼블릭 및 교차 계정 액세스 차단**
　　S3은 버킷 및 객체에 대한 퍼블릭 액세스를 부여하는 정책을 사용하는 버킷 또는 액세스 지점에 대한 퍼블릭 및 교차 계정 액세스를 무시합니다.

⚠ 모든 퍼블릭 액세스 차단을 비활성화하면 이 버킷과 그 안에 포함된 객체가 퍼블릭 상태가 될 수 있습니다.
　정적 웹 사이트 호스팅과 같은 구체적으로 확인된 사용 사례에서 퍼블릭 액세스가 필요한 경우가 아니면 모든 퍼블릭 액세스 차단을 활성화하는 것이 좋습니다.

☑ 현재 설정으로 인해 이 버킷과 그 안에 포함된 객체가 퍼블릭 상태가 될 수 있음을 알고 있습니다.

### 6  버킷 만들기

나머지 옵션은 그대로 두고 아래에 있는 [버킷 만들기] 버튼을 클릭합니다.

▶ 고급 설정

ⓘ 버킷을 생성한 후 파일과 폴더를 해당 버킷에 업로드할 수 있고, 추가 버킷 설정도 구성할 수 있습니다.

취소　**버킷 만들기**

버킷이 정상으로 생성되었다면 다음과 같이 범용 버킷 목록에서 확인할 수 있습니다.

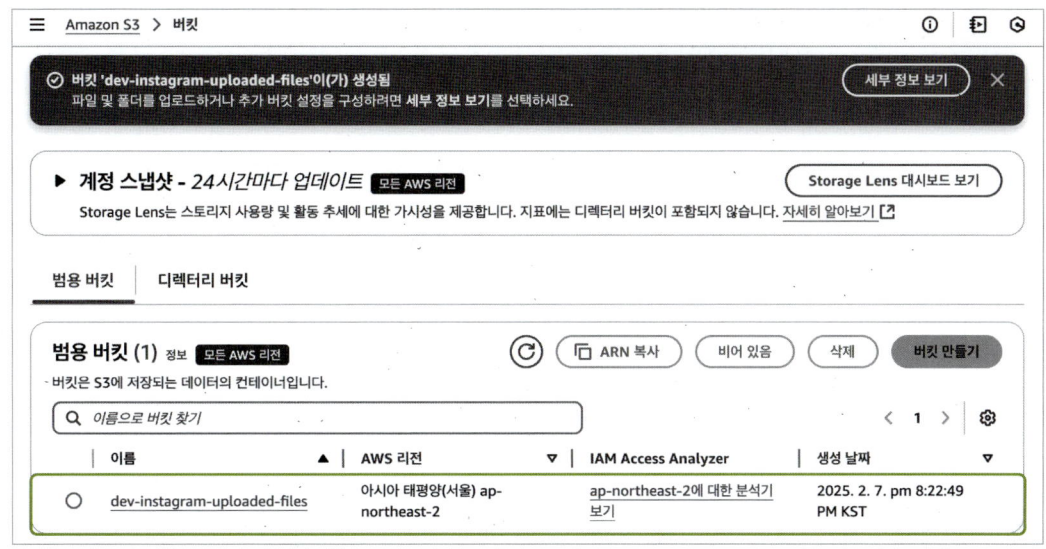

이제 객체를 저장할 수 있는 버킷이 준비되었습니다. 하지만 아직 사용자들은 이 버킷에 접근할 수 없습니다. 다음 실습을 통해 모두에게 공개된 버킷으로 만들어 봅시다.

## 6-3 버킷 사용을 위한 정책 설정하기

AWS에서 자원을 생성하면 기본적으로 모든 권한이 차단되어 있습니다. 예를 들어 S3 버킷을 만든 뒤 이미지를 업로드하더라도, 별도로 권한을 설정하지 않으면 다른 사용자들은 이 이미지에 접근할 수 없습니다. 그렇다면, 버킷에 업로드 된 이미지를 사용자가 볼 수 있도록 하려면 어떻게 해야 할까요?

AWS에서는 정책policy을 활용하여 특정 자원에 접근할 수 있는 권한을 부여할 수 있습니다. 정책이란 권한permission을 정의하는 JSON 문서를 말합니다. 이러한 정책을 활용하여 특정 사용자 또는 서비스가 S3 버킷의 파일을 읽거나 수정할 수 있도록 설정할 수 있습니다. 이번 절에서는 AWS의 정책 중 하나인 버킷 정책을 활용하여 버킷에 업로드한 이미지 파일에 외부 사용자도 접근할 수 있도록 설정하는 방법을 알아보겠습니다.

### Do it! 실습  버킷 정책 추가하기

#### 1  생성한 버킷에 들어가기

S3 콘솔의 왼쪽 메뉴에서 [범용 버킷]을 클릭하면 이전에 생성한 버킷이 보입니다. 버킷 이름을 클릭해서 버킷 상세 화면으로 이동합니다.

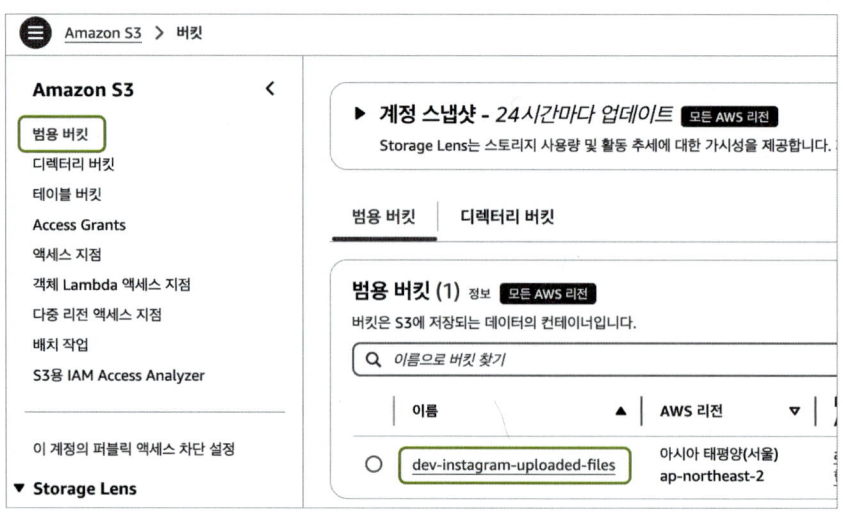

## 2 버킷 정책 편집 화면 들어가기

버킷 상세 화면에서 [권한] 탭을 클릭합니다.

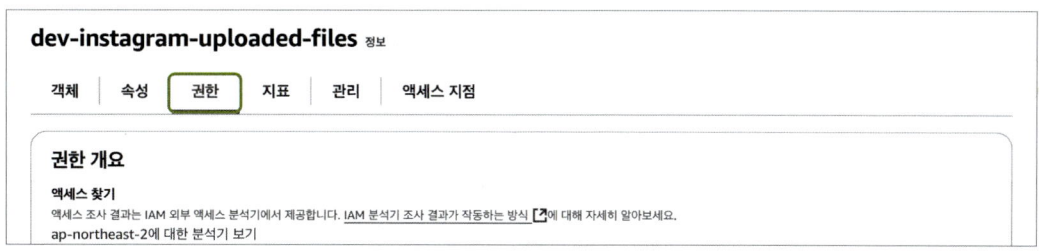

이 탭의 [버킷 정책]에서 [편집] 버튼을 누르면 버킷 정책 편집 화면으로 이동합니다.

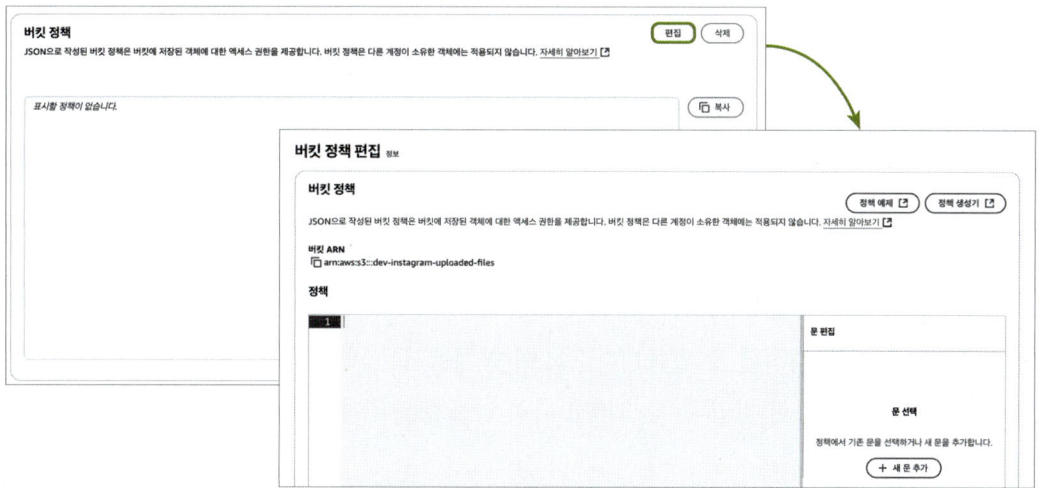

## 3 정책 추가하기

모든 사용자가 이 버킷의 모든 오브젝트에 접근할 수 있도록 정책을 추가해 보겠습니다. 정책 작성을 시작하기 위해 화면 오른쪽에 있는 [+ 새 문 추가] 버튼을 클릭합니다.

☁ 여기서 문은 Statement를 직역한 용어로 권한을 정의하는 규칙이라고 생각하면 됩니다.

6장 → S3로 이미지 저장소 만들기 **163**

### 4  허용할 서비스 선택하기

새 문을 추가하면 화면 왼쪽에 JSON 형식의 문 1개가 나타나고, 화면 오른쪽에는 작업 추가 화면이 나타납니다. S3와 관련된 권한을 추가하기 위해 [서비스 선택] 검색 창에 **S3**를 입력한 후, [S3]를 선택합니다.

### 5  허용할 기능 선택하기

어떤 기능을 허용할지 설정하는 단계입니다. 검색 창에 **GetObject**를 입력한 뒤 아래 [액세스 수준-읽기]에서 [GetObject]의 체크 박스를 클릭합니다. GetObject는 객체<sup>Object</sup>를 조회<sup>Get</sup>하겠다는 뜻으로 해석할 수 있습니다. 즉, 이 단계에서는 파일을 내려받을 수 있는 권한을 허용하는 문구를 추가한 것입니다. 그러고 나서 리소스를 추가하기 위해 [추가] 버튼을 클릭합니다.

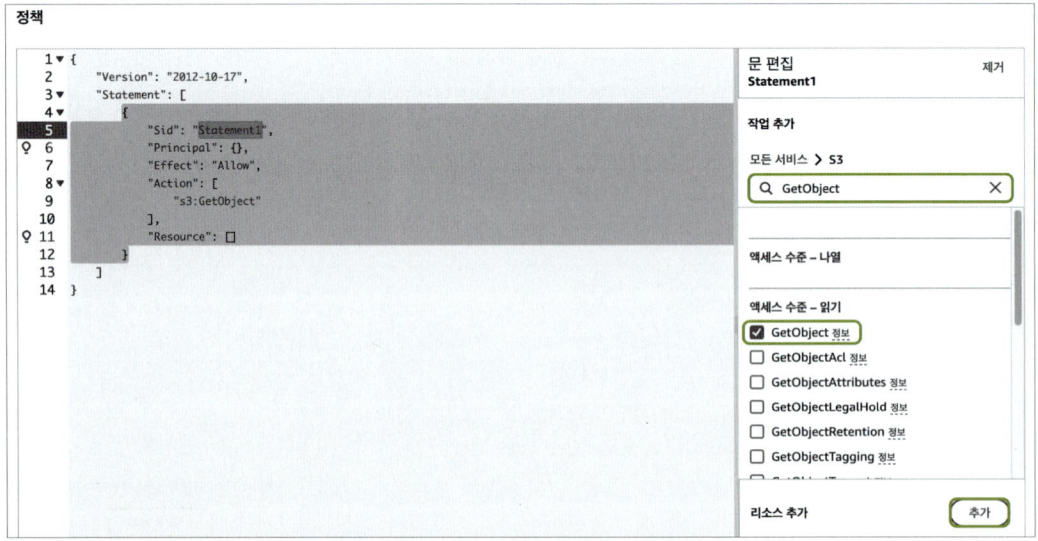

## 6 리소스 추가하기

다음 리소스 추가 팝업 창이 나타나면 [리소스 유형]을 **object**로 선택합니다. S3에는 여러 버킷이 있고, 하나의 버킷 안에는 다양한 객체가 존재하는데, 경우에 따라 특정 버킷 또는 특정 객체에만 접근하게 설정하고 싶을 수도 있습니다. 이런 필요에 따라 S3는 어떤 리소스에만 권한을 허용할지 지정할 수 있습니다. 리소스 유형을 object로 선택하면 바로 아래 [리소스 ARN]에 arn:aws:s3:::{BucketName}/{ObjectName}라는 문구가 표시됩니다.

☁ ARN은 AWS에 있는 자원을 나타내는 문법입니다. 이 문법을 사용하면 AWS 시스템 전반에서 특정 자원을 지정할 수 있습니다.

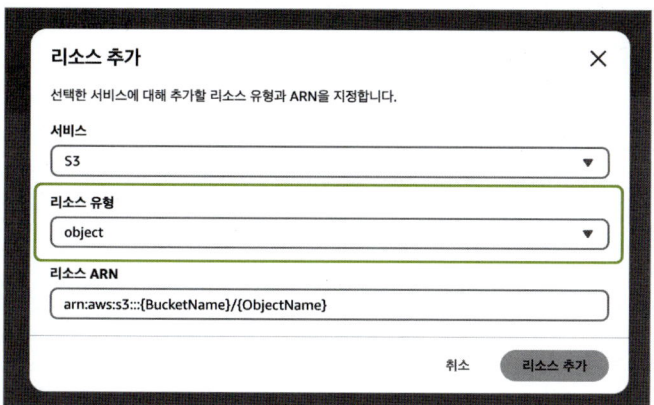

방금 만든 버킷에 존재하는 모든 파일에 접근할 수 있게 허용하고 싶다면 {BucketName}에 **접근을 허용할 버킷 이름**을 입력하고, {ObjectName}에는 모든 파일을 뜻하는 *을 입력합니다. [리소스 ARN]을 다음과 같이 입력했다면 S3의 dev-instagram-uploaded-files 버킷에 있는 모든 파일에 접근할 수 있게 설정한 것입니다.

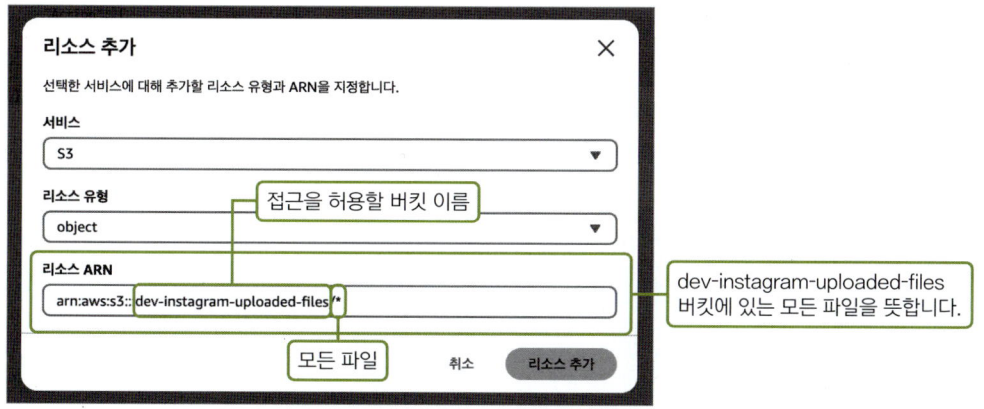

## 7  권한 사용 대상 설정하기

여기까지 마쳤다면 다음과 같이 "Action"과 "Resource"의 값이 채워진 문 1개를 확인할 수 있습니다.

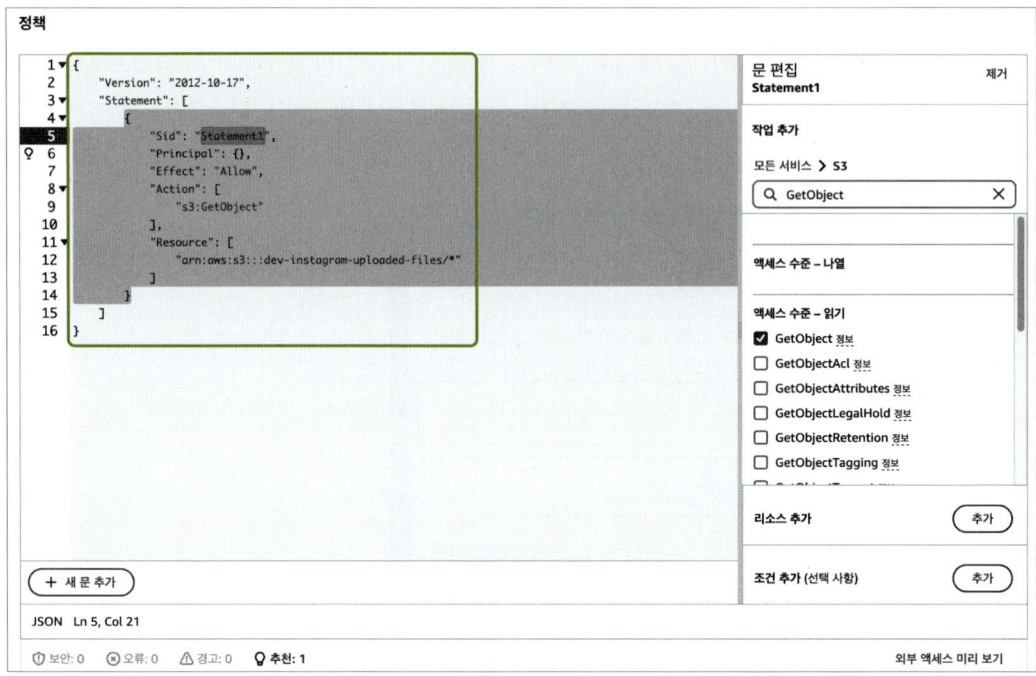

여기서 직접 수정해야 하는 부분이 있습니다. 바로 "Principal" 부분입니다. "Principal"은 권한을 부여할 대상을 정하는 속성입니다. 우리가 만든 서비스에서 모든 사용자가 이미지를 볼 수 있게 하려면 모든 사용자에게 이 권한을 부여해야 합니다. 그래서 "Principal"의 속성에는 모든 사용자를 뜻하는 *를 입력합니다.

## 8  정책 저장하기

여기까지 작성하면 버킷 정책을 완성한 것입니다. 실습에서 완성한 정책은 다음과 같습니다. 이 정책을 보고 어떤 기능을 허용하는지, 누구에게 권한을 부여하는지, 어떤 리소스에 권한을 허용하는지 등을 파악할 수 있으면 됩니다.

```
                                                                    policy.json
{
    "Version": "2012-10-17",              # 정책을 작성하는 문법의 버전
    "Statement": [
        {
            "Sid": "Statement1",          # 정책끼리 구별하기 위한 식별값
            "Principal": "*",             # 권한을 부여할 대상
            "Effect": "Allow",            # 아래 기재된 권한을 '허용'한다는 의미
            "Action": [                   # 허용할 기능
                "s3:GetObject"            # 파일 내려받기
            ],
            "Resource": [
                # dev-instagram-uploaded-files라는 버킷에 있는 모든 파일
                "arn:aws:s3:::dev-instagram-uploaded-files/*"
            ]
        }
    ]
}
```

마지막으로 오른쪽 아래에 있는 [변경 사항 저장] 버튼을 클릭합니다.

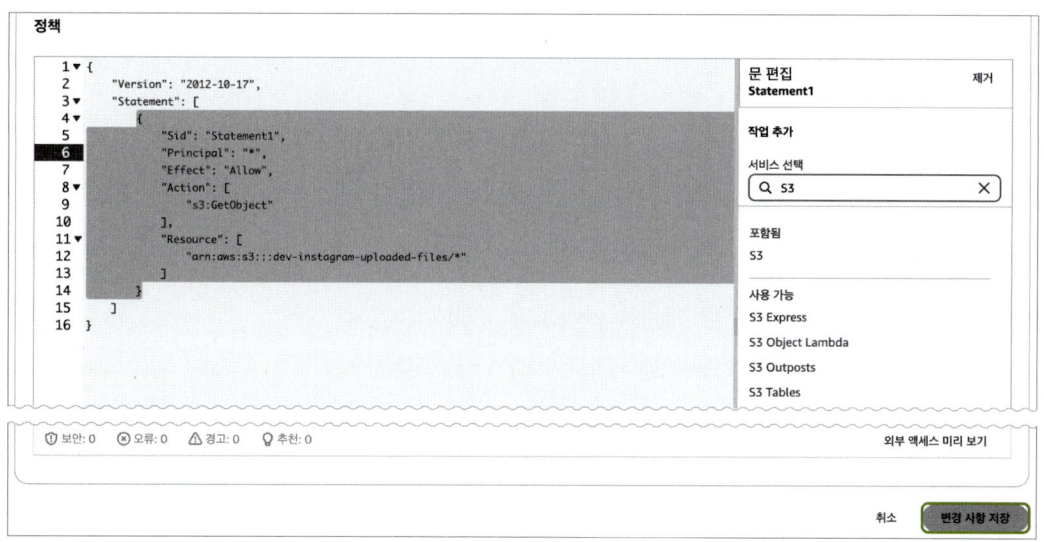

정책이 올바르게 작성됐다면 다음과 같이 등록된 정책을 확인할 수 있습니다.

```
{
  "Version": "2012-10-17",
  "Statement": [
    {
      "Sid": "Statement1",
      "Effect": "Allow",
      "Principal": "*",
      "Action": "s3:GetObject",
      "Resource": "arn:aws:s3:::dev-instagram-uploaded-files/*"
    }
  ]
}
```

## 6-4 IAM으로 S3 사용 권한 준비하기

6-3절에서 설정한 버킷 정책으로, 사용자들은 이제 S3에 저장된 파일을 내려받을 수 있게 되었습니다. 하지만 백엔드 서버는 여전히 S3에 접근할 수 없습니다. 백엔드 서버는 AWS SDK(Software Development Kit)라는 라이브러리를 사용해 S3와 같은 AWS의 서비스에 요청을 보내는데, 이때 서비스에 접근할 수 있는 권한이 필요하기 때문입니다.

AWS SDK는 IAM이라는 서비스에서 부여한 권한을 바탕으로 AWS 자원에 접근할 수 있습니다. 따라서 백엔드 서버가 S3에 접근할 수 있도록 적절한 권한을 가진 IAM 사용자를 먼저 만들어야 합니다. 이번 절에서는 이 IAM 사용자를 생성하고 권한을 부여하는 과정을 알아보겠습니다.

### IAM

IAM(Identity and Access Management)은 AWS 자원에 대한 접근 권한을 제어하는 서비스입니다. IAM을 이용하면 사용자에게 필요한 권한만을 부여할 수 있습니다.

### IAM 사용자

IAM에서 '사용자'는 '특정 권한이 부여된 출입증'이라고 생각하면 이해하기 편합니다. 예를 들어 A라는 개발자에게는 EC2에만 접근을 허용하고, B라는 개발자에게는 RDS에만 접근을 허용하고 싶다고 가정해 보겠습니다. 이 경우에 A 개발자와 B 개발자에게 부여해야 하는 권한이 서로 다릅니다. 그러므로 A를 위한 출입증과 B를 위한 출입증을 각각 만들어야 합니다. A 개발자가 사용할 출입증에는 EC2 권한만 부여하고, B 개발자가 사용할 출입증에는 RDS 접근 권한만 부여하는 것입니다. 이렇게 하면 A와 B에게 필요한 권한만 분리해서 부여할 수 있겠죠?

IAM에서 '사용자'는 사람뿐만 아니라 특정 컴퓨터 또는 특정 프로그램에 부여하는 출입증으로 쓰기도 합니다. 이번 절에서는 백엔드 서버가 S3에 접근할 수 있는 권한을 부여하기 위해 IAM 사용자를 생성합니다.

### 액세스 키와 비밀 액세스 키

IAM의 사용자는 복잡한 값으로 구성된 각기 다른 토큰값을 가지고 있습니다. 실제 회사에서 사용하는 출입증에도 어떤 사람인지 나타내는 식별값이 들어 있는 것처럼, IAM의 사용자에도 **어떤 사용자인지 인식할 수 있는 토큰값**이 들어 있는 것입니다. 이 토큰값이 액세스 키access key와 비밀 액세스 키secret access key입니다. 액세스 키는 '아이디' 역할을, 비밀 액세스 키는 '비밀번호' 역할을 합니다. 우리는 백엔드 서버에 S3에 대한 접근 권한을 부여하기 위해 액세스 키와 비밀 액세스 키를 활용할 것입니다.

> **선생님, 질문 있어요!** 퍼블릭 액세스와 버킷 정책, IAM 사용자는 서로 어떻게 다른가요?
>
> 지금까지 우리는 실습에서 S3에 저장된 객체를 외부에서도 볼 수 있도록 퍼블릭 액세스를 허용하고 버킷 정책을 설정했습니다.
> 먼저 퍼블릭 액세스 설정은 S3 버킷이나 객체가 인터넷상에서 얼마나 공개적으로 접근할 수 있는지를 결정합니다. 주로 웹 호스팅 또는 미디어 파일 공유와 같은 경우에 사용합니다.
> 버킷 정책은 특정 S3 버킷에 대한 접근 권한을 관리하는 데 사용합니다. 이 정책을 통해 특정 사용자, IP 주소 또는 AWS 계정으로부터 접근하도록 허용하거나 거부할 수 있습니다. 버킷 정책은 JSON 형식으로 작성되며, 버킷 내부 자원에 대한 세밀한 접근 제어를 가능하게 합니다.
> IAM 사용자는 AWS 자원에 대한 사용자나 그룹의 권한을 관리하는 데 사용합니다. 사용자가 S3 버킷을 비롯한 다양한 AWS 서비스에 접근할 수 있는 권한을 부여하거나 제한할 수 있습니다.

### Do it! 실습 | IAM에서 액세스 키 발급받기

#### 1 IAM 콘솔 들어가기

AWS 콘솔의 검색 창에 **iam**을 입력한 후, [IAM] 서비스를 클릭합니다.

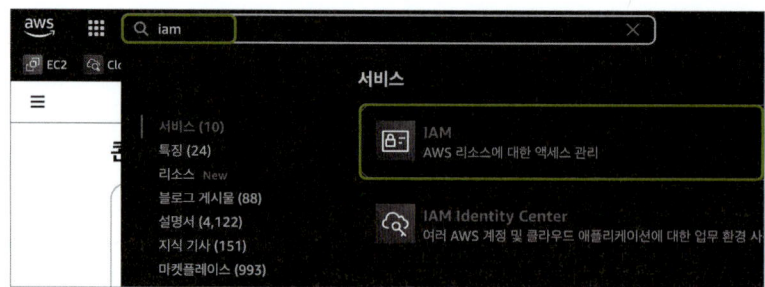

## 2 사용자 메뉴 들어가기

IAM 콘솔의 왼쪽 메뉴에서 [사용자]를 클릭합니다.

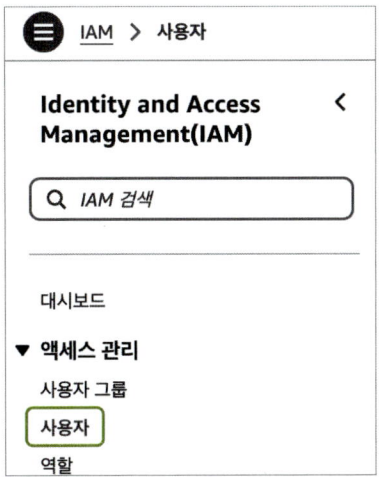

## 3 사용자 생성하기

다음과 같이 사용자 관리 화면이 표시됩니다. 화면 오른쪽의 [사용자 생성] 버튼을 클릭하여 사용자 생성 화면으로 이동합니다.

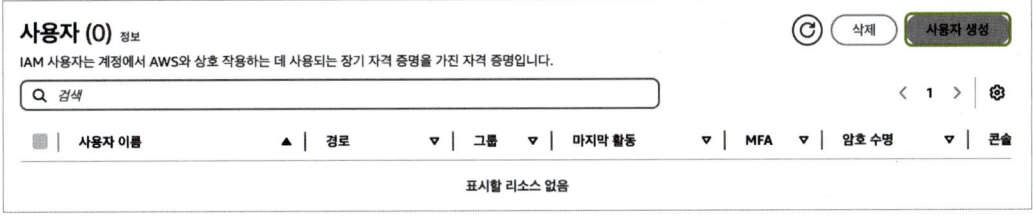

[사용자 세부 정보] 아래 [사용자 이름]에 다른 사용자와 구별할 수 있는 사용자 이름을 작성합니다. 이번 실습에서는 직관적으로 알아볼 수 있게 dev-instagram-backend-server라고 작성했습니다. 작성을 완료한 후 [다음] 버튼을 클릭합니다.

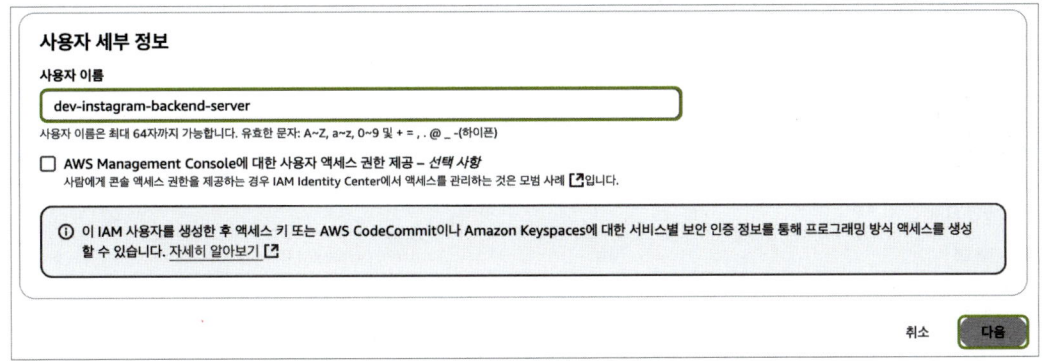

## 4  권한 추가하기

정책을 직접 선택해서 연결할 것이므로 [권한 설정]의 3가지 권한 옵션 가운데 **직접 정책 연결**을 선택합니다.

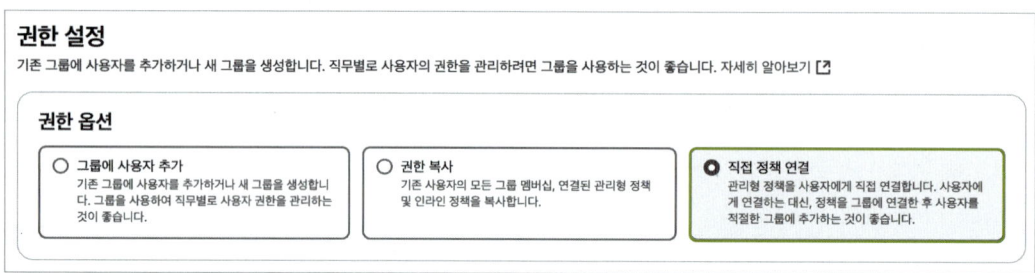

권한 정책 목록에서 다양한 정책을 확인할 수 있습니다. 이번 실습에서는 S3 접근 권한만 필요하므로 검색 창에 s3full이라고 입력합니다. 그러면 다음 그림과 같이 [AmazonS3FullAccess]라는 권한이 조회됩니다. 이 권한을 선택한 뒤 [다음] 버튼을 클릭합니다.

다음 화면에서 지금까지 입력한 정보를 확인하고 [사용자 생성] 버튼을 누릅니다.

## 5  액세스 키 만들기

IAM 콘솔의 [사용자] 메뉴를 클릭해 들어가면 앞에서 생성한 사용자가 조회됩니다. 사용자 이름을 클릭해서 사용자 상세 화면으로 이동합니다.

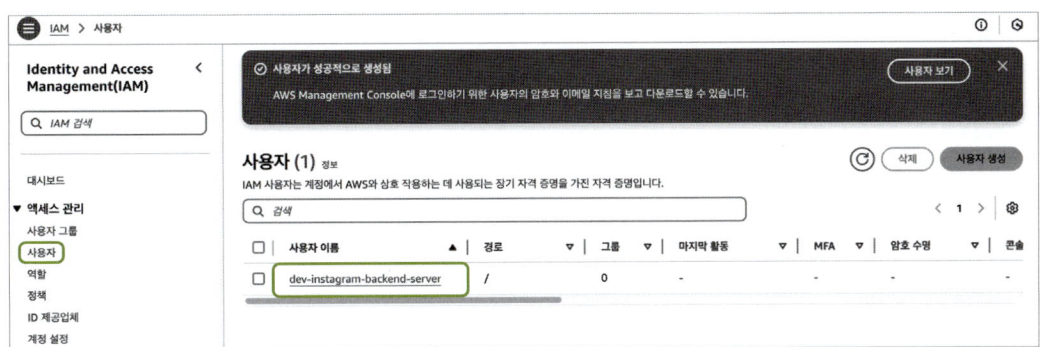

사용자 상세 화면이 나타나면 [보안 자격 증명] 탭을 클릭합니다.

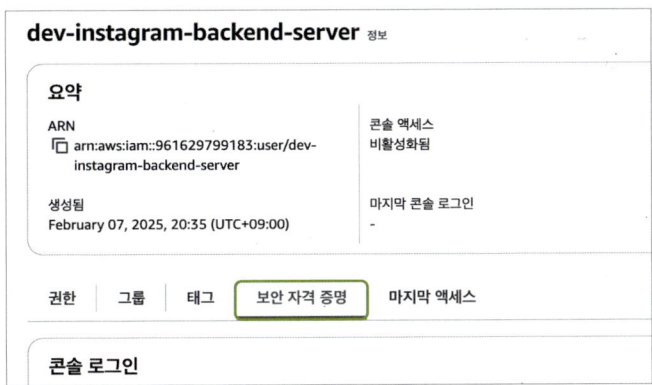

[액세스 키]의 오른쪽 위 또는 중앙에 있는 [액세스 키 만들기] 버튼을 클릭합니다.

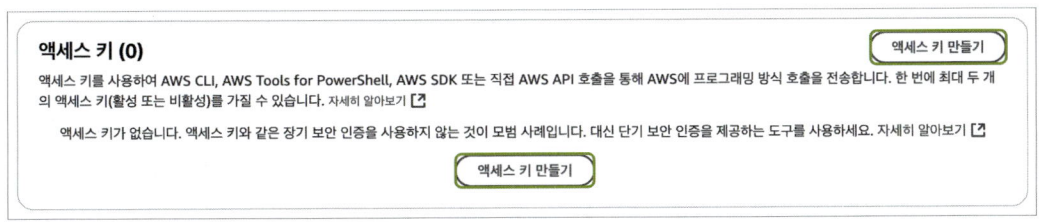

액세스 키 모범 사례 및 대안을 선택하는 화면이 표시됩니다. 이 화면에서는 발급받은 액세스 키를 어떤 방식으로 사용할지 선택하면 됩니다.

6장 → S3로 이미지 저장소 만들기   **173**

S3에 접근하는 주체는 EC2 인스턴스에서 실행되는 백엔드 서버이므로 **AWS 컴퓨팅 서비스에서 실행되는 애플리케이션**을 선택합니다. 액세스 키를 사용하지 않고 권한을 인증할 수 있는 방법이 표시됩니다. 실습에서는 액세스 키를 사용하므로 체크 박스에 표시하고 [다음] 버튼을 클릭합니다.

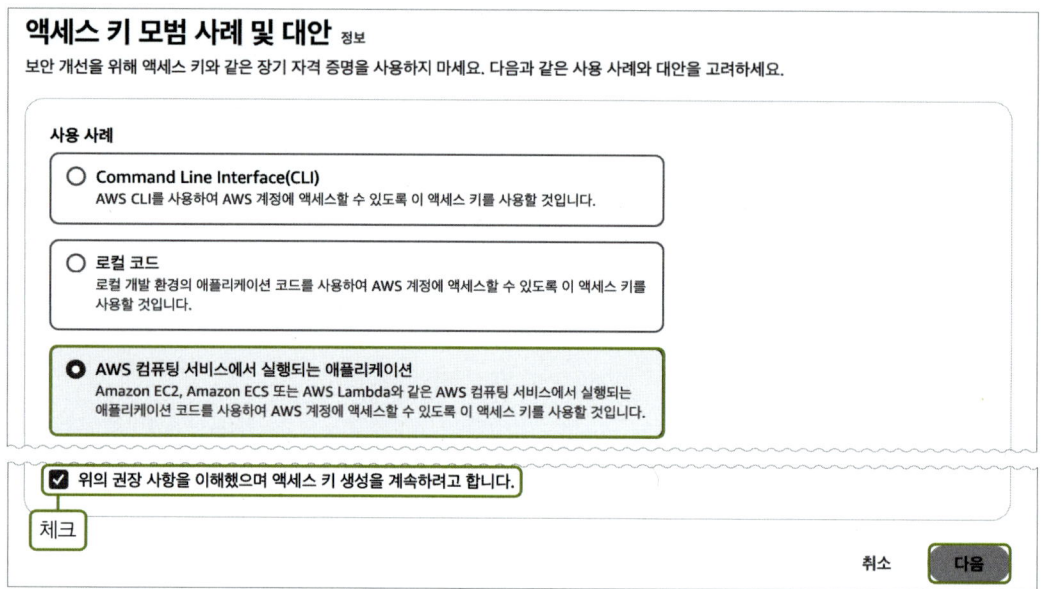

[설명 태그 설정] 아래의 [설명 태그 값]은 빈칸 그대로 두고 [액세스 키 만들기] 버튼을 클릭합니다.

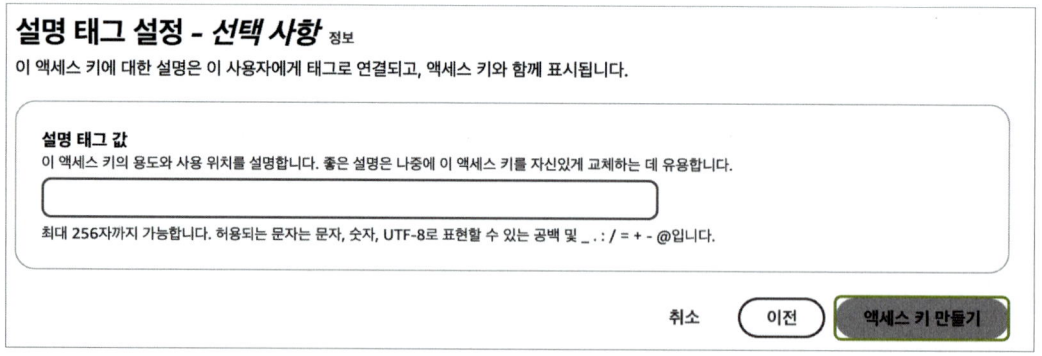

다음 화면처럼 액세스 키와 비밀 액세스 키의 값을 확인할 수 있습니다. 이 페이지를 떠나는 순간 비밀 액세스 키의 값은 다시 볼 수 없으니 반드시 잘 적어 두어야 합니다. 액세스 키를 저장한 뒤, 오른쪽 아래에 있는 [완료] 버튼을 클릭합니다.

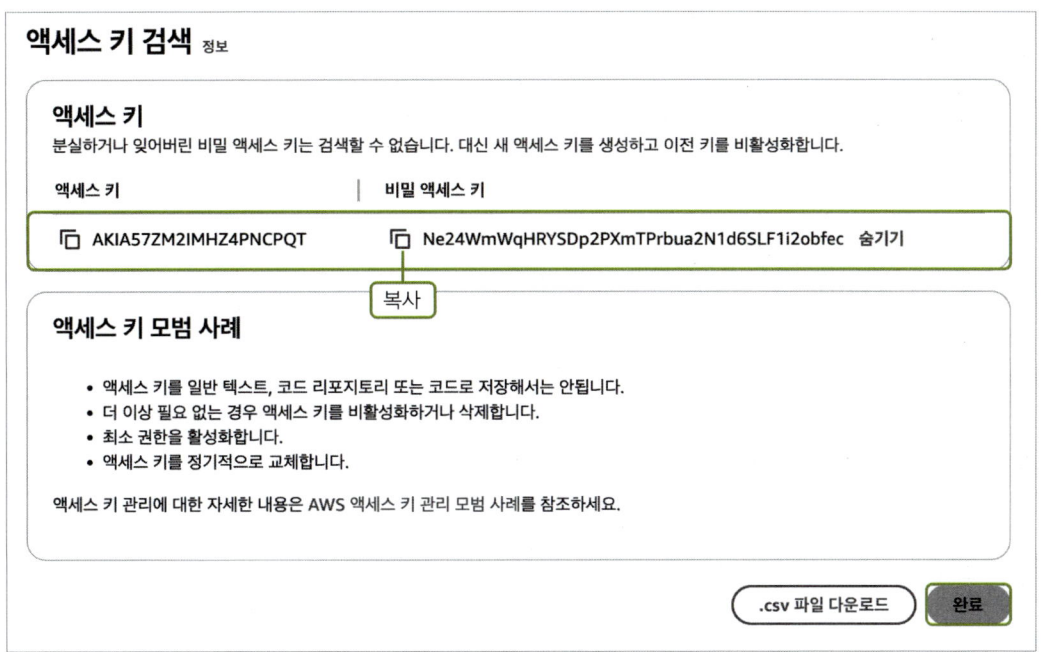

## 6-5 백엔드 서버에서 S3 활용하기

이번 절에서는 백엔드 서버에서 S3를 활용할 수 있도록 설정 파일을 변경하고 배포해 보겠습니다. 배포할 백엔드 서버에는 다음과 같은 API가 포함되어 있습니다. 이 API를 활용하여 S3에 이미지를 업로드하는 과정을 확인해 보겠습니다.

| 메서드 | URI | 역할 |
| --- | --- | --- |
| GET | /health | ELB 상태 검사 |
| GET | /boards | 게시글 전체 조회 |
| POST | /boards | 게시글 등록 및 이미지 업로드 |

☁ 익스프레스 서버를 사용할 경우 179쪽으로 이동하여 실습을 진행하세요.

### Do it! 실습  S3를 활용하는 스프링 부트 서버 배포하기

스프링 부트 서버에서 S3에 접근할 수 있도록 설정을 변경하고 배포해 봅시다.

#### 1 스프링 부트 프로젝트 내려받기

배포할 스프링 부트 프로젝트를 깃허브에서 가져옵니다. 다음 명령어를 실행하면 S3를 이미지 저장소로 활용하는 코드가 포함된 예제 프로젝트를 사용할 수 있습니다.

**터미널**
```
$ git clone https://github.com/JSCODE-BOOK/aws-s3-springboot.git
```

#### 2 application.yml 파일 수정하기

스프링 부트에서 참조하는 AWS 자원의 정보를 설정하기 위해 application.yml 파일을 엽니다.

**터미널**
```
$ cd aws-s3-springboot/src/main/resources
$ vi application.yml
```

다음과 같이 코드가 작성되어 있습니다. 빈칸에 RDS, IAM 액세스 키, S3 정보를 입력합니다.

📄 application.yml
```yaml
server:
  port: 80
spring:
  datasource:
    url: jdbc:mysql://_____:3306/instagram # RDS 인스턴스 엔드포인트
    username: _____                           # RDS 마스터 사용자 이름
    password: _____                           # RDS 마스터 암호
    driver-class-name: com.mysql.cj.jdbc.Driver
  jpa:
    hibernate:
      ddl-auto: create
    show-sql: true
  cloud:
    aws:
      credentials:
        access-key: _____ # IAM에서 발급받은 액세스 키
        secret-key: _____ # IAM에서 발급받은 비밀 액세스 키
      s3:
        bucket: _____      # 생성한 S3 버킷명
      region:
        static: ap-northeast-2
```

예제에서는 다음과 같이 수정했습니다.

📄 application.yml
```yaml
server:
  port: 80
spring:
  datasource:
      url: jdbc:mysql://dev-instagram-rds.cmduue7bipqx.ap-northeast-2.rds.amazonaws.com:3306/instagram
    username: admin
    password: password
    driver-class-name: com.mysql.cj.jdbc.Driver
  jpa:
    hibernate:
      ddl-auto: create
    show-sql: true
```

```yaml
  cloud:
    aws:
      credentials:
        access-key: AKIA57ZM2IMHZ4PNCPQT
        secret-key: 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
      s3:
        bucket: dev-instagram-uploaded-files
      region:
        static: ap-northeast-2
```

☁ 이 실습에서는 편의를 위해 application.yml 파일을 리포지토리에 업로드했습니다. 만약 자신의 스프링 부트 프로젝트를 퍼블릭 깃허브 리포지토리에 업로드한다면 .gitignore를 활용하여 application.yml 파일을 제외해야 합니다.

### 3 스프링 부트 서버 실행하기

내려받은 프로젝트 경로에서 다음 명령어로 스프링 부트 서버를 실행합니다.

**T 터미널**

```
$ sudo lsof -i:80      # 80번 포트에서 실행되는 프로세스 확인
$ sudo kill {PID 값}   # 80번 포트에서 실행되는 프로세스가 있다면 종료
$ cd ~/aws-s3-springboot
$ ./gradlew clean build -x test # 스프링 부트 프로젝트 빌드
$ cd build/libs
$ sudo nohup java -jar aws-s3-springboot-0.0.1-SNAPSHOT.jar & # JAR 파일 실행
```

### 4 스프링 부트 서버 상태 확인하기

다음 명령어를 실행하여 스프링 부트 서버가 80번 포트에서 정상으로 실행되는지 확인합니다.

**T 터미널**

```
$ sudo lsof -i:80
```

```
ubuntu@ip-172-31-7-171:~/aws-rds-springboot/build/libs$ sudo lsof -i:80
COMMAND   PID USER   FD   TYPE DEVICE SIZE/OFF NODE NAME
java     1440 root   19u  IPv6   9027      0t0  TCP *:http (LISTEN)
```

## Do it! 실습   S3를 활용하는 익스프레스 서버 배포하기

익스프레스 서버에서 S3에 접근할 수 있도록 설정을 변경하고 배포해 봅시다.

### 1   익스프레스 프로젝트 내려받기

배포할 익스프레스 프로젝트를 깃허브에서 가져옵니다. 다음 명령어를 실행하면 S3를 이미지 저장소로 활용하는 코드가 포함된 예제 프로젝트를 사용할 수 있습니다.

> **터미널**
>
> ```
> $ git clone https://github.com/JSCODE-BOOK/aws-s3-express.git
> ```

### 2   .env 파일 수정하기

익스프레스에서 참조하는 AWS 자원의 정보를 설정하기 위해 .env 파일을 엽니다.

> **터미널**
>
> ```
> $ cd aws-s3-express
> $ vi .env
> ```

다음과 같이 코드가 작성되어 있습니다. 빈칸에 RDS, 액세스 키, S3 정보를 입력합니다.

> **.env**
>
> ```
> DATABASE_NAME=instagram
> DATABASE_USERNAME=_____      # RDS 마스터 사용자 이름
> DATABASE_PASSWORD=_____      # RDS 마스터 암호
> DATABASE_HOST=_____     # RDS 인스턴스 엔드포인트
>
> AWS_ACCESS_KEY=_____         # IAM에서 발급받은 액세스 키
> AWS_SECRET_ACCESS_KEY=_____  # IAM에서 발급받은 비밀 액세스 키
> AWS_S3_BUCKET=_____          # S3 버킷 이름
> ```

예제에서는 다음과 같이 수정했습니다.

```
                                                                    .env
DATABASE_NAME=instagram
DATABASE_USERNAME=admin
DATABASE_PASSWORD=password
DATABASE_HOST=dev-instagram-rds.cmduue7bipqx.ap-northeast-2.rds.amazonaws.com

AWS_ACCESS_KEY=AKIA57ZM2IMHZ4PNCPQT
AWS_SECRET_ACCESS_KEY=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
AWS_S3_BUCKET=dev-instagram-uploaded-files
```

☁ 이 실습에서는 편의를 위해 .env 파일을 리포지토리에 업로드했습니다. 만약 자신의 스프링 부트 프로젝트를 퍼블릭 깃허브 리포지토리에 업로드한다면 .gitignore를 활용하여 .env 파일을 제외해야 합니다.

### 3 익스프레스 서버 실행하기

내려받은 프로젝트 경로에서 다음 명령어로 익스프레스 서버를 실행합니다.

**T 터미널**

```
$ sudo lsof -i:80      # 80번 포트에서 실행되는 프로세스 확인
$ sudo kill {PID 값}   # 80번 포트에서 실행되는 프로세스가 있다면 종료
$ sudo pm2 kill
$ cd ~/aws-s3-express
$ npm i
$ sudo pm2 start app.js
```

### 4 익스프레스 서버 상태 확인하기

다음 명령어를 통해 익스프레스 서버가 정상으로 실행되는지 확인해 보기 바랍니다.

**T 터미널**

```
$ sudo pm2 list
```

## Do it! 실습   S3를 활용하는 백엔드 프로젝트 테스트하기

배포한 백엔드 서버에서 S3에 접근하여 이미지를 저장하고 받아올 수 있는지 확인해 봅시다.

### 1   포스트맨 설치 및 실행하기

이미지 업로드를 테스트할 수 있는 POST /boards API를 호출하기 위해 포스트맨<sup>Postman</sup>을 설치합니다. 포스트맨은 공식 웹 사이트(https://www.postman.com/)에서 설치 파일을 내려받아 사용할 수 있습니다.

☁ 포스트맨은 서버로 다양한 형태의 요청을 보낼 수 있게 도와주는 도구입니다. 이 도구를 활용하면 어떤 형태의 API든 쉽게 테스트할 수 있습니다.

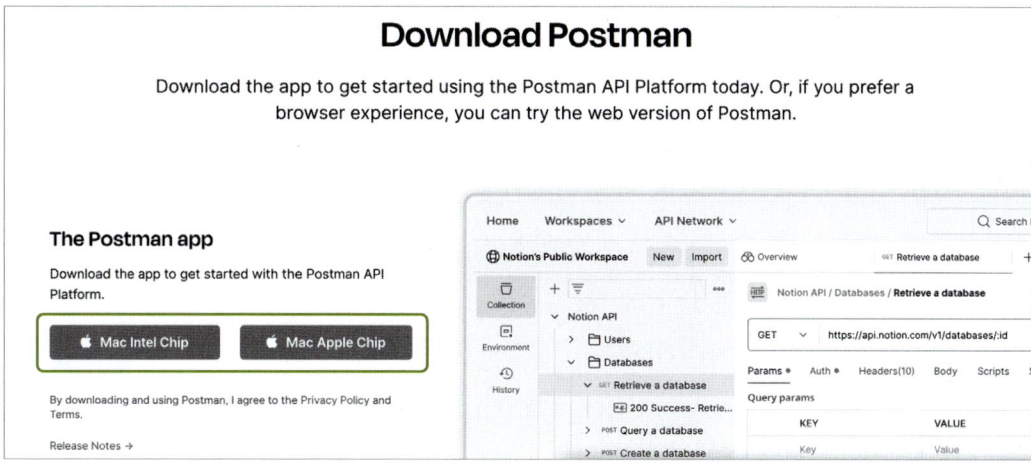

설치한 포스트맨을 실행한 뒤 왼쪽 위에 있는 [Home] 버튼을 클릭합니다. 그러면 다음과 같은 화면이 표시됩니다. 이 화면에서 [REST API basics] 버튼을 클릭합니다.

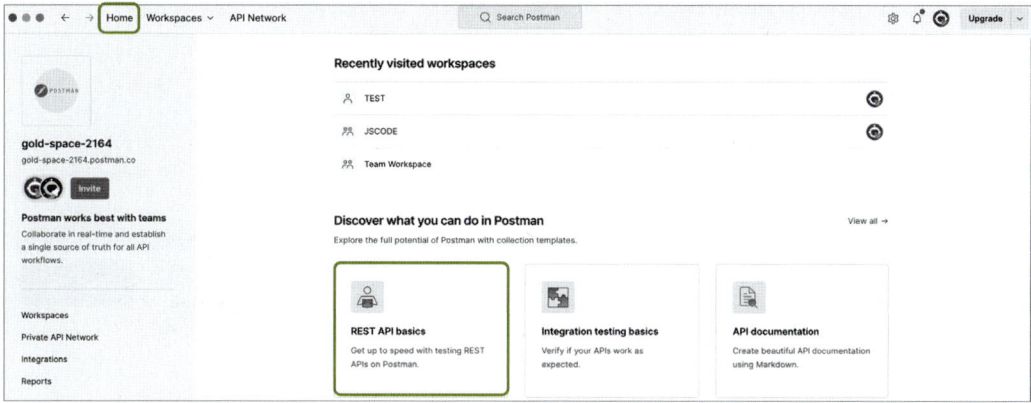

6장 → S3로 이미지 저장소 만들기   **181**

화면 왼쪽 위에 있는 [+] 버튼을 클릭해 새 탭을 추가합니다.

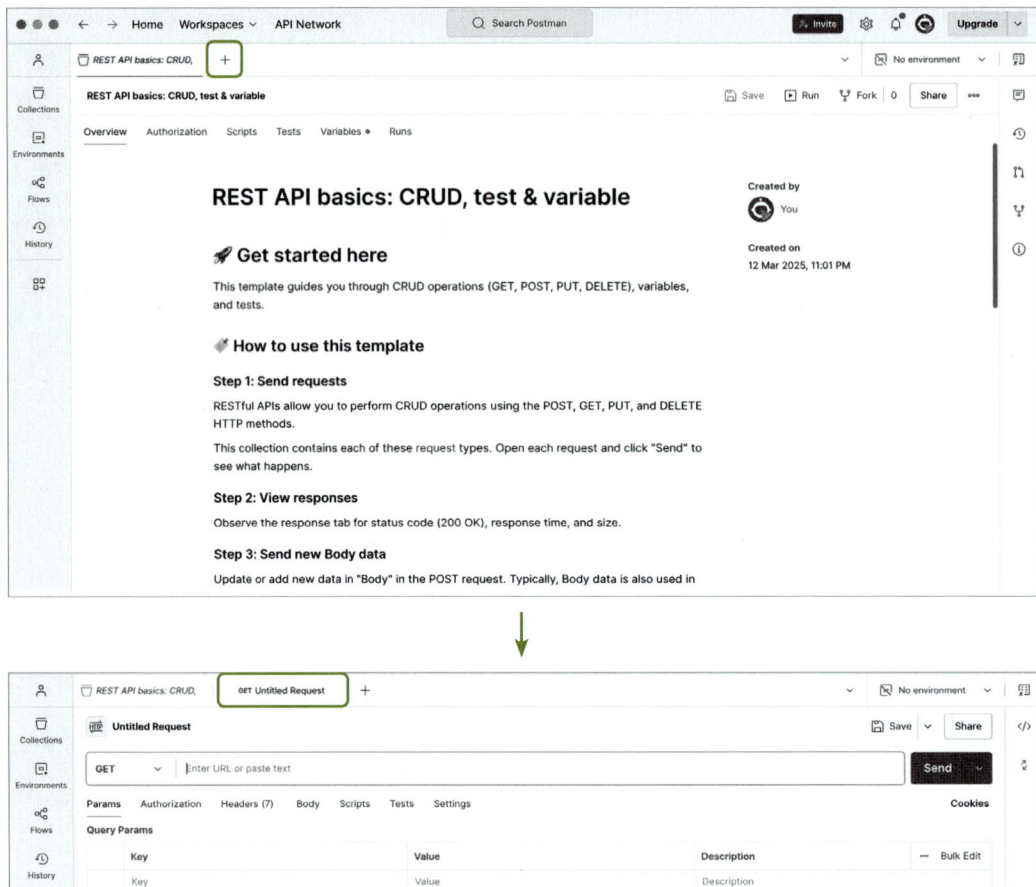

### 2  ELB 상태 검사 API 테스트하기

https://{도메인 주소}/health로 GET 요청을 보내려면 포스트맨에서 다음과 같이 작성하면 됩니다. 그리고 [Send] 버튼을 클릭해 요청을 보냅니다.

☁ 여기서는 4-4절에서 ELB와 연결한 도메인 주소를 사용해서 API 요청을 보냅니다.

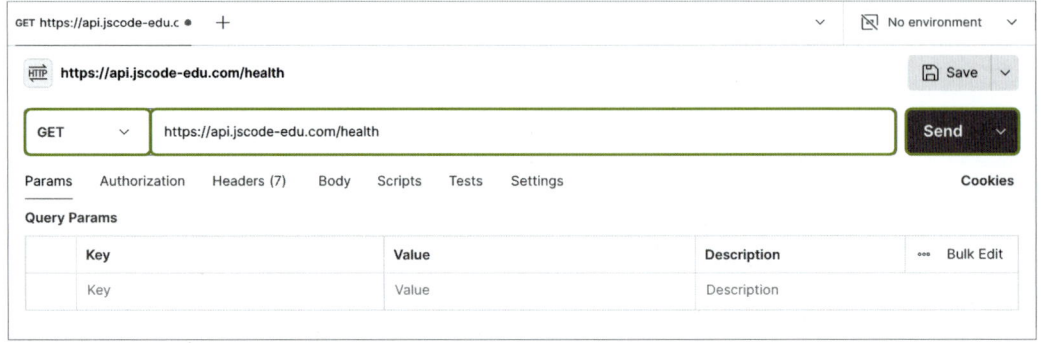

화면 아래에 Success Health Check라는 문구가 출력된다면 백엔드 서버와 통신하는 데 성공한 것입니다.

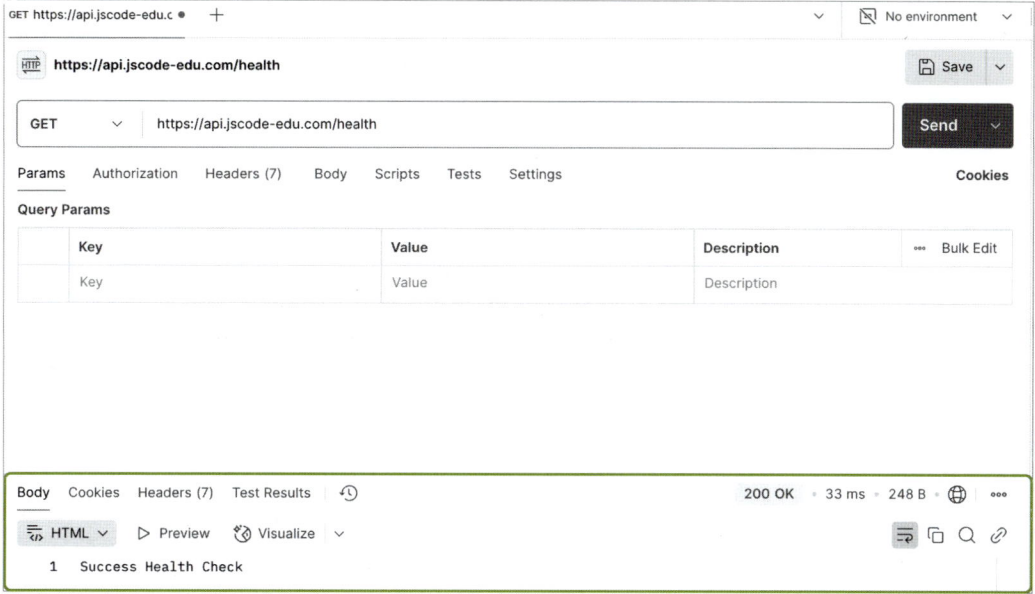

### 3  게시글 등록 API 테스트하기

이번에는 게시글을 생성하기 위해 https://{도메인 주소}/boards에 POST 요청을 보내 보겠습니다. 다음과 같이 입력하고 [Send]를 클릭해 요청을 보냅니다.

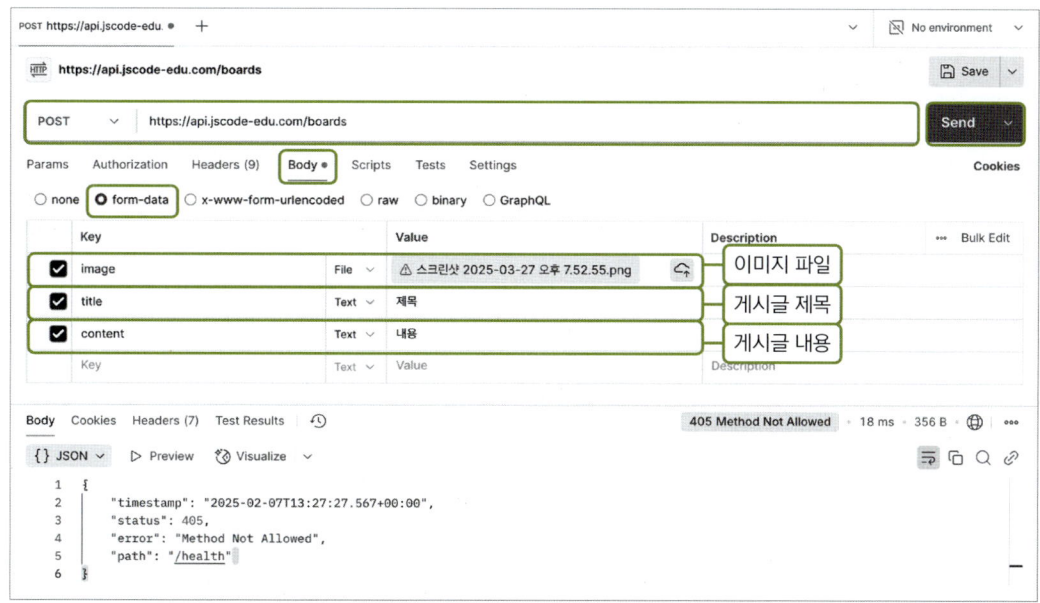

6장 → S3로 이미지 저장소 만들기   183

화면 아래쪽에서 백엔드 서버의 응답을 확인할 수 있습니다.

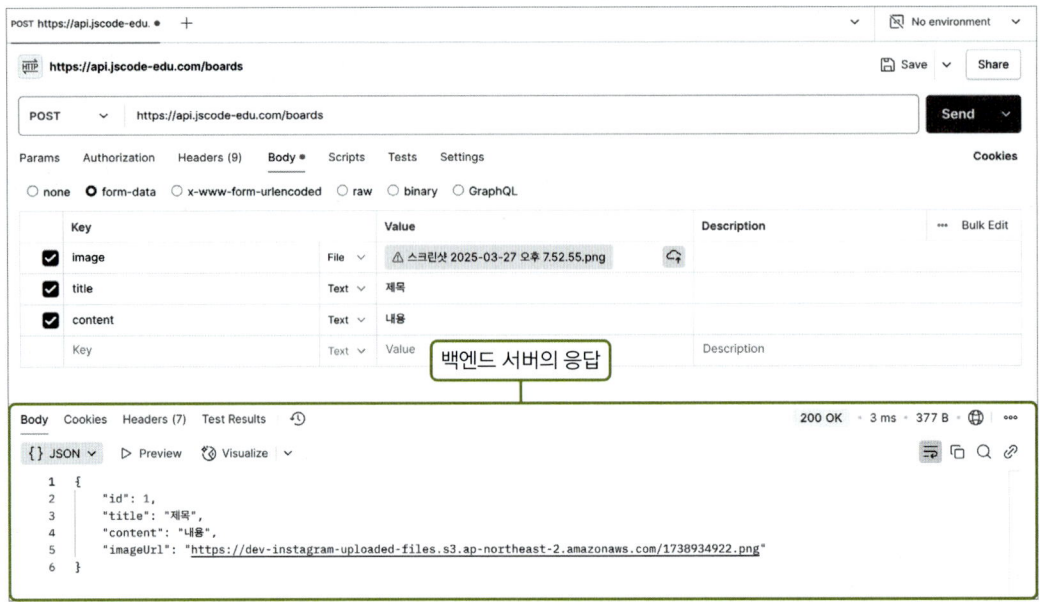

백엔드 서버에 연결한 버킷의 상세 화면에 들어가면 이미지 파일이 정상으로 업로드된 것을 확인할 수 있습니다.

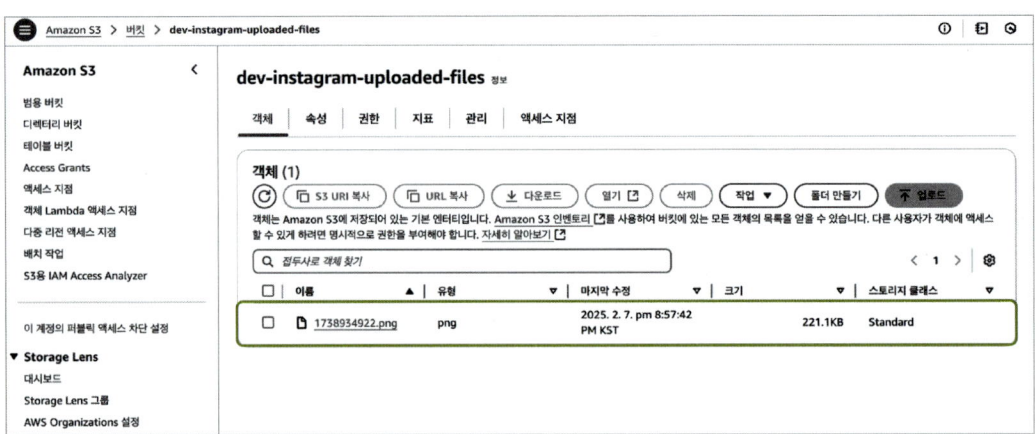

## 4  게시글 조회 API 테스트하기

게시글 조회 API를 테스트하기 위해 https://{도메인 주소}/boards로 GET 요청을 보내 보겠습니다. 다음 화면을 보면 앞에서 저장한 게시글 데이터가 잘 조회되는 것을 확인할 수 있습니다.

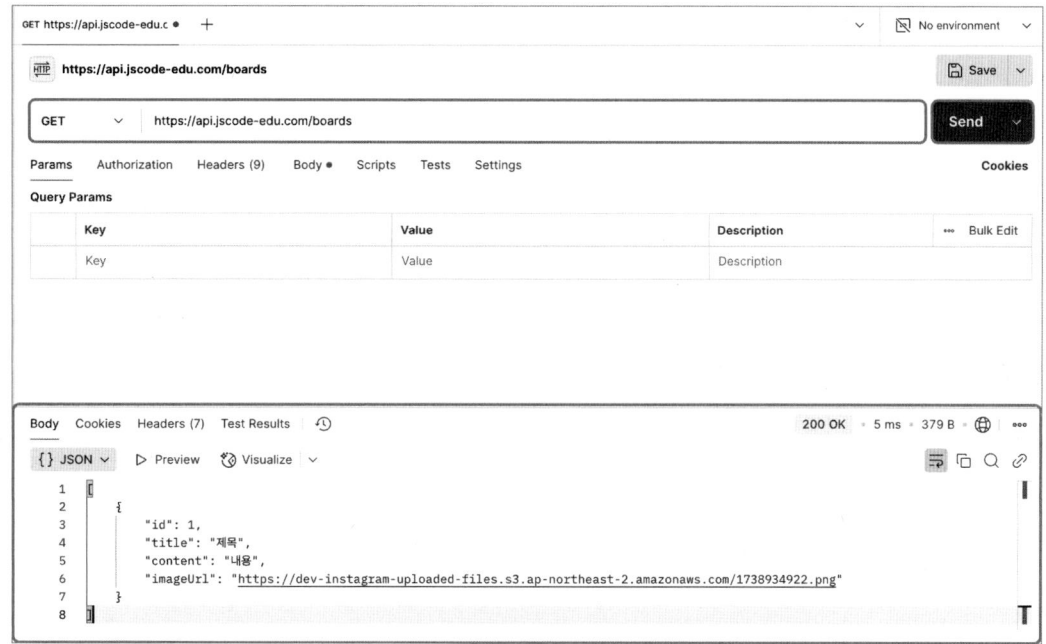

## 6장 되새김 문제

**1** S3를 사용하는 주된 이유는 무엇입니까?
   A. 데이터 저장
   B. 파일 저장과 최적화된 파일 다운로드 관리
   C. 실시간 데이터 처리
   D. 대규모 데이터베이스 관리

**2** S3에서 '버킷'이란 무엇을 의미합니까?
   A. 파일을 저장하는 저장소
   B. 파일을 압축하는 도구
   C. 데이터베이스 서비스
   D. 네트워크 연결 구성

**3** S3에서 '객체'는 무엇을 가리킵니까?
   A. S3 버킷에 업로드된 파일
   B. 데이터 전송 프로토콜
   C. 데이터 보안 메커니즘
   D. 사용자 인증 방법

**4** AWS에서 정책policy이란 무엇을 의미합니까?
   A. 특정 사용자에게 AWS 자원에 대한 접근을 제한하는 설정
   B. AWS 자원을 관리하는 물리적 도구
   C. 권한을 정의하는 JSON 문서
   D. AWS의 보안 감사를 수행하는 프로토콜

**5** AWS 리소스에 대한 접근 권한을 제어하는 서비스는 무엇인가요?
   A. IAM
   B. S3
   C. EC2
   D. RDS

정답 1.B 2.A 3.A 4.C 5.A

# 7장
# S3와 CloudFront로 웹 사이트 배포하기

지금까지는 EC2, ELB, RDS를 활용해서 백엔드 서버를 배포하는 방법을 배웠습니다. 이제 사용자들이 접속할 프런트엔드, 즉 웹 사이트를 배포하는 방법을 알아보겠습니다. 웹 사이트를 전 세계 사용자들에게 빠르고 안전하게 제공하려면 S3와 CloudFront를 활용해야 합니다. S3는 정적 웹 사이트를 효율적으로 관리할 수 있게 해주며, CloudFront는 전 세계 어디서나 빠른 속도로 콘텐츠를 전송하는 역할을 하기 때문입니다. 이번 장에서는 S3와 CloudFront를 사용해 웹 사이트를 배포해 보겠습니다.

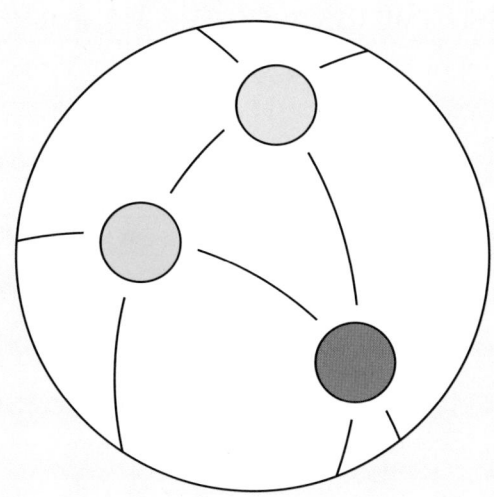

7-1 필수 개념과 함께 CloudFront 이해하기
7-2 웹 사이트용 S3 버킷 준비하기
7-3 S3로 정적 웹 사이트 호스팅하기
7-4 CloudFront 구성하기

# 7-1 필수 개념과 함께 CloudFront 이해하기

웹 사이트는 크게 두 가지 유형으로 나뉩니다. 파일에 저장된 화면을 그대로 보여주는 정적 웹 사이트와 사용자 요청에 따라 화면이 바뀌는 동적 웹 사이트입니다. AWS에서 정적 웹 사이트를 배포할 때는 EC2와 ELB 대신 S3와 CloudFront를 사용할 수 있습니다. 이 서비스들이 정적 콘텐츠를 더 효율적으로 관리하고 제공할 수 있기 때문입니다. 이번 절에서는 정적 웹 사이트의 동작 원리를 이해하고, S3와 CloudFront로 웹 사이트를 배포하는 방법을 알아봅시다.

## 정적 웹 사이트의 동작 원리

우리는 웹 사이트를 열 때 흔히 '접속한다'라고 표현합니다. 하지만 웹 브라우저의 작동 과정을 고려하면 '내려받는다'라는 표현이 더 적합합니다. 사용자가 웹 브라우저에 도메인을 입력하면, 브라우저는 웹 서버에 HTML, CSS, 자바스크립트 파일을 요청하고 이를 내려받아 실행합니다. 결국 웹 브라우저가 이 파일들을 해석해 웹 사이트를 화면에 표시하는 것이므로 '내려받는다'라는 표현이 적절합니다.

정적 웹 사이트 실행 과정

## S3의 정적 웹 사이트 호스팅 기능

S3는 파일을 저장하고 내려받을 수 있는 기능을 제공합니다. 이 기능을 활용하면 웹 사이트를 구성하는 HTML, CSS, 자바스크립트 파일을 S3에 저장하고, 웹 브라우저가 이를 내려받아서 실행할 수 있습니다. 이렇게 하면 별도의 서버 없이도 인터넷에 웹 사이트를 배포할 수 있으며, 마치 웹 서버를 운영하는 것과 같은 효과를 얻을 수 있습니다. 이러한 기능을 '정적 웹 사이트 호스팅'이라고 합니다.

### 정적 웹 사이트 호스팅 기능의 한계점

S3로 웹 사이트를 호스팅할 수는 있지만 사용자 위치에 따라 콘텐츠 전송 속도가 달라질 수 있습니다. 만약 버킷이 한국 리전에 있다면 한국에 있는 사용자는 파일을 빠르게 받을 수 있습니다. 하지만 미국에 있는 사용자가 파일을 받으려면 거리가 멀어 시간이 오래 걸립니다.

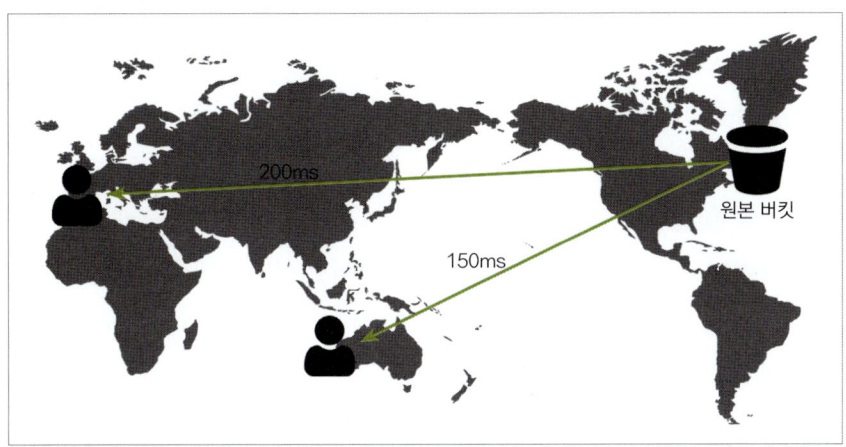

S3의 콘텐츠 전송 속도

## CloudFront

AWS에서는 이러한 문제를 해결하기 위해 전 세계 곳곳에 파일의 복사본을 저장하는 임시 저장소를 구축했습니다. 사용자는 가까운 임시 저장소에서 파일을 가져올 수 있어 콘텐츠를 빠르게 받을 수 있습니다. 이러한 서비스를 CDN<sup>Content Delivery Network</sup>이라고 합니다. AWS에서는 CloudFront라는 CDN 서비스를 제공합니다. 즉, CloudFront는 **콘텐츠를 빠르게 전송하도록 돕는 서비스**라고 할 수 있습니다.

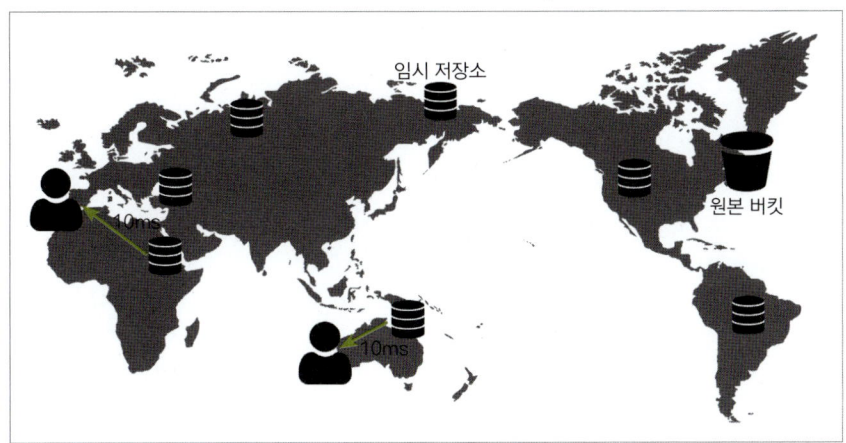

CloudFront의 콘텐츠 전송 속도

### CloudFront의 보안 강화 기능

CloudFront는 보안 강화에서도 중요한 역할을 합니다. 특히 HTTPS를 사용하여 데이터를 전송할 때 암호화를 제공함으로써 보안을 강화할 수 있습니다. 이는 데이터가 사용자와 원본 서버 사이에서 안전하게 전송되도록 보장합니다. CloudFront는 사용자가 HTTPS를 쉽게 설정하고 관리할 수 있는 도구를 제공하며, ACM과 연동하여 SSL/TLS 인증서를 무료로 발급하고 갱신할 수 있습니다. 이러한 CloudFront의 특징 덕분에 S3로 호스팅된 정적 웹 사이트의 신뢰성을 높이고, 최종 사용자에게 안전한 웹 사용 환경을 제공할 수 있습니다.

## S3와 CloudFront를 활용한 아키텍처 구성

S3와 CloudFront를 사용하여 웹 사이트를 배포하기 전에 인프라를 어떤 형태로 구성할지 그림으로 살펴봅시다. S3 버킷은 웹 사이트와 관련된 파일을 저장하는 역할을 합니다. CloudFront는 S3에 업로드된 원본 파일을 각 지역에 분산되어 있는 임시 저장소로 복사합니다. 사용자가 웹 사이트에 접속하면 가장 가까운 거리에 있는 CloudFront 저장소로부터 웹 사이트와 관련된 파일을 내려받습니다. 이렇게 내려받은 파일을 실행하여 웹 사이트에 접속할 수 있습니다.

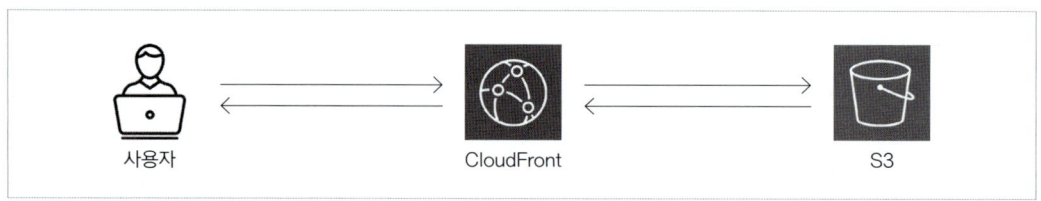

S3와 CloudFront를 활용한 아키텍처

## 7-2 웹 사이트용 S3 버킷 준비하기

S3를 활용해서 정적 웹 사이트를 호스팅하려면 먼저 웹 사이트를 실행하는 데 필요한 파일을 저장할 버킷을 준비해야 합니다. 이번 절에서 생성하는 버킷도 6장에서 생성한 것처럼 퍼블릭 액세스를 허용하고 모든 사람이 접근할 수 있도록 버킷 정책을 추가합니다.

### Do it! 실습 정적 웹 사이트 호스팅용 S3 버킷 준비하기

#### 1 S3 버킷 생성하기
다음 조건에 맞게 정적 웹 사이트 호스팅용 S3 버킷을 생성해 봅시다.

| 항목 | 값 |
| --- | --- |
| 버킷 이름 | 고유한 이름으로 설정 |
| 객체 소유권 | ACL 비활성화 |
| 모든 퍼블릭 액세스 차단 | 모두 해제 |
| 버킷 버전 관리 | 비활성화 |

☁ S3 버킷을 생성하는 방법이 기억나지 않는다면 6-2절의 실습 내용을 참고하세요.

S3 버킷이 생성되면 다음과 같이 S3 콘솔의 범용 버킷 목록에서 확인할 수 있습니다.

7장 → S3와 CloudFront로 웹 사이트 배포하기 **191**

## 2 버킷 정책 추가하기

누구나 웹 사이트 파일에 접근할 수 있도록 다음과 같은 버킷 정책을 추가합니다.

| 항목 | 값 |
| --- | --- |
| 서비스 | S3 |
| 작업 | GetObject |
| 리소스 | 버킷 내 모든 객체(arn:aws:s3:::{버킷 이름}/*) |
| 보안 주체 | 모든 사용자(*) |

☁ 버킷 정책을 설정하는 방법이 기억나지 않는다면 6-3절의 실습 내용을 참고하세요.

정책이 올바르게 작성됐다면 다음과 같이 등록된 정책을 확인할 수 있습니다.

**버킷 정책**  [편집] [삭제]

JSON으로 작성된 버킷 정책은 버킷에 저장된 객체에 대한 액세스 권한을 제공합니다. 버킷 정책은 다른 계정이 소유한 객체에는 적용되지 않습니다. 자세히 알아보기 ↗

[복사]

```
{
    "Version": "2012-10-17",
    "Statement": [
        {
            "Sid": "Statement1",
            "Effect": "Allow",
            "Principal": "*",
            "Action": "s3:GetObject",
            "Resource": "arn:aws:s3:::dev-instagram-web/*"
        }
    ]
}
```

## 7-3 S3로 정적 웹 사이트 호스팅하기

준비한 버킷을 활용하여 정적 웹 사이트를 호스팅하는 방법을 알아보겠습니다. 일반적으로 웹 사이트는 여러 개의 HTML, CSS, 자바스크립트 파일로 구성되지만, 이번 실습에서는 배포 과정에 집중할 수 있도록 HTML 파일 1개로 구성된 웹 사이트를 배포합니다.

### Do it! 실습 S3로 웹 사이트 배포하기

#### 1 index.html 파일 만들기

노트북 또는 데스크톱 컴퓨터에서 텍스트 편집기를 활용해 다음과 같이 index.html 파일을 작성합니다. 이 파일은 사용자가 웹 사이트를 방문할 때 가장 먼저 요청하고 불러오는 파일로, 웹 사이트의 메인 화면을 정의합니다.

#### 2 S3 버킷에 웹 사이트 파일 업로드하기

S3 콘솔의 왼쪽 메뉴에서 [범용 버킷]을 클릭합니다. 화면 오른쪽의 범용 버킷 목록 가운데 7-2절의 실습에서 생성한 버킷을 선택해 상세 화면으로 이동합니다.

7장 → S3와 CloudFront로 웹 사이트 배포하기  193

버킷 상세 화면이 나타나면 오른쪽 위에 있는 [업로드] 버튼을 클릭합니다.

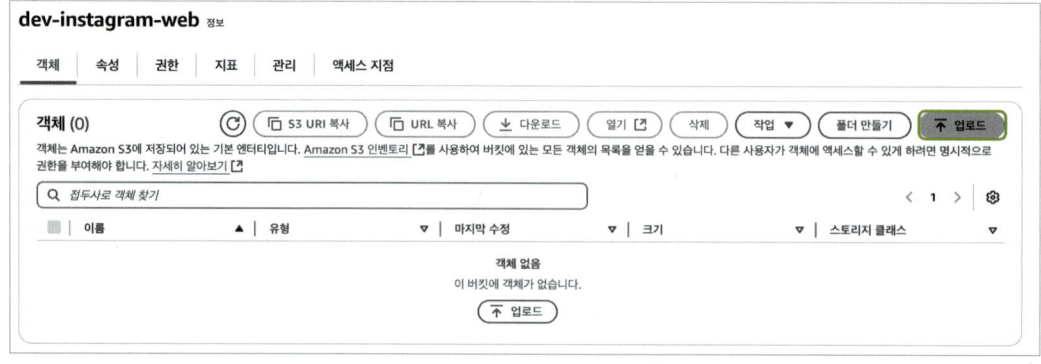

업로드 화면이 나타나면 [파일 추가] 버튼을 클릭합니다.

파인더 또는 파일 탐색기가 표시되면 앞에서 만든 index.html 파일을 선택하고 [열기] 버튼을 클릭합니다.

파일 및 폴더 목록에 index.html 파일이 추가되면 오른쪽 아래에 있는 [업로드] 버튼을 클릭합니다.

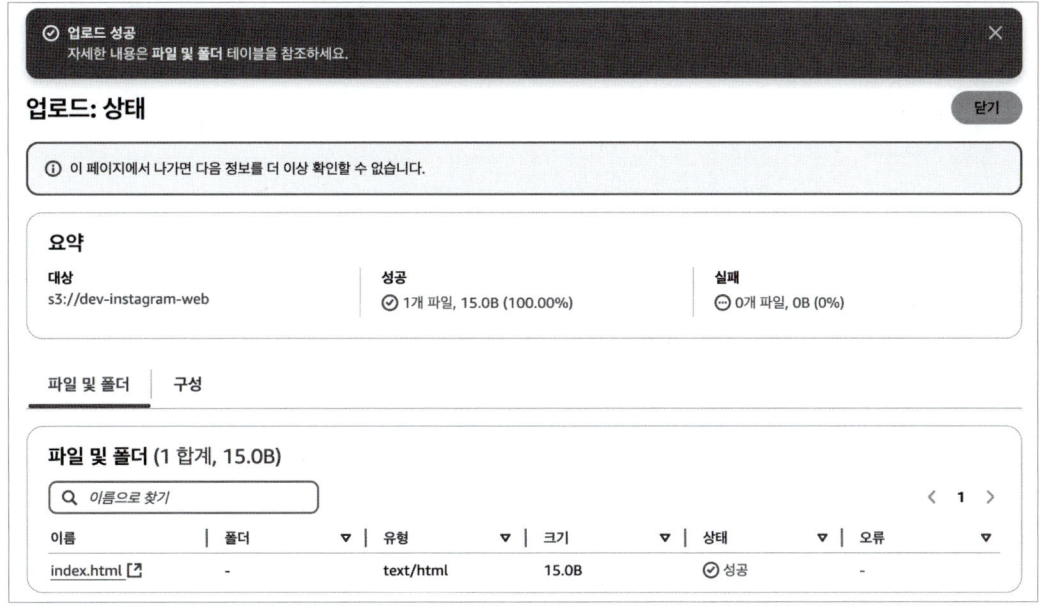

업로드를 완료했다면 다음과 같은 화면을 볼 수 있습니다.

다시 버킷 상세 화면으로 돌아오면 다음과 같이 파일이 업로드되어 있습니다. 하지만 파일만 업로드한다고 해서 웹 사이트가 완성된 것은 아닙니다. 다음 단계에서 웹 사이트 호스팅 설정을 추가해 봅시다.

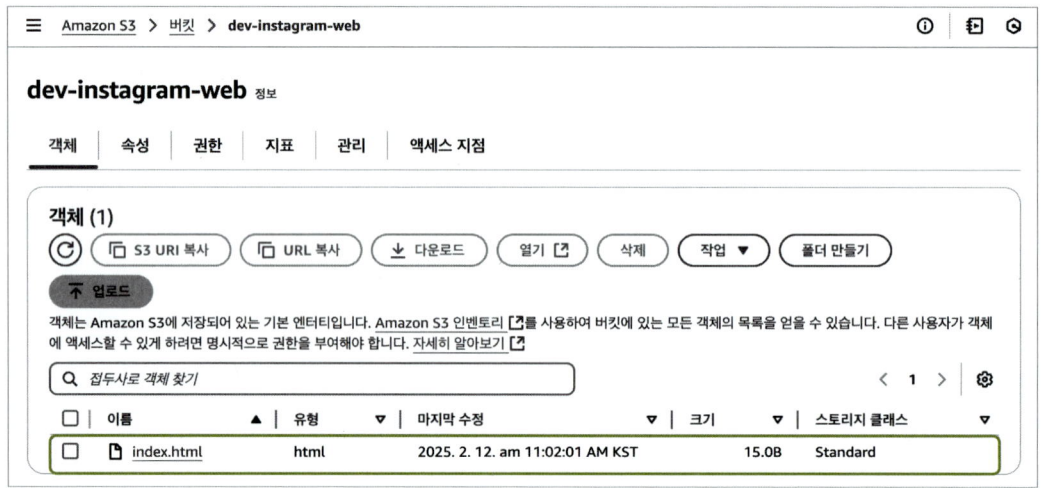

### 3  S3에 정적 웹 사이트 호스팅 설정하기

버킷 상세 화면에서 [속성] 탭을 선택합니다.

[속성] 탭 가장 아래에서 [정적 웹 사이트 호스팅] 설정을 확인할 수 있습니다. 웹 사이트 호스팅을 활성화하기 위해 오른쪽 위의 [편집] 버튼을 클릭합니다.

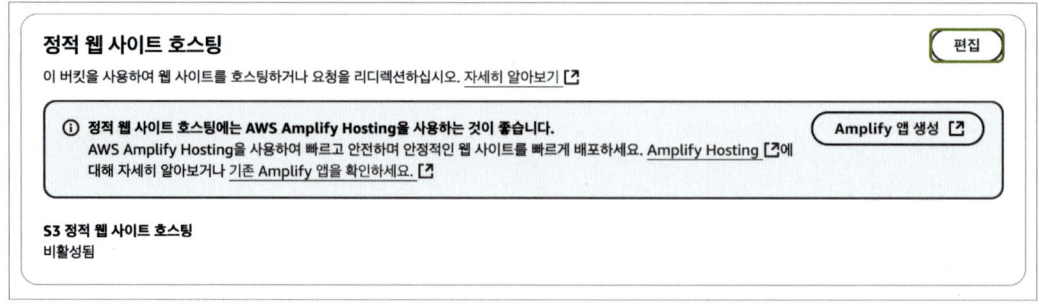

정적 웹 사이트 호스팅 편집 화면이 표시되면 [정적 웹 사이트 호스팅]에서 [활성화]를 선택합니다.

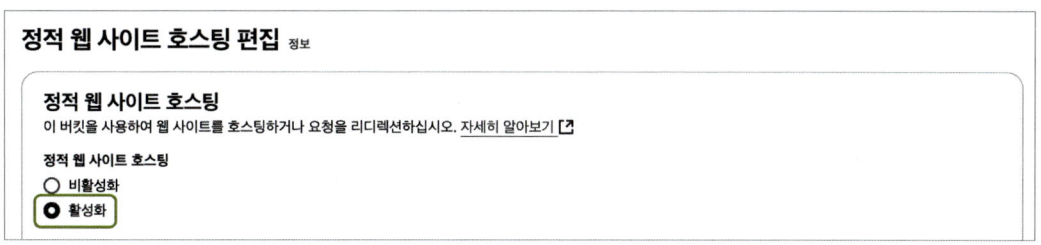

[활성화]를 선택하면 많은 옵션이 표시되는데, 이 중에서 [호스팅 유형]과 [인덱스 문서]를 설정할 것입니다. [호스팅 유형]은 웹 사이트를 호스팅할 방식을 결정합니다. 우리가 S3로 배포한 웹 사이트에 사용자가 접속할 수 있도록 **정적 웹 사이트 호스팅** 옵션을 선택합니다.

☁️ [객체에 대한 요청 리디렉션] 옵션을 선택하면 버킷 안 객체에 대한 요청을 다른 URL로 리디렉션합니다. 예전 URL로 들어오는 방문자를 새 URL로 안내하기 위해 이 옵션을 사용하기도 합니다.

[인덱스 문서]에는 배포한 웹 사이트에 접속했을 때 맨 처음으로 보일 페이지의 파일 이름을 작성합니다. 앞에서 작성한 파일을 사용할 것이므로 index.html이라고 입력하겠습니다. 나머지 옵션은 그대로 두고 오른쪽 아래에 있는 [변경 사항 저장] 버튼을 클릭합니다.

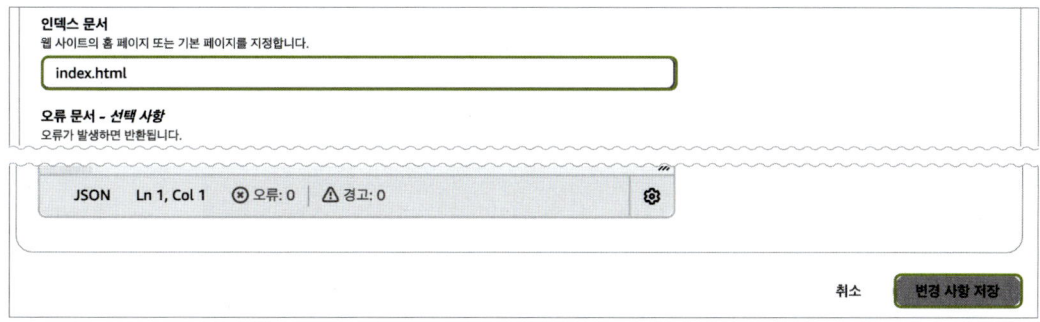

## 4 웹 사이트 접속하기

버킷의 상세 화면에서 [속성] 탭을 선택합니다.

[정적 웹 사이트 호스팅] 아래의 [버킷 웹 사이트 엔드포인트] 주소를 클릭해서 웹 사이트로 이동합니다

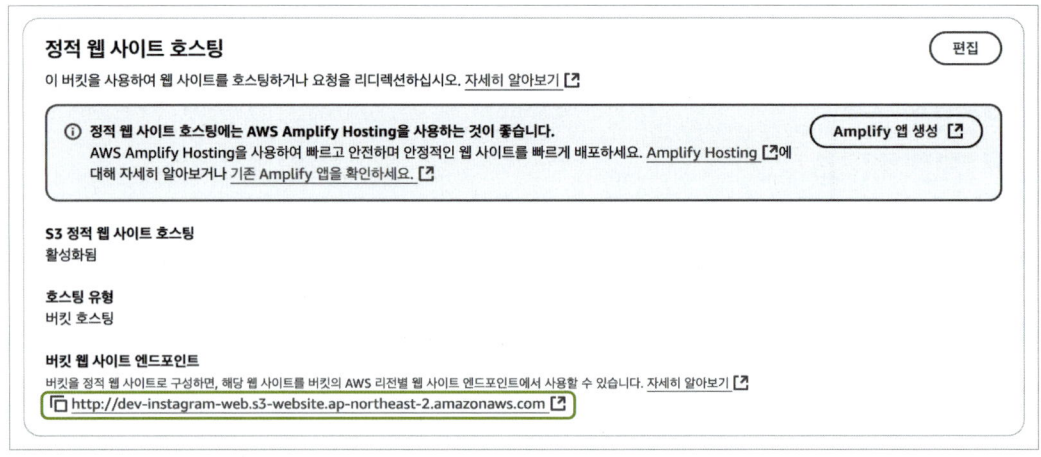

index.html에 작성한 내용이 웹 브라우저에 표시된다면 정상으로 배포됐다는 뜻입니다.

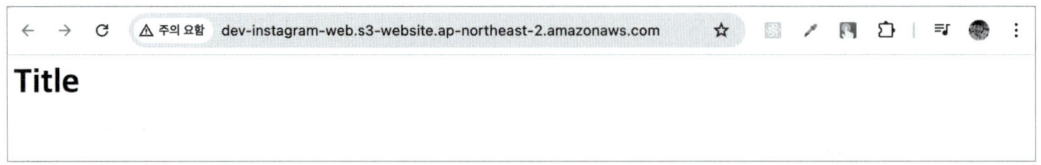

이렇게 S3만으로도 웹 사이트를 배포할 수 있지만 아직 아쉬운 점이 있습니다. 다음 실습에서는 CloudFront를 사용해서 이 웹 사이트를 보완해 보겠습니다.

# 7-4 CloudFront 구성하기

S3 버킷으로 만든 웹 사이트에는 몇 가지 부족한 점이 있습니다. 멀리 있는 사용자가 접속할 경우 속도가 느려질 수 있고, 기본으로 제공되는 도메인 주소는 외우기 어려우며, HTTPS 보안 설정도 적용되지 않았습니다. 이러한 문제를 해결하기 위해 CloudFront를 적용하여 웹 사이트의 속도를 개선하고, 새로운 도메인과 HTTPS를 설정해 보겠습니다.

## Do it! 실습  CloudFront 생성하기

### 1  CloudFront 콘솔 들어가기

AWS 콘솔의 검색 창에 **cloudfront**라고 입력한 후, [CloudFront] 서비스를 클릭합니다.

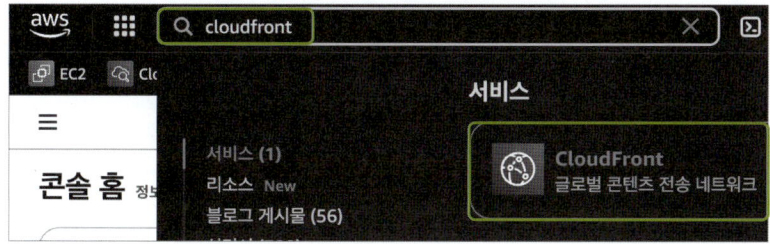

### 2  CloudFront 배포 생성하기

CloudFront 콘솔에서 [CloudFront 배포 생성] 버튼을 클릭합니다.

☁ CloudFront는 배포라는 단위를 기준으로 설정을 관리합니다.

7장 → S3와 CloudFront로 웹 사이트 배포하기  **199**

### 3 원본 도메인 선택하기

원본으로 사용할 저장소의 도메인을 선택하는 단계입니다. CloudFront는 이 원본 저장소로부터 데이터를 복사하여 사용자에게 전달합니다. [Origin domain]에서 **웹 사이트를 호스팅하고 있는 버킷의 주소**를 클릭합니다.

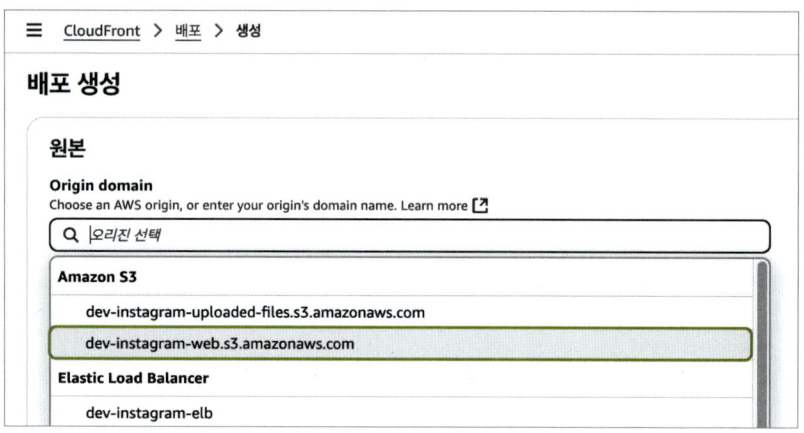

정적 웹 사이트 호스팅 기능이 활성화된 버킷을 선택했으므로 다음과 같이 안내 문구가 표시됩니다. [웹 사이트 엔드포인트 사용] 버튼을 클릭하여, CloudFront가 웹 사이트 엔드포인트를 사용해서 버킷에 접근하도록 설정합니다.

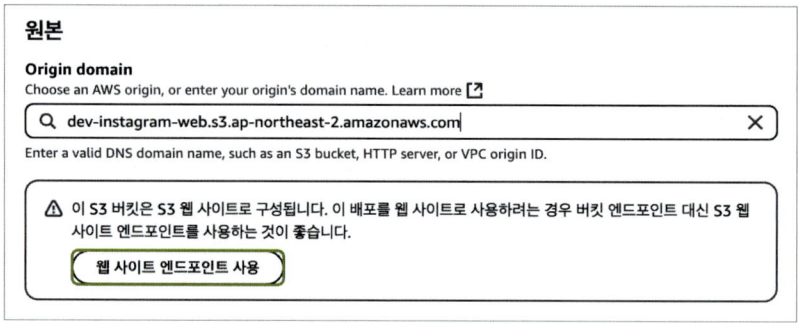

### 4 프로토콜 정책 선택하기

[설정] 아래의 [뷰어 프로토콜 정책]을 Redirect HTTP to HTTPS로 설정합니다. 이 정책을 사용하면 사용자가 HTTP로 접속하더라도 자동으로 HTTPS로 전환됩니다. 즉, 보안에 취약한 HTTP 요청을 차단하고, 항상 HTTPS를 사용하도록 강제하는 설정입니다. 그 외 옵션은 그대로 둡니다.

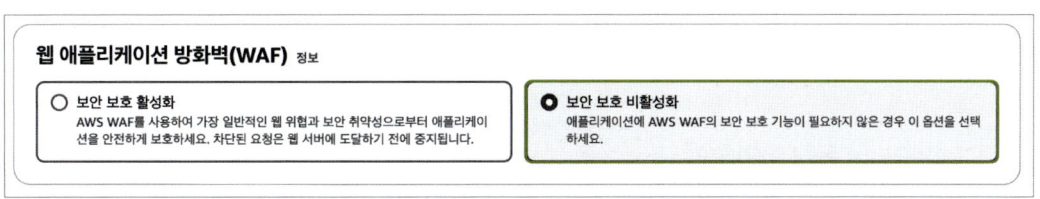

### 5  웹 애플리케이션 방화벽 비활성화하기

AWS의 웹 애플리케이션 방화벽 서비스인 WAF의 사용 여부를 설정합니다. 이 서비스는 프리 티어에는 포함되지 않으므로 이번 실습에서는 **보안 보호 비활성화**를 선택합니다. 서비스 규모가 커지고 보안이 중요해지는 시점에 방화벽을 설정해도 늦지 않습니다.

### 6  가격 분류 선택하기

[가격 분류]는 전 세계에 분산된 CloudFront의 임시 저장소 중에서 어느 저장소를 사용할지 설정하는 옵션입니다. 서비스 사용 범위에 따라 가격 분류를 선택합니다. 이번 실습에서 배포하는 웹 사이트는 국내에서만 사용한다고 가정하고 **북미, 유럽, 아시아, 중동 및 아프리카에서 사용**을 선택하겠습니다.

☁ 전 세계 사용자를 대상으로 하는 서비스라면 [모든 엣지 로케이션에서 사용]을 선택합니다.

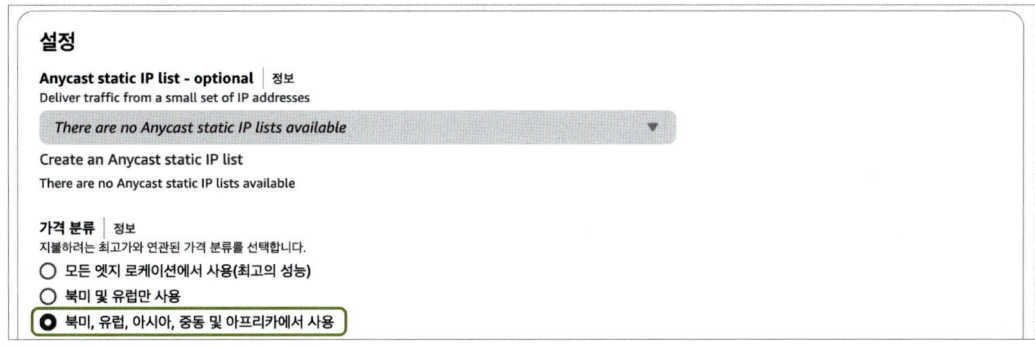

7장 → S3와 CloudFront로 웹 사이트 배포하기

### 7  기본값 루트 객체 설정하기

[기본값 루트 객체]는 CloudFront의 주소로 접근했을 때 웹 사이트의 메인 페이지에 해당하는 파일을 설정하는 옵션입니다. S3 버킷에서 인덱스 문서를 index.html으로 지정했으므로 기본값 루트 객체 칸에도 index.html이라고 작성합니다. 모든 설정이 완료되었다면 오른쪽 아래에 있는 [배포 생성] 버튼을 클릭합니다.

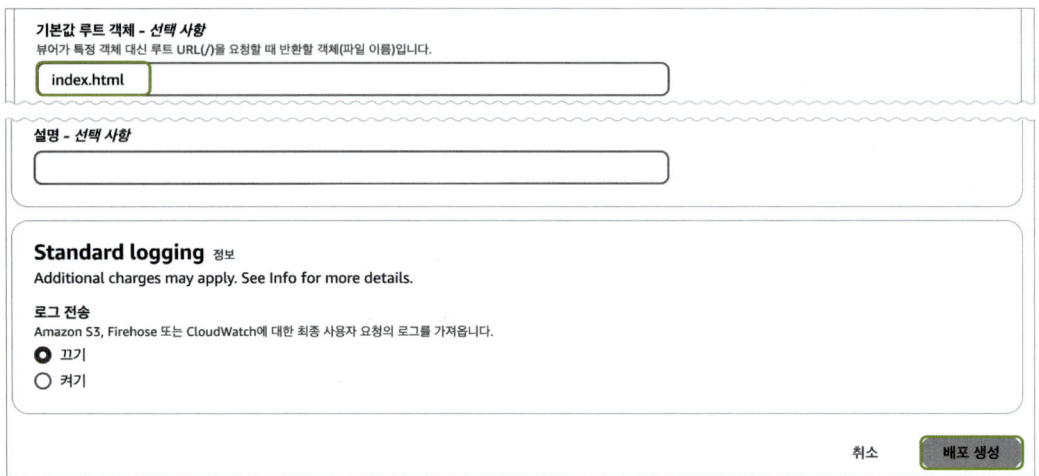

### 8  CloudFront 동작 확인하기

CloudFront가 정상으로 생성됐다면 다음과 같은 화면이 표시됩니다. [배포 도메인 이름]을 사용하면 CloudFront를 통해 S3에 배포한 웹 사이트에 접속할 수 있습니다. CloudFront가 S3로부터 원본 데이터를 내려받는 시간이 필요하므로 2~3분 기다린 뒤에 배포 도메인 이름으로 접속합니다.

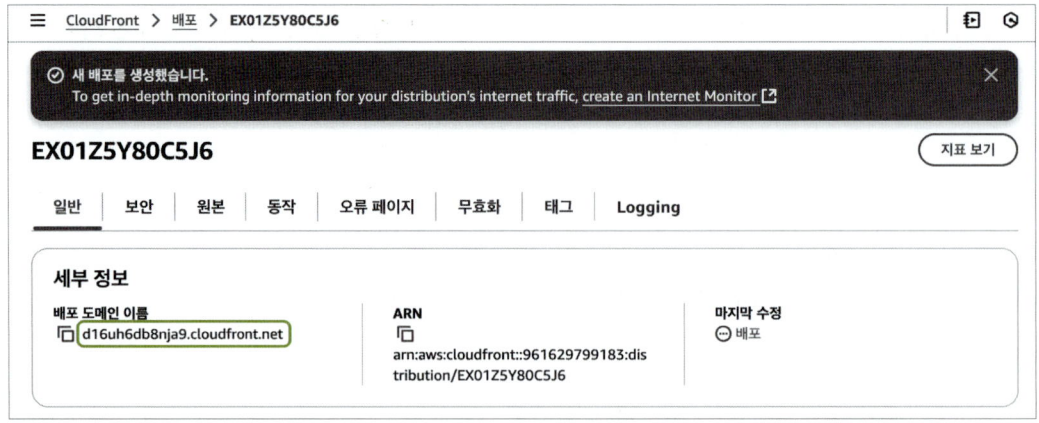

CloudFront와 S3가 올바르게 연결되었다면, CloudFront의 배포 도메인 이름으로 접속한 화면과 S3 버킷의 웹 사이트 엔드포인트로 접속한 화면이 동일하게 표시됩니다.

### Do it! 실습  새로운 도메인과 HTTPS 적용하기

S3에 CloudFront를 연결하는 것까지 성공했지만 아직 이 웹 사이트에는 임의의 도메인이 적용되어 있습니다. 원하는 도메인과 연결하고 HTTPS를 적용해 보겠습니다.

#### 1  ACM 콘솔 들어가기

AWS 콘솔의 검색 창에 certificate라고 입력한 후, [Certificate Manager] 서비스를 클릭합니다.

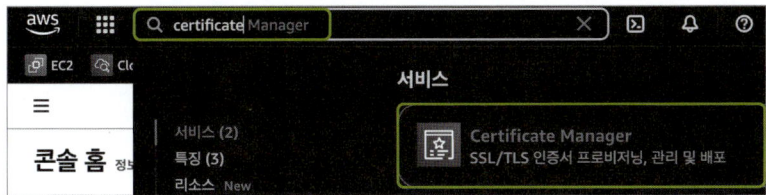

#### 2  리전 선택하기

CloudFront에 HTTPS를 적용하려면 인증서를 미국 (버지니아 북부)에서 발급받아야 합니다. 따라서 이번에는 리전 메뉴에서 [미국 → 버지니아 북부]를 선택합니다.

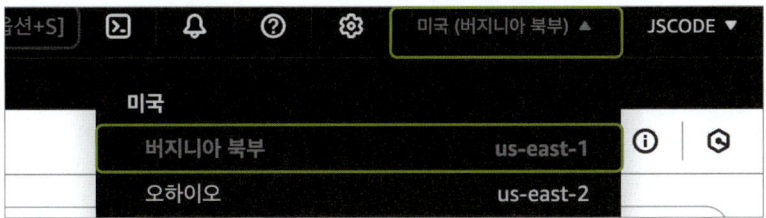

### 3  인증서 요청하기

다음 정보를 참고하여 ACM 콘솔에서 인증서를 발급받습니다.

| 항목 | 값 |
| --- | --- |
| 도메인 이름 | 사용할 도메인 이름(예: jscode-edu.com) |
| 검증 방법 | DNS 검증 |
| 키 알고리즘 | RSA 2048 |

☁ 인증서를 요청하고 검증하는 방법이 기억나지 않는다면 4-5절의 실습 내용을 참고하세요.

### 4  CloudFront 설정에서 인증서 적용하기

CloudFront 콘솔의 왼쪽 메뉴에서 [배포]를 클릭합니다. 화면 오른쪽의 배포 목록에서 S3를 원본으로 사용하는 배포의 ID를 클릭하여 배포 상세 화면으로 이동합니다.

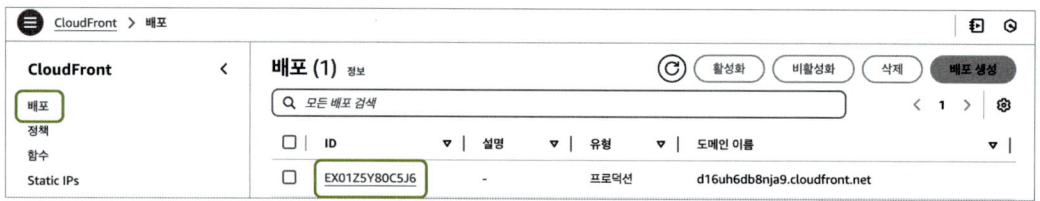

배포 상세 화면이 나타나면 [일반] 탭의 설정 섹션에서 [편집] 버튼을 클릭합니다.

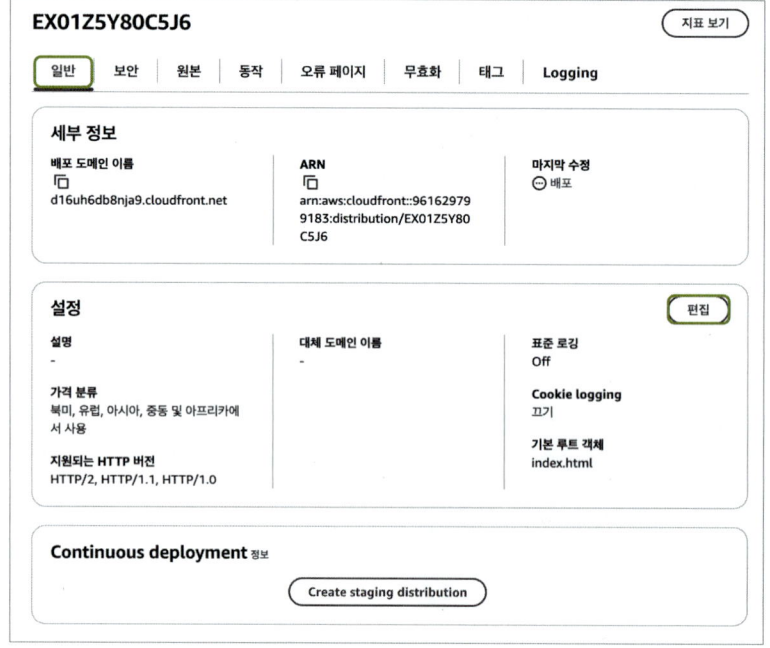

[Alternative domain name]에 **SSL/TLS 인증서를 발급받을 때 썼던 도메인**을 그대로 작성합니다. 이 도메인은 기본으로 제공되는 도메인 대신 사용할 대체 도메인을 의미하며 이번 실습에서는 jscode-edu.com이라고 작성했습니다. 그리고 [Custom SSL certificate]에서는 **ACM에서 발급받은 SSL/TLS 인증서**를 선택합니다. 나머지 옵션은 그대로 두고 오른쪽 아래에 있는 [변경 사항 저장] 버튼을 클릭합니다.

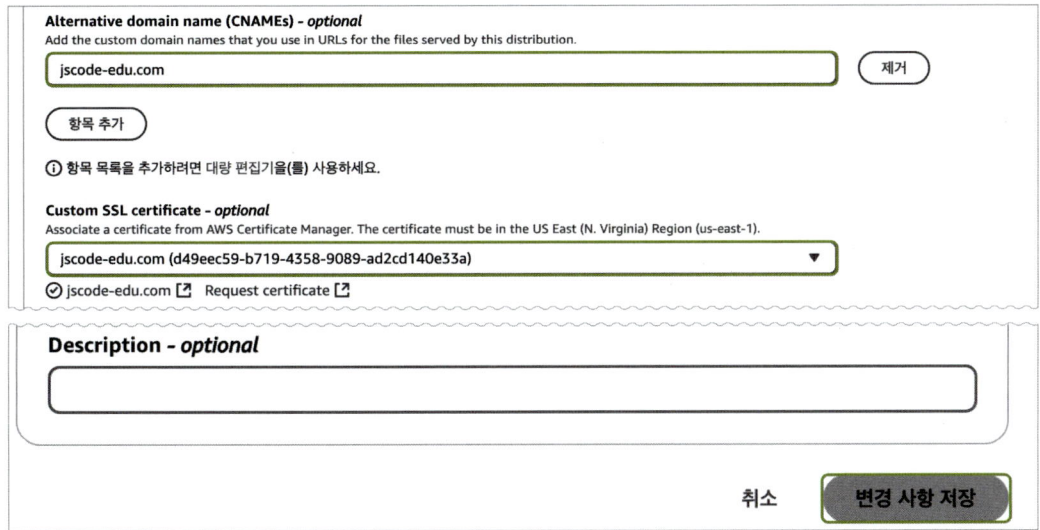

## 5 CloudFront에 도메인 연결하기

Route 53 콘솔에서 해당 도메인의 레코드 목록 화면으로 이동한 뒤에 [레코드 생성] 버튼을 클릭합니다.

레코드 생성 화면이 표시되면 [별칭] 옵션을 활성화한 뒤에 [트래픽 라우팅 대상]에서 **CloudFront 배포에 대한 별칭**을 클릭합니다.

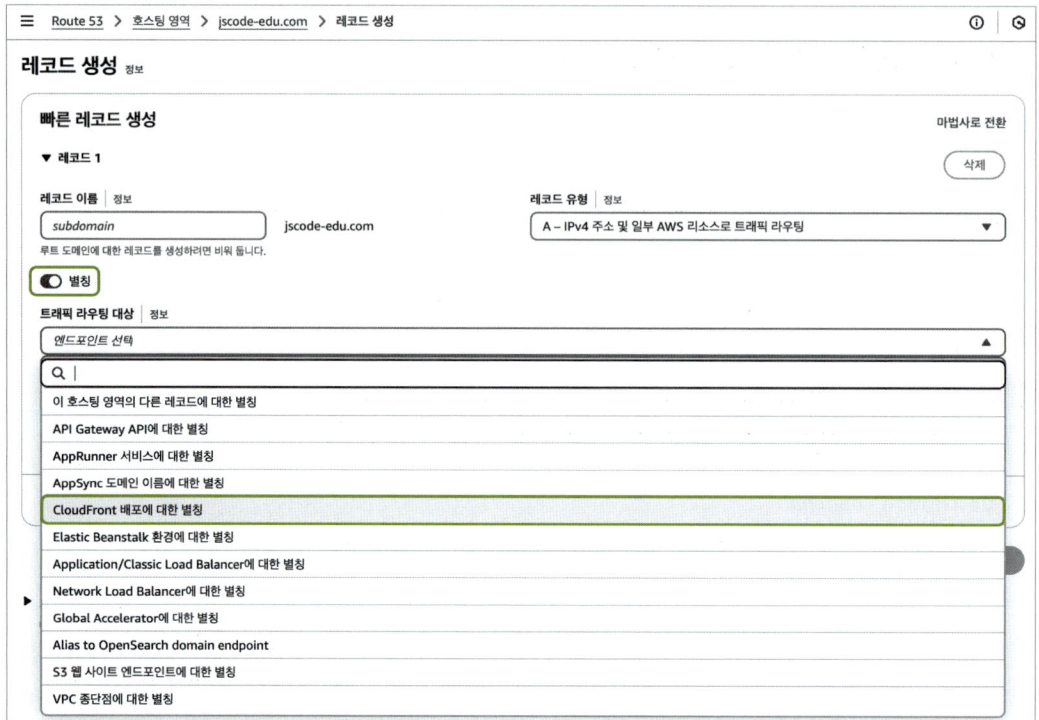

앞에서 만든 CloudFront를 선택한 후, [레코드 생성] 버튼을 클릭합니다.

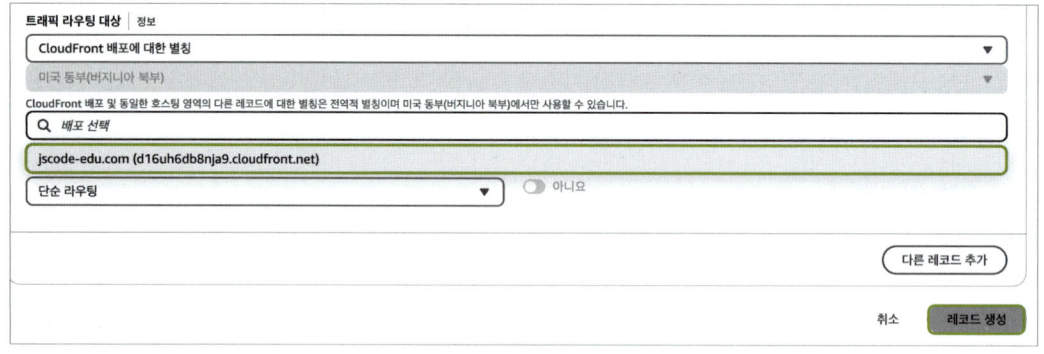

## 6 도메인 주소로 접속 확인하기

앞에서 설정한 도메인 주소로 접속해 봅시다. 다음과 같이 배포 도메인 이름으로 접속했을 때와 같은 웹 사이트가 표시된다면 정상으로 접속된 것입니다.

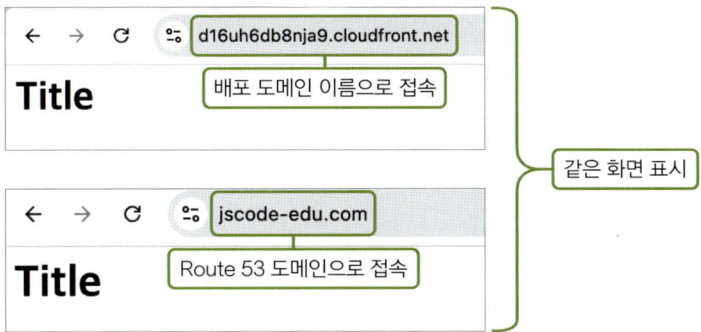

웹 브라우저에서 주소 창 왼쪽의 버튼을 클릭하면 설정한 도메인 주소에 HTTPS가 적용된 것도 확인할 수 있습니다.

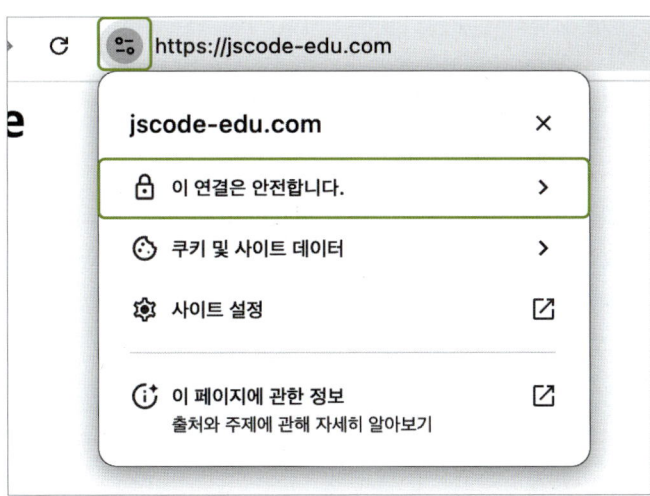

## 7장 되새김 문제

**1** CloudFront의 주요 기능은 무엇입니까?
  A. 파일을 영구적으로 저장
  B. 전 세계로 콘텐츠를 빠르게 전달해 주는 CDN 서비스
  C. 클라우드에서 웹 사이트 직접 구축
  D. 데이터베이스 관리 기능 제공

**2** CloudFront를 사용해야 하는 이유는 무엇입니까?
  A. 전송 속도 향상, HTTPS 적용 가능, 보안 강화 등을 위해
  B. 더 낮은 비용으로 웹 서비스를 호스팅하기 위해
  C. AWS 서비스 간의 연동을 단순화하기 위해
  D. 모든 웹 서비스를 자동으로 업데이트하기 위해

**3** CloudFront가 콘텐츠 전달을 가속화하는 방법은 무엇입니까?
  A. 원본 데이터를 압축하여 저장
  B. 전 세계 여러 지역에 데이터의 복사본 저장
  C. AWS 네트워크를 통해 데이터를 직접 전송
  D. 클라우드 컴퓨팅 자원을 사용하여 데이터 처리

**4** S3로 호스팅한 웹 사이트에 HTTPS를 적용할 때 CloudFront가 필요한 이유는 무엇입니까?
  A. S3는 기본적으로 HTTPS를 지원하지 않기 때문
  B. HTTPS는 CloudFront에서만 구성할 수 있기 때문
  C. CloudFront가 보안 인증을 자동으로 제공하기 때문
  D. S3는 보안 프로토콜을 지원하지 않기 때문

정답 1.B 2.A 3.B 4.A

# 8장

# AWS 자원 깔끔하게 삭제하기

지금까지 다양한 AWS 서비스를 활용하여 프런트엔드와 백엔드 프로젝트를 배포해 보았습니다. AWS에서 제공하는 서비스 비용은 대부분 사용한 시간과 양에 비례하여 청구되므로, 실습에서 생성한 AWS 자원을 모두 삭제하여 불필요한 비용이 발생하지 않도록 해야 합니다. 이번 장에서는 필요 없는 자원을 깔끔하게 삭제하는 방법과, 내 계정에서 발생한 비용을 확인하고 효율적으로 관리하는 방법을 알아보겠습니다.

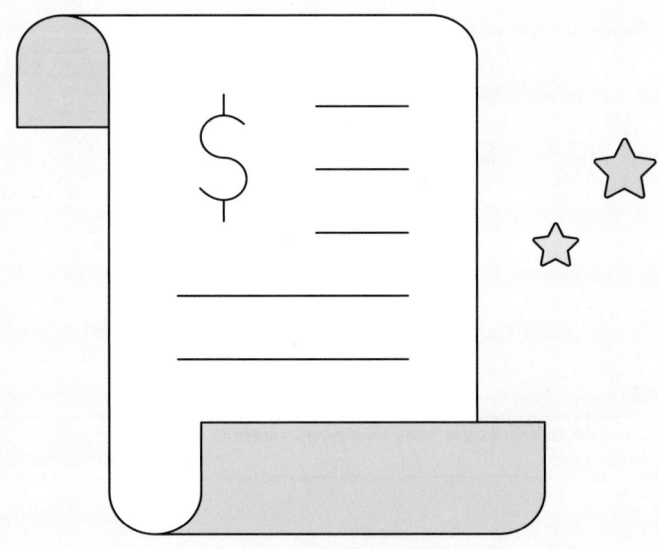

8-1 비용 발생하지 않게 자원 삭제하기
8-2 내 계정에서 발생한 비용 관리하기

## 8-1 비용 발생하지 않게 자원 삭제하기

의도하지 않은 비용이 발생하지 않도록, 지금까지 실습 과정에서 생성한 AWS 자원을 모두 삭제해 보겠습니다. 실습에서 다룬 AWS 자원이 많아서 실수로 삭제하지 않는 자원이 생길 수 있습니다. 다음 실습 과정을 잘 따라 하면서 모든 자원을 빠트리지 않고 삭제하기 바랍니다.

### Do it! 실습  백엔드 프로젝트용 자원 삭제하기

백엔드 프로젝트를 배포할 때 사용한 AWS 자원을 삭제해 보겠습니다.

#### 1  EC2 인스턴스 삭제하기

EC2 콘솔의 왼쪽 메뉴에서 [인스턴스]를 클릭합니다. 오른쪽 화면에서 삭제하려는 EC2 인스턴스를 선택한 뒤, [인스턴스 상태] 메뉴에서 [인스턴스 종료(삭제)]를 클릭합니다.

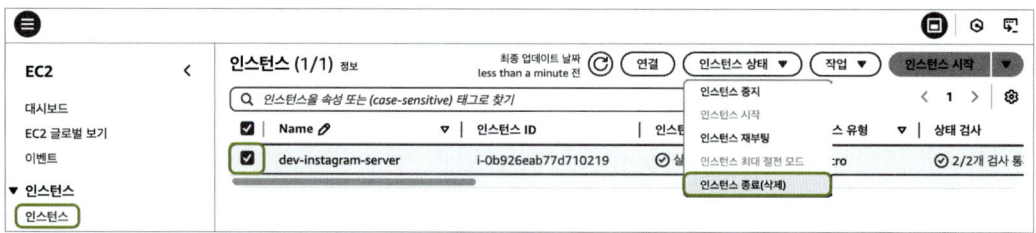

다음과 같은 팝업 창이 표시되면 [종료(삭제)] 버튼을 클릭합니다.

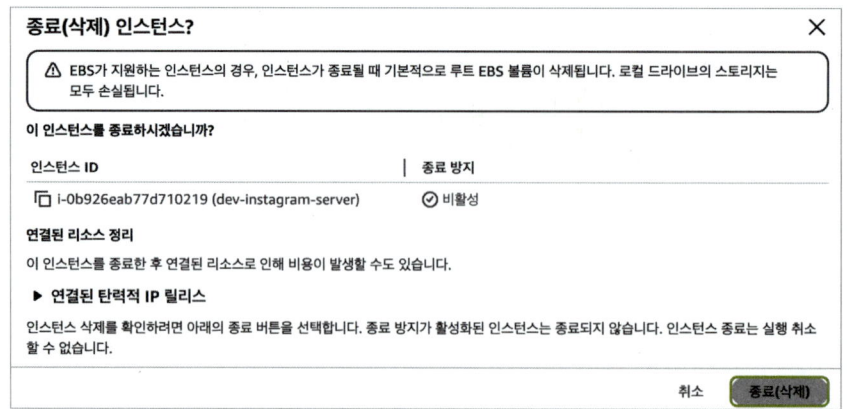

## 2  탄력적 IP 릴리스하기

이번에는 EC2 콘솔의 왼쪽 메뉴에서 [탄력적 IP]를 클릭합니다.

오른쪽 화면에 탄력적 IP 목록이 나타나면 이전에 발급받은 탄력적 IP를 선택하고 오른쪽 위 [작업] 메뉴에서 [탄력적 IP 주소 릴리스]를 클릭합니다.

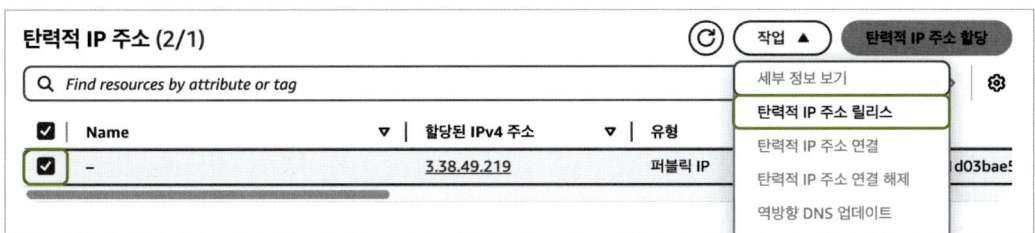

다음과 같은 팝업 창이 표시되면 [릴리즈] 버튼을 클릭합니다.

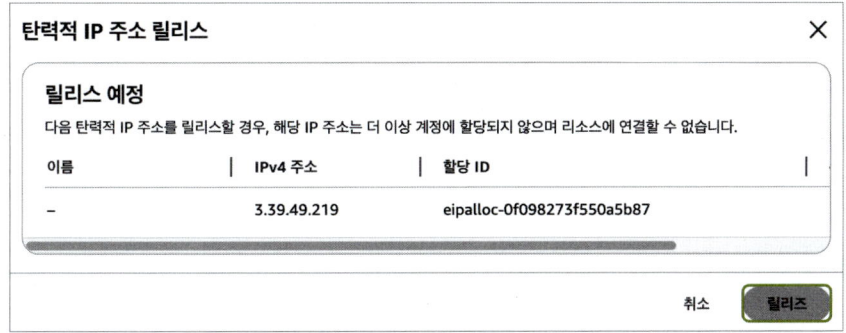

> **선생님, 질문 있어요!** 탄력적 IP 주소를 릴리스할 수 없어요
>
> 다음과 같이 [연결 ID와 함께 릴리스할 수 없음]이라는 오류 메시지가 표시되면서 IP를 릴리스할 수 없는 경우가 있습니다.
>
>
>
> 이런 경우에는 대개 EC2 인스턴스가 종료되는 중이어서 릴리스할 수 없다는 뜻입니다. EC2 인스턴스가 완전히 종료된 이후에 다시 시도하면 탄력적 IP 주소를 릴리스할 수 있습니다.

### 3  로드 밸런서 삭제하기

이번에는 EC2 콘솔에서 [로드 밸런싱 → 로드밸런서] 메뉴로 이동합니다.

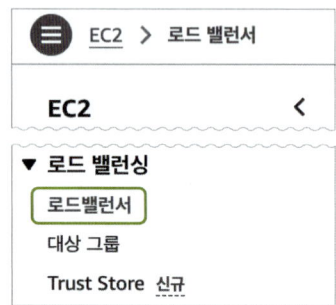

생성되어 있는 로드 밸런서를 선택하고 오른쪽 위 [작업] 메뉴에서 [로드 밸런서 삭제]를 클릭합니다.

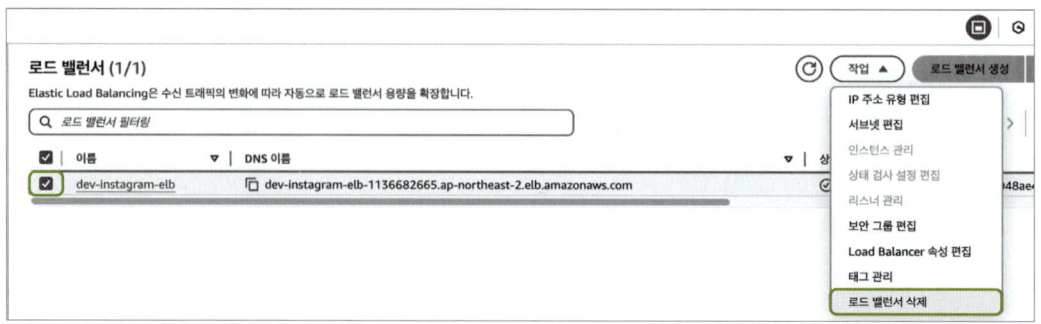

다음과 같은 팝업 창이 표시되면 빈칸에 **확인**이라고 입력한 뒤 [삭제] 버튼을 클릭합니다.

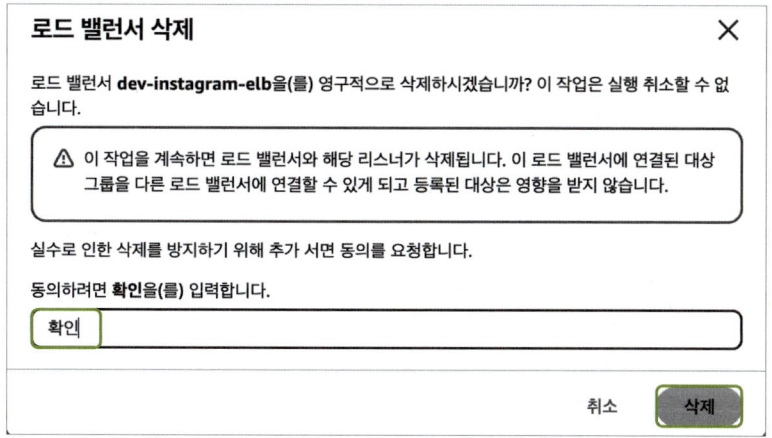

### 4  RDS 인스턴스 삭제하기

RDS 콘솔의 왼쪽 메뉴에서 [데이터베이스]를 클릭합니다.

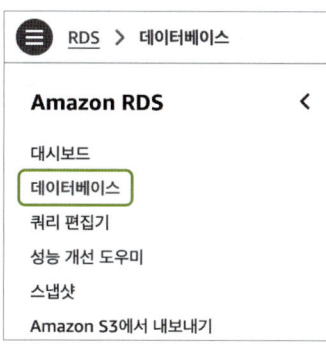

데이터베이스 목록에서 이전에 생성한 RDS 인스턴스를 선택하고 오른쪽 위 [작업] 메뉴에서 [삭제] 버튼을 클릭합니다.

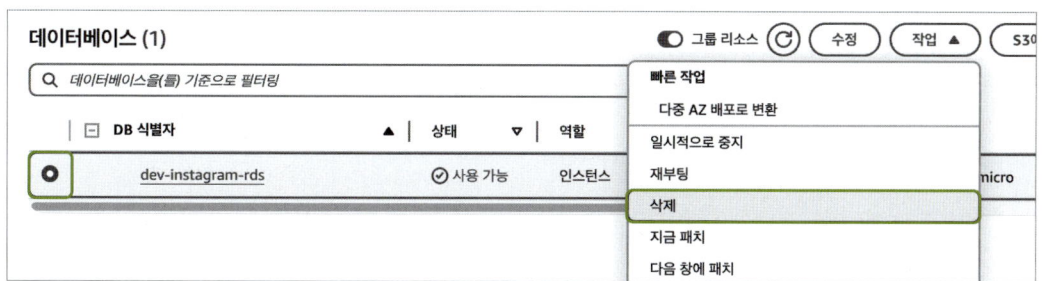

다음과 같은 팝업 창이 표시되면 [최종 스냅샷 생성], [자동 백업 보존] 항목에서 체크 표시를 해제합니다. 두 항목의 체크 표시를 모두 해제하면, 인스턴스를 삭제한 후 복구할 수 없다는 설명과 함께 체크 박스가 추가됩니다. 이 체크 박스에 표시하고, 아래 빈칸에 delete me라고 입력한 뒤에 [삭제] 버튼을 클릭합니다.

☁ [최종 스냅샷 생성], [자동 백업 보존] 항목이 체크되어 있으면 RDS 인스턴스를 삭제하더라도 비용이 발생합니다.

## 5  백엔드용 S3 버킷 삭제하기

S3 콘솔에서 [범용 버킷] 메뉴를 클릭합니다. 버킷을 지우려면 먼저 버킷 안에 있는 파일부터 선택하여 삭제해야 합니다. 백엔드 프로젝트에서 사용한 버킷을 클릭해서 상세 화면으로 들어갑니다.

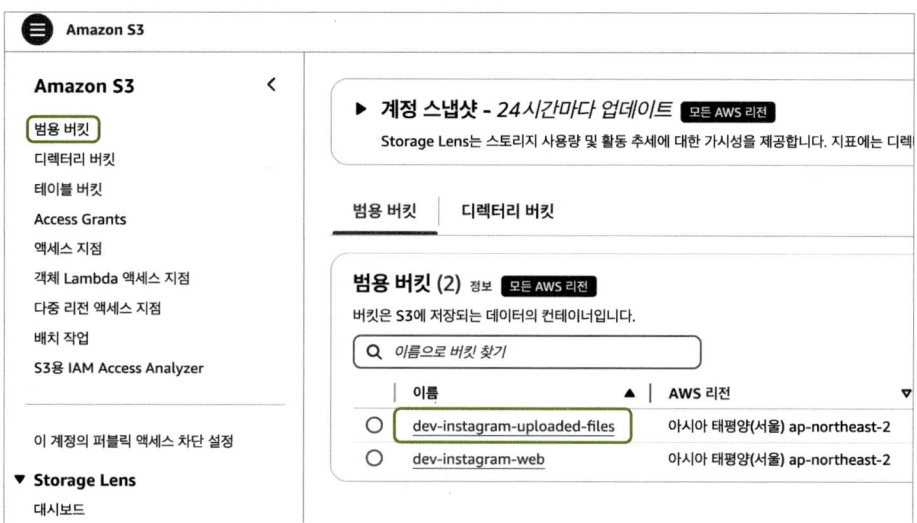

버킷 상세 화면에서 모든 파일을 선택하고 [삭제] 버튼을 클릭합니다.

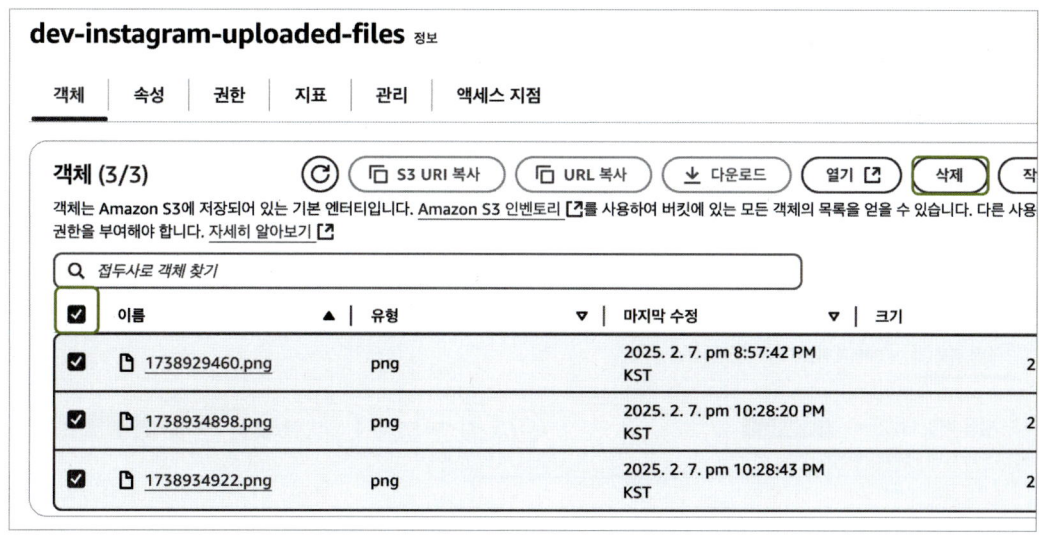

객체 삭제 화면이 나타나면 [객체를 영구 삭제하시겠습니까?] 아래 빈칸에 **영구 삭제**를 입력하고 [객체 삭제] 버튼을 클릭합니다. 그러면 버킷에 저장된 파일이 전부 지워질 것입니다.

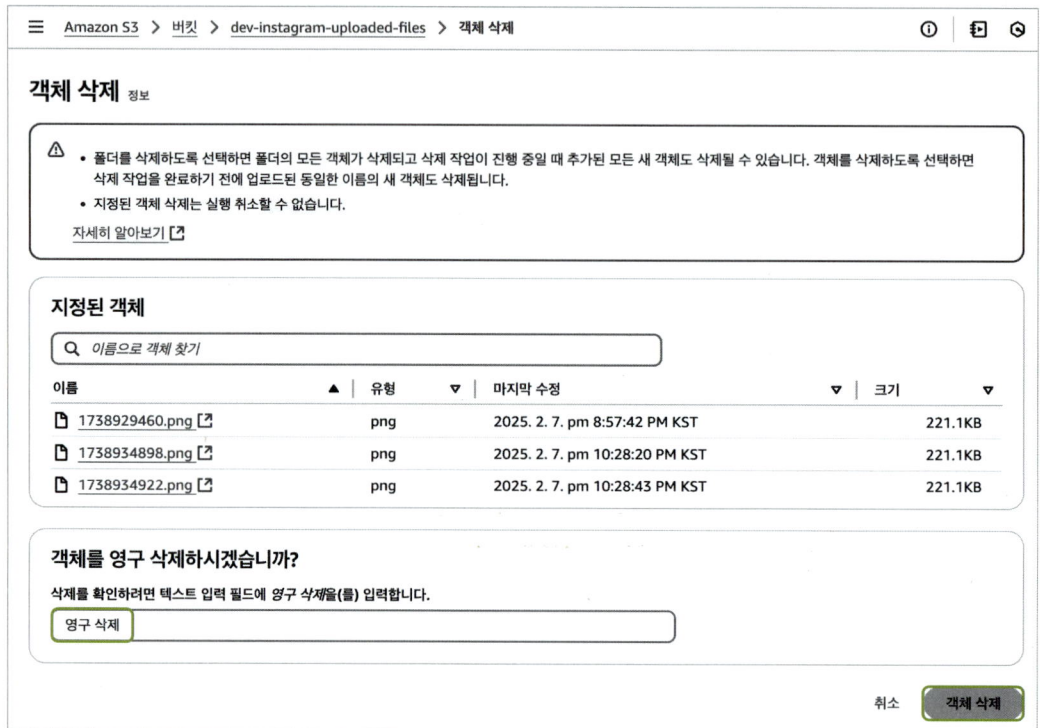

S3 콘솔의 [범용 버킷] 메뉴로 다시 돌아와서, 삭제할 버킷을 선택하고 [삭제] 버튼을 클릭합니다.

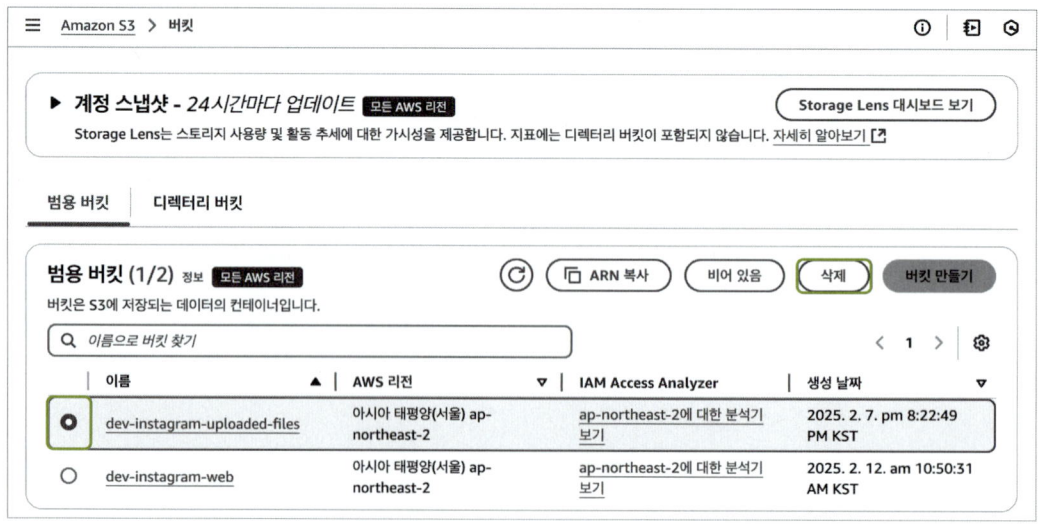

버킷 삭제 화면에서 **삭제할 버킷 이름**을 입력하고 [버킷 삭제] 버튼을 클릭합니다.

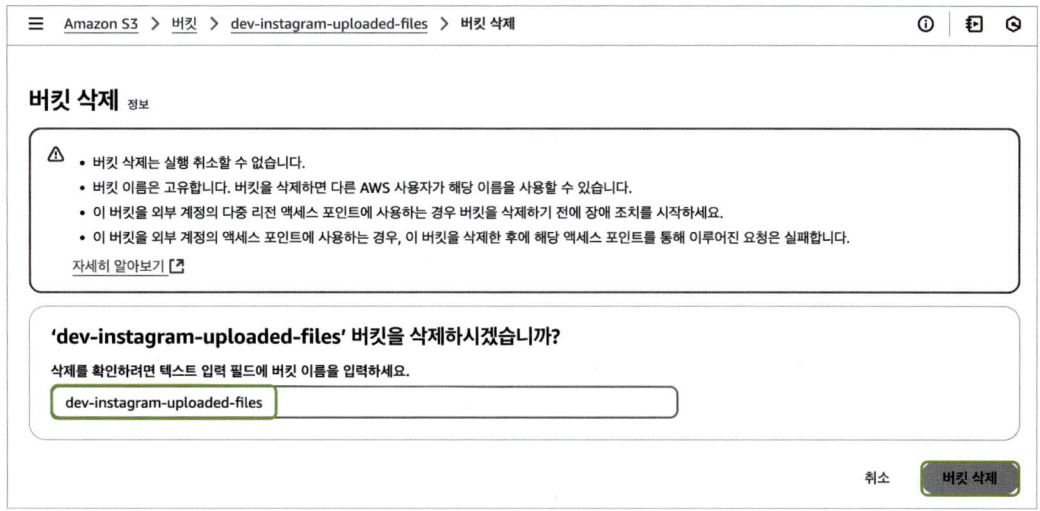

### Do it! 실습  프런트엔드 프로젝트용 자원 삭제하기

프런트엔드 프로젝트를 배포할 때 사용한 AWS 자원을 삭제해 보겠습니다.

### 1  정적 웹 사이트 호스팅용 S3 버킷 삭제하기

정적 웹 사이트 호스팅에 사용한 S3 버킷의 상세 화면으로 이동한 후, 모든 파일을 선택하고 [삭제]를 클릭합니다.

S3 콘솔의 [범용 버킷] 메뉴로 다시 돌아와서, 삭제할 버킷을 선택하고 [삭제] 버튼을 클릭합니다. 버킷 삭제 화면에서 버킷 이름을 입력하고 버킷을 삭제합니다.

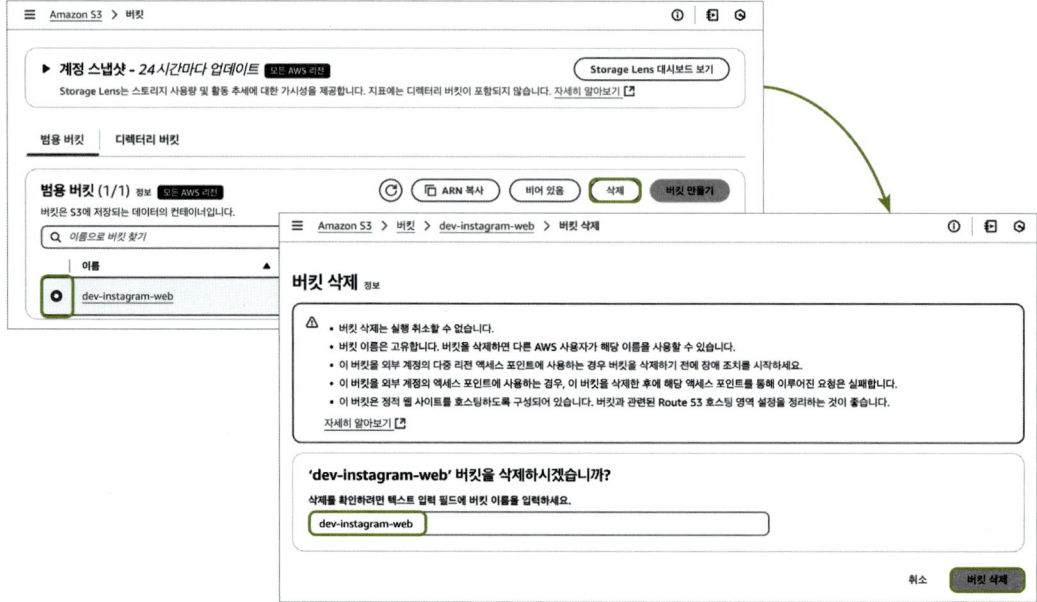

2 CloudFront 배포 삭제하기

CloudFront 콘솔에서 [배포] 메뉴를 클릭합니다.

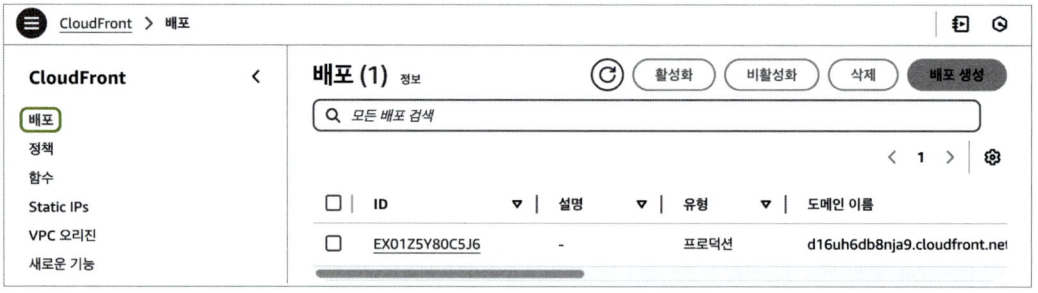

삭제할 배포를 선택한 뒤 [비활성화] 버튼을 클릭합니다.

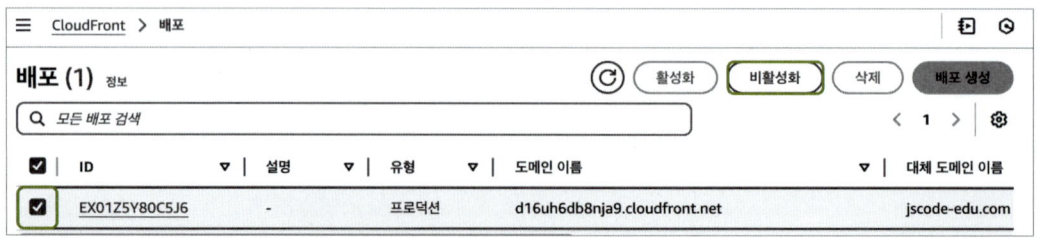

비활성화하기까지 시간이 조금 걸릴 수 있습니다. 비활성화가 완료되고 [삭제] 버튼이 클릭할 수 있는 상태로 바뀌면 [삭제] 버튼을 클릭합니다.

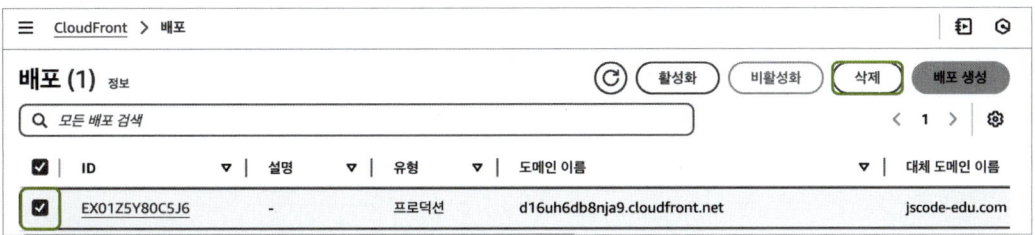

### Do it! 실습  ACM 인증서 삭제하기

ELB와 CloudFront에서 사용한 ACM 인증서를 삭제해 보겠습니다. 인증서를 서로 다른 리전에 만들었으므로 두 개 리전에서 각각 삭제해야 합니다.

#### 1  ELB용 ACM 인증서 삭제하기

ACM 콘솔에서 [인증서 나열] 메뉴를 클릭합니다. 콘솔 오른쪽 위에서 리전을 [아시아 태평양(서울)]로 선택합니다. 삭제할 인증서를 선택한 뒤 [삭제] 버튼을 클릭합니다.

다음 팝업 창이 나타나면 빈칸에 **삭제**라고 입력하고 [삭제] 버튼을 클릭합니다.

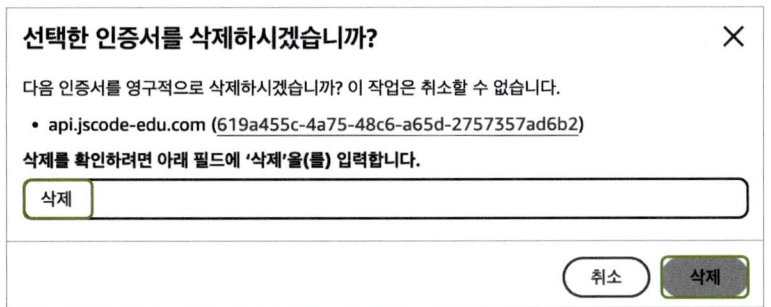

8장 → AWS 자원 깔끔하게 삭제하기   **219**

2  CloudFront용 ACM 인증서 삭제하기

이번에는 리전을 [미국 (버지니아 북부)]로 설정합니다. 삭제할 인증서를 선택한 후에 [삭제]
버튼을 클릭합니다.

다음 팝업 창이 나타나면 빈칸에 삭제라고 입력하고 [삭제] 버튼을 클릭합니다.

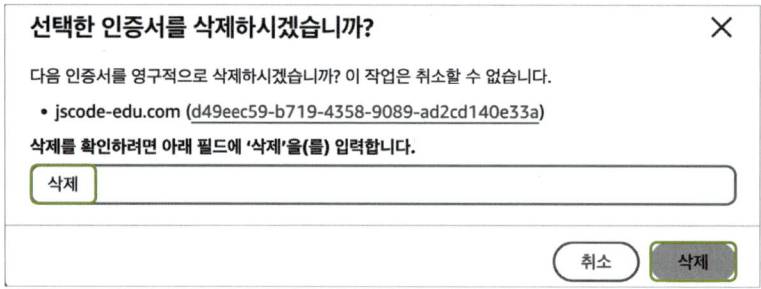

## 8-2 내 계정에서 발생한 비용 관리하기

AWS에서 제공하는 서비스 비용은 대부분 사용한 시간과 양에 비례하여 발생하므로 효과적으로 관리하는 방법이 중요합니다. AWS에서는 비용을 정확히 추적할 수 있도록 비용과 사용량 데이터를 실시간으로 확인할 수 있는 도구를 제공합니다. 이러한 도구를 사용하면 비용의 효율성을 높이고 예상하지 못한 지출을 방지할 수 있습니다. 이 절에서는 AWS 관리 콘솔을 이용하여 비용을 조회하는 방법을 알아보겠습니다.

### Do it! 실습 계정 청구서 확인하기

계정에서 발생한 비용을 확인하는 방법을 소개합니다.

#### 1. 결제 및 비용 관리 화면으로 이동하기

AWS 콘솔의 오른쪽 위에서 사용자의 닉네임을 클릭한 뒤 [결제 및 비용 관리]를 클릭합니다.

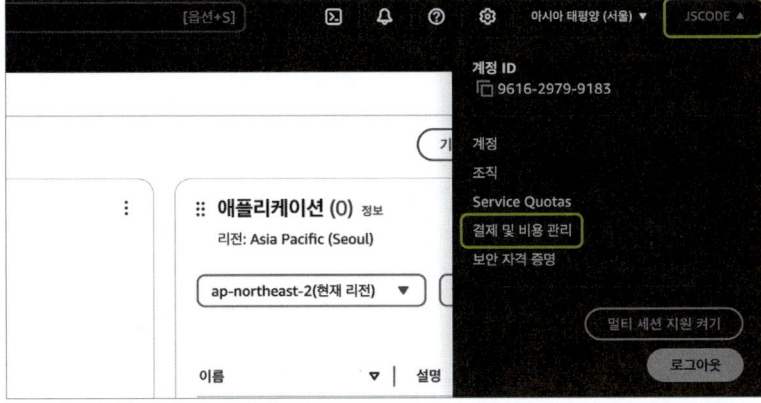

2  청구서 화면으로 이동하기

결제 및 비용 관리 화면의 왼쪽 메뉴에서 [청구서]를 클릭합니다.

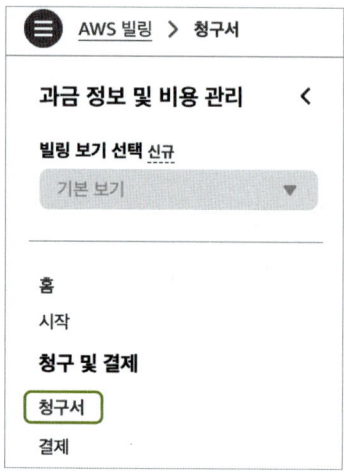

다음과 같이 청구서 화면이 나타나는데, 여기에서는 특정 기간의 예상 비용을 요약해서 보여 줍니다. 현재 [결제 기간] 동안에 발생한 [예상 총합계]는 14달러 53센트입니다.

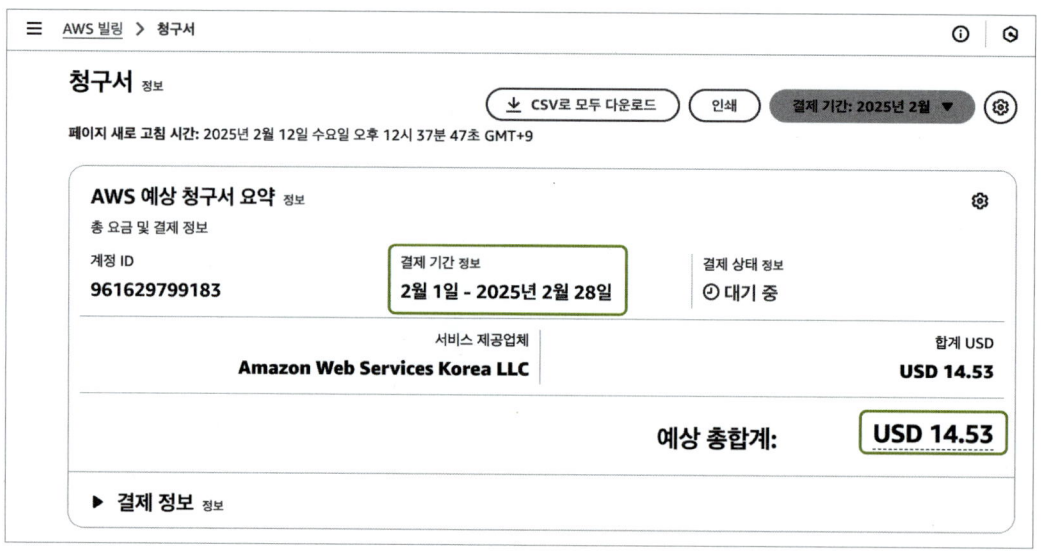

화면 아래쪽의 [서비스별 요금] 탭에서는 이 계정에서 발생하는 비용을 서비스 단위로 확인할 수 있습니다. AWS에서 사용하는 모든 서비스 비용은 여기에서 알 수 있으므로 실습 중 불필요한 요금이 발생하지는 않았는지 확인해 보세요.

☁️ [서비스별 요금] 탭에 표시되는 요금에는 세금이 포함되지 않습니다. 따라서 [청구서 요약]에서 확인한 총 금액과 다를 수 있으니, 최종 청구 금액을 확인할 때 참고하세요.

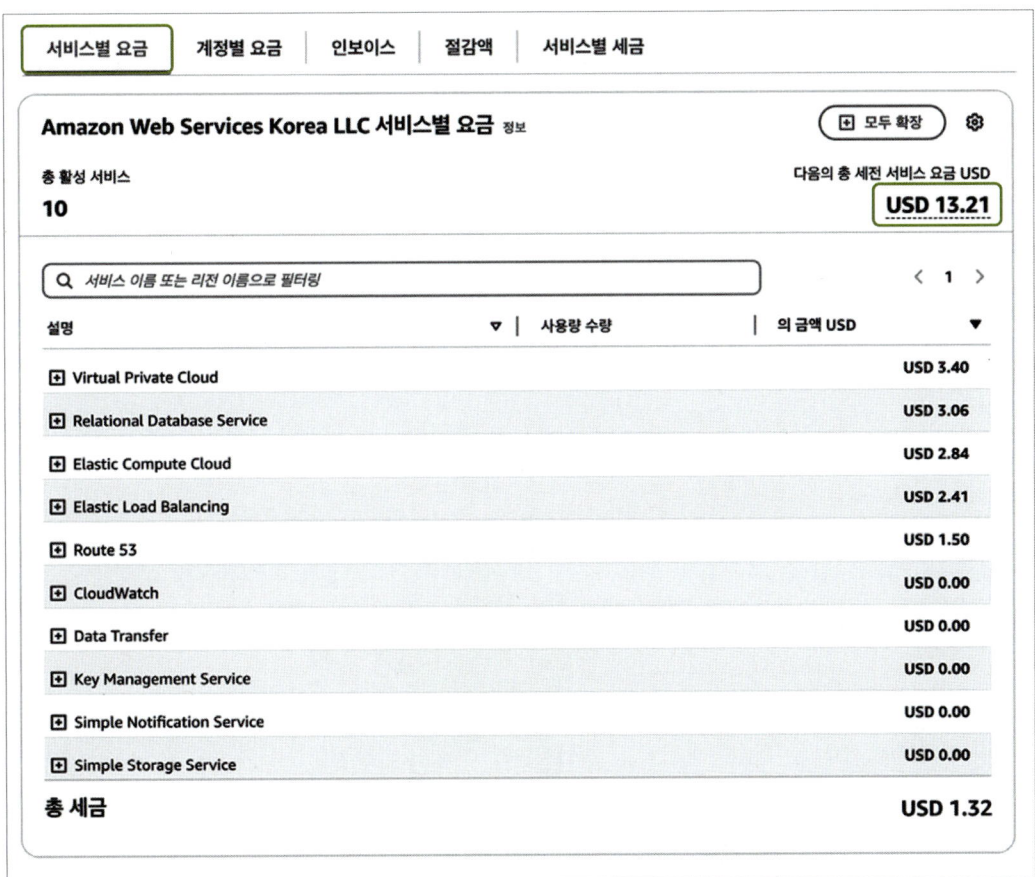

지금까지 AWS의 다양한 서비스를 활용해서 웹 사이트와 백엔드 서버를 배포했습니다. 백엔드 서버를 배포하기 위해 EC2, Route 53, ELB, RDS, S3를 활용했고, 웹 사이트를 배포하기 위해 S3와 CloudFront를 활용했습니다. 웹 사이트와 백엔드 서버를 배포할 때 필요한 AWS의 서비스를 모두 배웠으니, 최종 프로젝트에서는 스스로 배포하는 연습을 해보기 바랍니다.

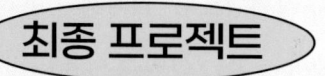

# 게시판 웹 서비스 배포하기

지금까지 배운 AWS 서비스를 활용해 실무처럼 웹 서비스를 배포해 보는 최종 프로젝트입니다. RDS와 S3를 사용하는 API가 포함된 백엔드 프로젝트와, 백엔드 API를 호출하는 기능이 있는 프런트엔드 프로젝트를 사용해 실습을 진행합니다. 프로젝트를 배포하면서 지금까지 학습한 모든 내용을 다시 한번 연습하고 실력을 한 단계 업그레이드해 봅시다.

1단계 게시판 웹 서비스 미리 보기
2단계 백엔드 프로젝트 배포하기
3단계 프런트엔드 프로젝트 배포하기

 # 게시판 웹 서비스 미리 보기

최종 프로젝트로 게시판 웹 서비스를 배포해 봅니다. 배포를 시작하기 전에 이 웹 서비스를 구성하는 요소를 먼저 살펴본 후, 앞으로 어떤 단계를 거쳐 서비스를 배포할지 생각해 봅시다.

## 게시판 웹 서비스

최종 배포할 게시판 웹 서비스에서는 이미지가 있는 게시글을 작성할 수 있으며, 또한 작성한 게시글을 확인할 수 있습니다. 작성한 게시글은 RDS에 저장되고, 게시글 이미지는 S3에 저장됩니다. 그리고 RDS와 S3로부터 게시글 데이터를 불러와 게시글 목록을 확인할 수 있습니다.

게시판 웹 서비스 화면

## 프런트엔드 프로젝트 살펴보기

게시판 웹 서비스의 프런트엔드 프로젝트는 파일 3개로 이루어지며 각각 다음 역할을 합니다.

| 파일명 | 역할 |
| --- | --- |
| index.html | 웹 사이트의 기본 구조를 정의 |
| styles.css | 웹 사이트의 디자인을 정의 |
| app.js | 백엔드 API와 연결하여 데이터를 주고받음 |

이 중에서 app.js 파일을 살펴보겠습니다. 여기에는 백엔드 API URL을 변수로 저장하고, 게시글 조회와 등록 함수에서 백엔드의 API를 호출하도록 구현되어 있습니다.

app.js
```js
document.addEventListener('DOMContentLoaded', function() {
  // API URL을 변수로 저장
  const API_BASE_URL = 'https://api.jscode-edu.com';

  const boardForm = document.getElementById('boardForm');
  const boardList = document.getElementById('boardList');

  // 게시글 목록을 불러와서 화면에 표시하는 함수
  function loadBoards() {
    fetch(`${API_BASE_URL}/boards`)
      .then(response => {
        if (!response.ok) {
            throw new Error('서버에서 데이터를 불러오지 못했습니다. 상태 코드: ' + response.status);
        }
        return response.json();
    })
(... 생략 ...)
  // 게시글 작성 시 폼 데이터를 서버로 보내는 함수
  boardForm.addEventListener('submit', function(event) {
    event.preventDefault();

    const formData = new FormData();
    formData.append('title', document.getElementById('title').value);
    formData.append('content', document.getElementById('content').value);
    formData.append('image', document.getElementById('image').files[0]);
```

```
    fetch(`${API_BASE_URL}/boards`, {
      method: 'POST',
      body: formData,
    })
      .then(response => {
        if (!response.ok) {
            throw new Error('게시글을 작성하는 도중 문제가 발생했습니다. 상태 코드: ' + re-
sponse.status);
        }
        return response.json();
      })
( ... 생략 ... )
```

## 백엔드 프로젝트 살펴보기

지금까지 해왔듯이 백엔드 프로젝트는 스프링 부트와 익스프레스로 구성되어 있으므로 선호하는 프로젝트를 배포하면 됩니다. 백엔드 프로젝트는 사용자가 입력한 데이터를 저장하고 조회하는 로직을 처리하며, 두 프로젝트 모두 다음과 같은 API가 구현되어 있습니다.

| 메서드 | URI | 역할 |
| --- | --- | --- |
| GET | /health | ELB 상태 검사 |
| GET | /boards | 게시글 전체 조회 |
| POST | /boards | 게시글 등록 및 이미지 업로드 |

최종 프로젝트에서는 프런트엔드를 거쳐서 백엔드 서버를 호출합니다. 서로 도메인이 다른 상황에서 프런트엔드가 백엔드의 API를 호출하면 웹 브라우저의 정책에 따라 문제가 발생할 수 있습니다. 이를 해결하기 위해 CORS라는 정책을 사용합니다. CORS가 무엇인지 간단히 알아보고, 문제를 어떻게 해결할 수 있는지 코드로 이해해 봅시다.

### CORS

CORS<sup>Cross-Origin Resource Sharing</sup>는 서로 다른 도메인 간의 통신을 허용하는 웹 표준 정책입니다. 우리가 사용하는 웹 브라우저는 기본적으로 SOP<sup>Same-Origin Policy</sup> 정책에 따라 도메인 주소가 다른 서버 간의 요청을 차단합니다. 과거에는 프런트엔드와 백엔드가 하나의 프로젝트로 구성되어 사용하는 도메인이 같았으므로 SOP 정책이 있어도 문제가 되지 않았습니다. 하지만 프런트엔드와 백엔드가 분리되어 서로 다른 도메인 주소를 사용하면서 SOP 정책을 위반

하는 상황이 발생했습니다. 이때 백엔드 서버에 CORS 설정을 추가하면 웹 브라우저가 서로 다른 도메인 간의 요청을 허용하고 프런트엔드와 백엔드가 데이터를 서로 주고받을 수 있게 됩니다.

스프링 부트에서는 다음과 같이 WebConfig.java 파일에 CORS 설정을 추가합니다.

```java
package com.example.awsfinalspringboot;

import org.springframework.context.annotation.Configuration;
import org.springframework.web.servlet.config.annotation.CorsRegistry;
import org.springframework.web.servlet.config.annotation.WebMvcConfigurer;

@Configuration
public class WebConfig implements WebMvcConfigurer {
  @Override
  public void addCorsMappings(CorsRegistry registry) {
    registry.addMapping("/**")
        .allowedOriginPatterns("*")
        .allowedMethods("*")
        .allowCredentials(true);
  }
}
```

익스프레스에서는 app.js 파일에 CORS 설정을 추가합니다.

```
...
const cors = require('cors');
app.use(cors());
...
```

▲ 제공되는 프로젝트를 사용하지 않고 백엔드 프로젝트를 직접 구현할 때에도 CORS를 설정하는 코드가 구현되어 있어야 합니다.

## AWS 아키텍처 살펴보기

백엔드 프로젝트와 프런트엔드 프로젝트를 배포할 AWS 아키텍처를 살펴보겠습니다.

❶ **프런트엔드 프로젝트**는 S3와 CloudFront를 활용해서 배포합니다.
- S3: 웹 사이트를 구성하는 파일 저장
- CloudFront: 웹 사이트를 전 세계에 빠르게 제공하도록 지원

❷ **백엔드 프로젝트**는 EC2, ELB, RDS, S3를 활용해서 배포합니다.
- EC2: 백엔드 서버 배포
- ELB: HTTPS 적용으로 보안 강화
- RDS: 데이터를 저장할 수 있는 관계형 데이터베이스
- S3: 게시글에 첨부한 이미지 파일 저장

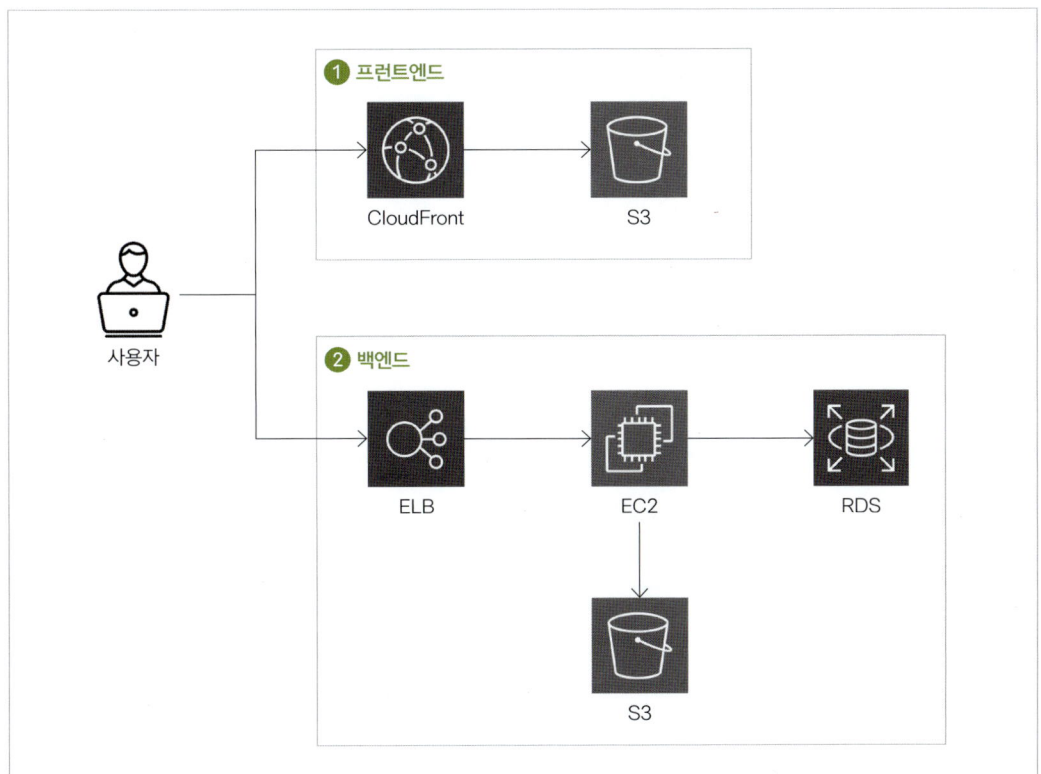

최종 프로젝트 AWS 아키텍처

## 2단계 백엔드 프로젝트 배포하기

이번 단계에서는 백엔드 서버를 본격적으로 배포해 보겠습니다. 실습에 사용하는 서비스는 데이터베이스 역할을 하는 RDS, 이미지 저장소 역할을 하는 S3, 백엔드 서버가 실행되는 EC2, HTTPS 인증서를 적용할 수 있는 ELB입니다. 실습 단계에서는 진행하는 데 반드시 필요한 정보만 제공합니다. 지금까지 배운 내용을 잘 떠올려 게시판 웹 서비스의 백엔드 서버를 배포해 봅시다.

### Do it! 실습   백엔드 서버 실행을 위한 자원 생성하기

#### 1 RDS로 데이터베이스 만들기

다음 표를 참고하여 게시글 데이터를 저장할 데이터베이스를 생성합니다.

| 항목 | 값 |
| --- | --- |
| 데이터베이스 엔진 | MySQL 8.0.40 |
| 템플릿 | 프리 티어 |
| DB 인스턴스 식별자 | prod-instagram-rds |
| DB 인스턴스 클래스 | db.t3.micro |
| 스토리지 유형 | 범용 SSD(gp2) |
| 할당된 스토리지 | 20GiB |
| 컴퓨팅 리소스 | EC2 컴퓨팅 리소스에 연결 안 함 |
| 퍼블릭 액세스 | 예 |
| 보안그룹 | 3306번 포트로 접근할 수 있도록 허용 |
| 초기 데이터베이스 이름 | instagram |
| 자동 백업 활성화 | 해제 |

☁ RDS를 생성하는 방법이 기억나지 않는다면 5-2절의 실습 내용을 참고하세요.

## 2  S3로 이미지 저장소 만들기

다음 표를 참고하여 게시글 이미지를 저장할 S3 버킷을 생성합니다.

| 항목 | 값 |
| --- | --- |
| 버킷 이름 | 고유한 이름으로 설정 |
| 객체 소유권 | ACL 비활성화 |
| 퍼블릭 액세스 차단 설정 | 모두 해제 |
| 버킷 버전 관리 | 비활성화 |
| 버킷 정책 | 버킷 내 모든 파일에 GetObject 권한 부여 |

☁ S3를 생성하는 방법이 기억나지 않는다면 6-2절, 6-3절의 실습 내용을 참고하세요.

## 3  S3에 접근할 수 있게 IAM에서 액세스 키 발급받기

다음 표를 참고하여 S3에 접근할 수 있는 IAM 사용자를 만들고 액세스 키를 발급받습니다.

| 항목 | 값 |
| --- | --- |
| 사용자 이름 | prod-instagram-backend-server |
| 권한 옵션 | 직접 정책 연결 |
| 권한 정책 | AmazonS3FullAccess |

☁ IAM 사용자를 생성하는 방법이 기억나지 않는다면 6-4절의 실습 내용을 참고하세요.

## 4  EC2 인스턴스 만들기

다음 정보에 맞게 EC2 인스턴스를 생성하고 탄력적 IP를 연결합니다.

| 항목 | 값 |
| --- | --- |
| 이름 | prod-instagram-server |
| 애플리케이션 및 OS 이미지 | Ubuntu Server 24.04 LTS (x86) |
| 인스턴스 유형 | t2.micro |
| 키 페어 | 키 페어 없이 계속 진행 |
| 보안 그룹 | 22번, 80번 포트로 접근할 수 있도록 허용 |
| 스토리지 구성 | 30GiB, gp3 |

☁ EC2를 생성하는 방법이 기억나지 않는다면 2-3절의 실습 내용을 참고하세요.

> **Do it! 실습** 백엔드 프로젝트 배포하기

앞선 실습에서 만든 AWS 자원을 활용해 백엔드 프로젝트를 배포해 봅시다.

### 1  프로젝트 실행 환경 설치하기

EC2 인스턴스에서 백엔드 프로젝트를 실행할 수 있도록 필요한 패키지를 설치합니다. 스프링 부트 프로젝트를 사용한다면 JDK 17 버전을, 익스프레스 프로젝트를 사용한다면 Node.js 22 버전을 설치합니다.

### 2  EC2 인스턴스에 백엔드 프로젝트 내려받기

다음 명령어로 실습에서 사용할 백엔드 프로젝트를 내려받습니다. 스프링 부트와 익스프레스 모두 제공되니 선호하는 프로젝트를 선택하여 실습을 진행합니다.

**T 터미널**

```
# 스프링 부트 프로젝트
$ git clone https://github.com/JSCODE-BOOK/aws-final-springboot.git
# 익스프레스 프로젝트
$ git clone https://github.com/JSCODE-BOOK/aws-final-express.git
```

### 3  백엔드 서버에서 사용할 AWS 자원 정보 입력하기

백엔드 서버에서 RDS와 S3에 접근할 수 있도록 프로젝트의 설정 파일에 AWS 자원 정보를 입력합니다.

**T 터미널**

```
# 스프링 부트 프로젝트
$ cd aws-final-springboot/src/main/resources
$ vi application.yml
# 익스프레스 프로젝트
$ cd aws-final-express
$ vi .env
```

### 4  백엔드 프로젝트 실행하기

백엔드 프로젝트를 실행하고 포스트맨을 사용하여 백엔드 서버가 응답하는지 확인합니다.

## Do it! 실습  도메인과 HTTPS 설정하기

ELB 서비스를 활용하여 로드 밸런서를 생성하고 백엔드 서버에 도메인과 HTTPS를 설정해 봅시다.

### 1  로드 밸런서 생성하기

HTTPS 연결을 설정할 수 있도록 ELB에서 로드 밸런서를 생성합니다.

| 항목 | 값 |
| --- | --- |
| 로드 밸런서 유형 | Application Load Balancer |
| 로드 밸런서 이름 | prod-instagram-elb |
| 체계 | 인터넷 경계 |
| 로드 밸런서 IP 주소 유형 | IPv4 |
| 가용 영역 | 모두 선택 |
| 보안 그룹 | 80번, 443번 포트로 접근할 수 있도록 설정 |
| 리스너 및 라우팅 | HTTP:80 요청을 대상 그룹으로 전달 |

☁ ELB를 생성하는 방법이 기억나지 않는다면 4-2절의 실습 내용을 참고하세요.

### 2  로드 밸런서에 도메인 연결하기

Route 53을 활용해 로드 밸런서에 도메인을 적용합니다. 사용자가 백엔드 서버에 접속할 때 이 도메인을 사용합니다.

☁ ELB에 도메인을 적용하는 방법이 기억나지 않는다면 4-4절의 실습 내용을 참고하세요.

### 3  로드 밸런서의 리스너 및 규칙 수정하기

생성된 로드 밸런서에서 HTTPS 요청을 처리하고, HTTP 요청은 HTTPS로 리디렉션할 수 있도록 리스너 및 규칙을 수정합니다.

> - HTTPS:443으로 요청이 들어왔을 때 대상 그룹(EC2 인스턴스)으로 요청을 전달하도록 설정
> - HTTP:80으로 요청이 들어오면 443번 포트로 리디렉션 되도록 설정

☁ ELB에서 리스너 및 규칙을 수정하는 방법이 기억나지 않는다면 4-5절의 실습 내용을 참고하세요.

## 4 백엔드 서버 통신 테스트하기

포스트맨에서 /boards로 POST 요청을 보내 게시글과 이미지를 등록합니다.

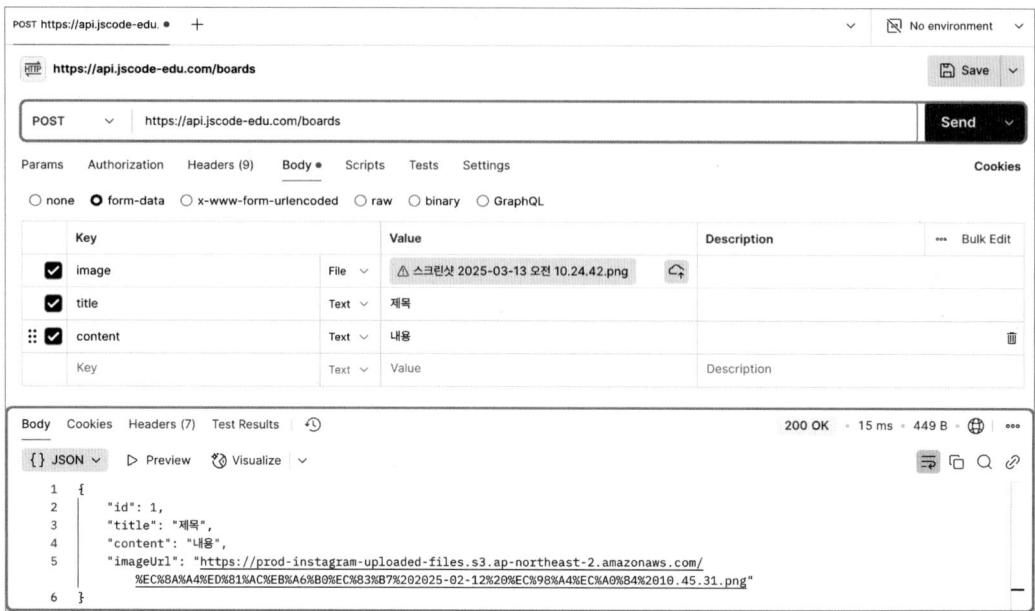

이번에는 /boards로 GET 요청을 보내 게시글을 조회해 보겠습니다. 요청이 처리되면 다음과 같이 응답이 반환됩니다.

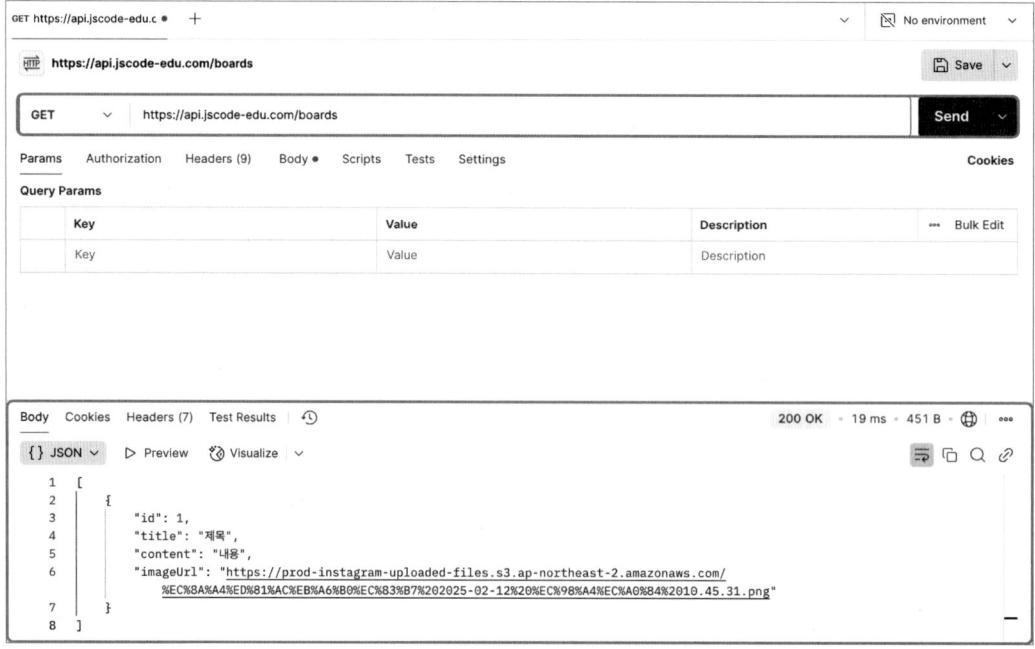

[ 3단계 ] **프런트엔드 프로젝트 배포하기**

앞선 실습을 마치고 API가 포함된 백엔드 서버가 준비되었으니, 이번 단계에서는 웹 사이트를 배포해 보겠습니다. 실습에 사용하는 AWS 서비스는 2가지로, 웹 사이트 정적 파일을 저장하는 S3와 전 세계 사용자가 빠르게 접속할 수 있도록 도와주는 CloudFront입니다. 실습 단계에서는 진행하는 데 필요한 정보만 제공합니다. 지금까지 배운 내용을 잘 떠올려 게시판 웹 서비스의 프런트엔드를 배포하고 게시판 웹 서비스를 완성해 봅시다.

### Do it! 실습 정적 웹 사이트 호스팅용 버킷 준비하기

정적 웹 사이트를 호스팅할 때 필요한 정적 파일을 저장할 버킷을 준비해 봅시다.

#### 1  S3 버킷 생성하기

게시판 웹 사이트를 실행하는 데 필요한 정적 파일을 저장할 S3 버킷을 생성합니다.

| 항목 | 값 |
| --- | --- |
| 버킷 이름 | 고유한 이름으로 설정 |
| 객체 소유권 | ACL 비활성화 |
| 모든 퍼블릭 액세스 차단 | 모두 해제 |
| 버킷 버전 관리 | 비활성화 |
| 버킷 정책 | 버킷 내 모든 객체에 GetObject 권한 부여 |

☁ S3를 생성하는 방법이 기억나지 않는다면 6-2절, 6-3절의 실습 내용을 참고하세요.

#### 2  정적 웹 사이트 호스팅 설정하기

S3 버킷으로 웹 사이트를 호스팅할 수 있도록 설정합니다.

| 항목 | 값 |
| --- | --- |
| 정적 웹 사이트 호스팅 | 활성화 |
| 호스팅 유형 | 정적 웹 사이트 호스팅 |
| 인덱스 문서 | index.html |

☁ S3에서 정적 웹 사이트 호스팅을 설정하는 방법이 기억나지 않는다면 7-3절의 실습 내용을 참고하세요.

> **Do it! 실습**  **프런트엔드 프로젝트 배포하기**

준비한 S3 버킷에 프런트엔드 프로젝트를 배포해 봅시다.

### 1 프런트엔드 프로젝트 내려받기

노트북 또는 데스크톱 컴퓨터에서 다음 명령어를 실행해 프런트엔드 프로젝트를 내려받습니다. 이 프로젝트 안에는 웹 사이트를 구성하는 HTML, CSS, 자바스크립트 파일이 포함되어 있습니다.

**터미널**
```
$ git clone https://github.com/JSCODE-BOOK/aws-final-web.git
```

### 2 app.js 파일 수정하기

app.js 파일에 API_BASE_URL라는 변수가 있습니다. 이 변수는 API를 호출할 때 사용할 백엔드 서버의 주소를 뜻합니다. 변숫값으로 이전 실습에서 배포한 백엔드 서버의 도메인 주소를 입력합니다.

**app.js**
```
document.addEventListener('DOMContentLoaded', function() {

  const API_BASE_URL = 'https://_____';
                                 ↑
                       백엔드 서버의 도메인 주소 입력
  ...
}
```

### 3 S3 버킷에 파일 업로드하기

앞에서 만든 프런트엔드 프로젝트 배포용 S3 버킷에 웹 사이트 파일을 배포합니다. 성공적으로 배포했다면 다음과 같이 S3 버킷의 웹 사이트 엔드포인트를 사용하여 웹 사이트에 접속할 수 있습니다.

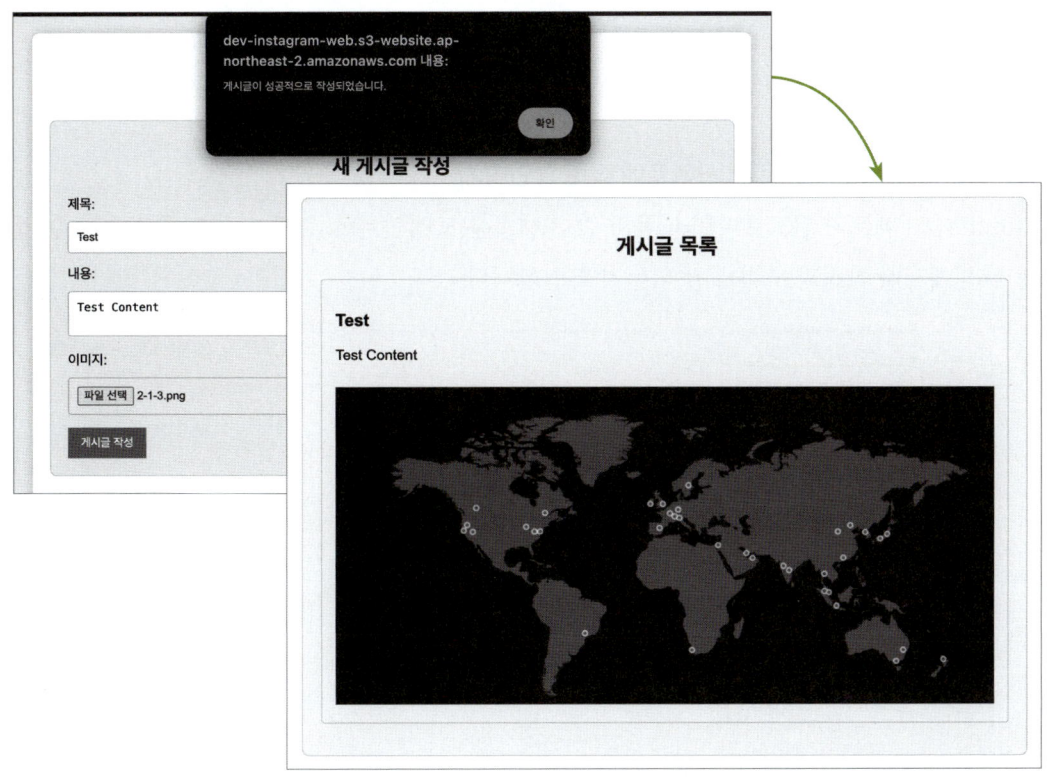

제목과 내용을 입력하고 이미지를 업로드해서 게시글을 작성합니다. 올바르게 배포했다면 작성한 게시글이 게시글 목록에 보입니다.

## Do it! 실습 | 웹 사이트 보완하기

배포한 웹 사이트에 더욱 빠르고 안전하게 접속할 수 있도록 CloudFront를 연결하고 HTTPS를 설정해 봅시다.

### 1 CloudFront 배포 생성하기

S3 버킷을 원본으로 하는 CloudFront 배포를 생성합니다.

| 항목 | 값 |
| --- | --- |
| Origin domain | S3 버킷 엔드포인트 |
| 뷰어 프로토콜 정책 | Redirect HTTP to HTTPS |
| 웹 애플리케이션 방화벽(WAF) | 보안 보호 비활성화 |
| 가격 분류 | 북미, 유럽, 아시아, 중동 및 아프리카에서 사용 |
| 기본값 루트 객체 | index.html |

☁ CloudFront를 생성하는 방법이 기억나지 않는다면 7-4절의 실습 내용을 참고하세요.

### 2 새로운 도메인 연결하고 HTTPS 적용하기

웹 사이트에 접속할 때 사용할 도메인을 연결하고 HTTPS 통신을 설정합니다.

☁ CloudFront에 도메인 연결 및 HTTPS를 적용하는 방법이 기억나지 않는다면 7-4절의 실습 내용을 참고하세요.

### 3 적용한 도메인 주소로 웹 사이트에 접속 확인하기

CloudFront 배포가 완료됐다면 다음과 같이 새로운 도메인 주소로 웹 사이트에 접속할 수 있습니다. 게시글 작성과 조회도 잘 되는지 확인합니다.

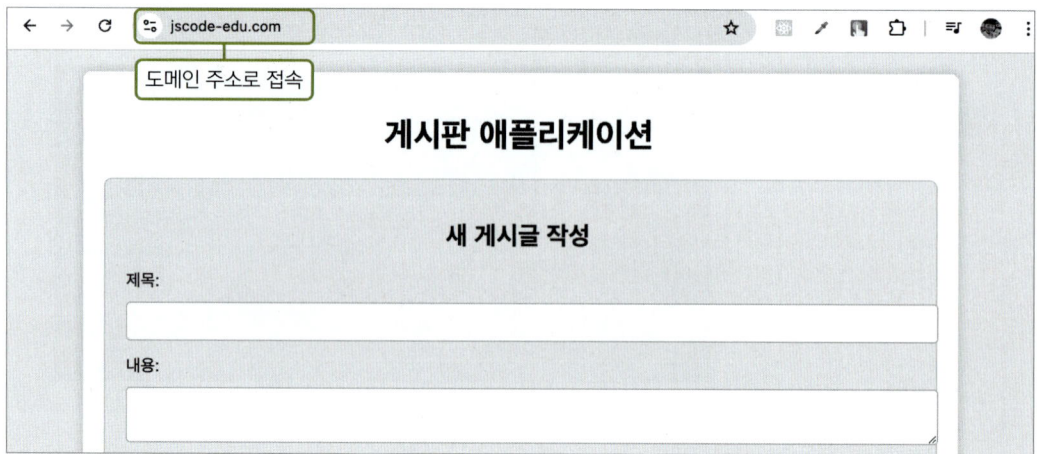

## 찾아보기

### 한글

**ㄱ~ㄷ**

| | |
|---|---|
| 가용 영역 | 101 |
| 객체 | 155 |
| 권한 | 162 |
| 대상 그룹 | 92 |
| 도메인 | 71 |

**ㄹ~ㅂ**

| | |
|---|---|
| 로드 밸런서 | 91 |
| 로컬호스트 | 32 |
| 루트 사용자 | 28 |
| 리디렉션 | 120 |
| 리스너 | 92 |
| 리전 | 17 |
| 문 | 163 |
| 배포 | 32 |
| 버킷 | 155 |
| 보안 그룹 | 37 |
| 볼륨 | 36 |
| 비밀 액세스 키 | 170 |
| 빔 | 56, 61 |

**ㅅ~ㅈ**

| | |
|---|---|
| 상태 검사 | 92 |
| 서브 도메인 | 71 |
| 스토리지 | 36, 125 |
| 아웃바운드 규칙 | 38 |
| 액세스 키 | 170 |
| 엔드포인트 | 135 |
| 엔진 유형 | 125 |
| 인바운드 규칙 | 38 |
| 인스턴스 유형 | 35 |
| 인스턴스 클래스 | 125 |
| 인코딩 | 139 |
| 잘 알려진 포트 | 34 |
| 정적 웹 사이트 호스팅 | 188 |
| 정책 | 162 |

**ㅊ~ㅍ**

| | |
|---|---|
| 청구서 | 221 |
| 콘솔 | 29 |
| 클라우드 컴퓨팅 | 16 |
| 키 페어 | 44 |
| 탄력적 IP | 51 |
| 퍼블릭 액세스 | 160 |
| 포스트맨 | 181 |
| 포트 | 33 |
| 프로토콜 | 39 |
| 프리 티어 | 22 |

### 영문

**A~C**

| | |
|---|---|
| A 레코드 | 73 |
| ACM | 112 |
| ARN | 165 |
| AWS | 16 |
| cat | 57, 63 |
| CDN | 189 |
| CloudFront | 21, 189 |
| CNAME 레코드 | 73 |
| CORS | 227 |

**D~E**

| | |
|---|---|
| DNS | 72 |
| DNS 레코드 | 73 |
| EC2 | 20, 32, 35 |
| EC2 인스턴스 | 35 |
| ELB | 20, 91 |

**H~I**

| | |
|---|---|
| HTTPS | 89 |
| IAM | 169 |
| IAM 사용자 | 28, 169 |
| IP 주소 | 33 |

**O~S**

| | |
|---|---|
| OS 이미지 | 35 |
| PID | 59 |
| RDS | 21, 125 |
| Route 53 | 20, 74 |
| S3 | 21, 155, 188 |
| SSH | 34 |
| SSL/TLS 인증서 | 112 |

### 기호

| | |
|---|---|
| .env | 61 |

## Web Programming Course
## 웹 프로그래밍 코스

웹 기술의 기본은 HTML, CSS, 자바스크립트!
기초 단계를 독파한 후 응용 단계로 넘어가세요!

### 기초 단계

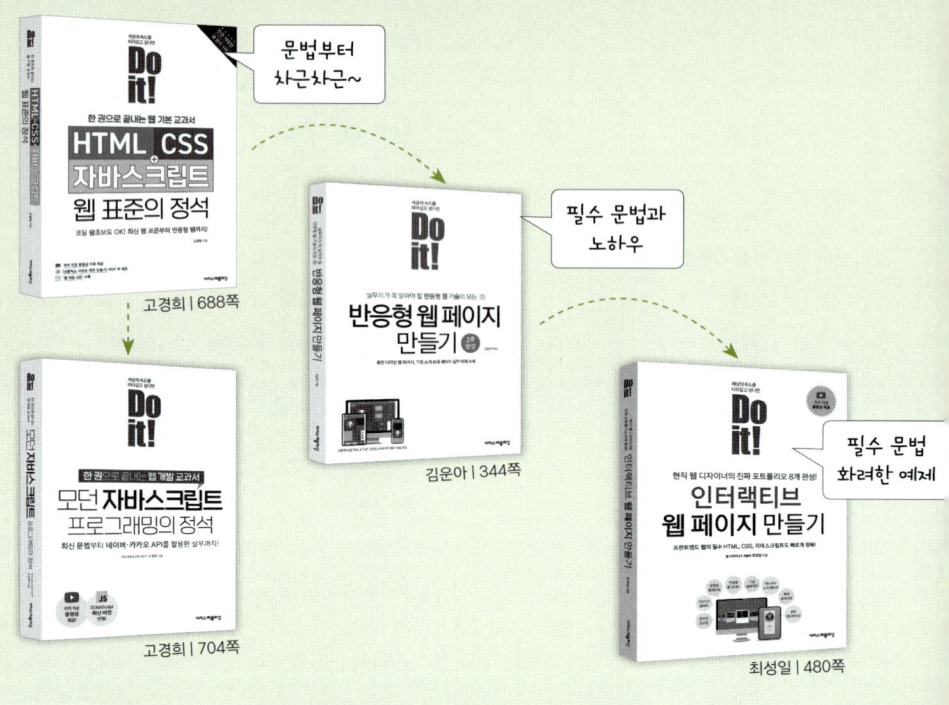

문법부터 차근차근~

고경희 | 688쪽

필수 문법과 노하우

김운아 | 344쪽

필수 문법 화려한 예제

고경희 | 704쪽

최성일 | 480쪽

### 응용 단계

고경희 | 560쪽

박응용 | 408쪽

이성용, 김태곤 | 640쪽

### 나는 어떤 코스가 적합할까?

**A 프런트엔드 개발자가 되고 싶은 사람**

- Do it! HTML + CSS + 자바스크립트 웹 표준의 정석
- Do it! 모던 자바스크립트 프로그래밍의 정석
- Do it! 반응형 웹 페이지 만들기
- Do it! 인터랙티브 웹 페이지 만들기
- Do it! 자바스크립트 + 제이쿼리 입문
- Do it! Vue.js 입문

**B 백엔드 개발자가 되고 싶은 사람**

- Do it! HTML + CSS + 자바스크립트 웹 표준의 정석
- Do it! 모던 자바스크립트 프로그래밍의 정석
- Do it! Node.js 프로그래밍 입문
- Do it! 점프 투 스프링 부트 3
- Do it! 장고 + 부트스트랩 파이썬 웹 개발의 정석